AF501448

UN

VIEUX PROLÉTAIRE

SOCIALISTE & PHILOSOPHE SANS LE SAVOIR

PAR

X. EGAPEL

Auteur de

Soixante ans de la vie d'un Prolétaire

PARIS

LIBRAIRIE LÉON VANIER, ÉDITEUR

19, QUAI SAINT-MICHEL, 19

—

1901

UN VIEUX PROLÉTAIRE

SOCIALISTE ET PHILOSOPHE SANS LE SAVOIR

UN

VIEUX PROLÉTAIRE

SOCIALISTE & PHILOSOPHE SANS LE SAVOIR

PAR

X. EGAPEL

Auteur de

Soixante ans de la vie d'un Prolétaire

PARIS

LIBRAIRIE LÉON VANIER, ÉDITEUR

19, QUAI SAINT-MICHEL, 19

1901

PRÉAMBULE

23 décembre 1900.

« Mon cher Paul,

» J'ai reçu votre lettre m'annonçant que M. Lepage vous avait communiqué de nouveaux documents, entr'autres les cinq conférences qu'il annonce dans *Mal social* et dans *60 ans de la vie d'un Prolétaire*.

» Quoique très occupé de mon côté par des écrits particuliers que je prépare, je vais trouver le temps de rallier ce nouvel ouvrage à ceux déjà faits : Encouragé par le bon accueil qu'ils ont reçu du public.

» Le titre que vous m'envoyez me paraît bien choisi et intéressant. C'est une heureuse idée d'avoir pensé à lui demander, avant ses conférences sociales, qu'il fasse le récit vrai des effets psychologiques que ses luttes acharnées pour l'existence ont produit sur son cerveau encore très sain aujourd'hui malgré son grand âge. *C'est un vrai philosophe sans le savoir*.

» Je suis donc à votre disposition ; j'irai très prochainement vous voir ; nous en causerons.

» En attendant, préparez la préface que vous destinez à ce nouveau livre ; et croyez-moi toujours votre bon camarade et bien cher ami.

» X. Egapel. »

« *Nota.* — Lorsque j'aurai lu ce manuscrit, que je me serai bien pénétré de son esprit, je me propose d'en tirer quelques conclusions... Ce sera assez neuf de voir ce livre d'un vieux raisonneur ouvert et fermé par deux jeunes gens : Je vais tâcher de m'en acquitter aussi bien que vous. »

17 janvier 1900.

« Mon cher Paul Melée,

» J'ai bien reçu le manuscrit et me suis de suite mis à l'ouvrage. Je viens d'achever la lecture de ces documents épars : c'est une véritable étude pyschologique.

» Un vieillard, après avoir souffert toutes les épreuves d'une longue lutte pour l'existence, cherche à la fin de sa carrière à s'appuyer sur une conviction sincère, et montre à quel degré peut atteindre dans la connaissance de soi-même et des autres et aussi de la nature le penseur sérieux, même peu lettré, qui sait mettre à profit les leçons de la vie.

» A l'encontre de Faust l'érudit, notre héros, après avoir longtemps remué toutes les idées sans se douter de l'immense travail qui se faisait en lui, aborde tous les systèmes (dogmatisme, métaphysique, etc., etc.), et ressort croyant, plein d'espérance et d'immortalité, surprenant par ses conversations la jeunesse instruite devenue à son tour aussi sceptique que Faust par le trop de savoir appris des autres. Erudition peut-être funeste parce qu'elle n'est point mûrie par l'expérience, et par l'effort de la recherche ; funeste encore parce qu'elle développe outre mesure certaines propriétés mentales qui, dans l'ordre immuable, doivent rester assujetties au développement naturel du cerveau.

» Vieux avant l'âge combien de jeunes sont plus à plaindre que le vieux Faust qui regrettait sa jeunesse. A peine hélas ! l'auront-ils connue. Ceci jette une grande lumière sur les phénomènes cérébraux que l'on constate journellement chez tant de surmenés surtout de l'Enseignement secondaire ; et explique certainement cette incohérence d'esprit maladif, qui se montre si souvent par de malheureux symptômes chez la jeunesse fin de siècle.

» Précisément parce que notre héros est devenu philosophe sans le savoir (c'est-à-dire sans avoir appris ni lu) il a échappé à ce mal. On pourra voir que le thème dominant de sa philosophie est d'un pur éclectisme : c'est un mélange de philosophie pure et pratique débarrassé de toute emphase et de toute prétention.

» Cette fusion non voulue, non cherchée, donne à mes yeux un charme nouveau, et c'est ce charme que je voudrais communiquer au lecteur, y réussirai-je? Je l'espère.

» J'ai divisé ce travail en trois parties, et pris le parti de présenter au public ce récit sous la forme de conversations se rapprochant du reste très près de ce que nous lui avons entendu développer.

» La première partie est une conversation qu'il continue avec son jeune ami, M. Paul, qui voulut connaître après le récit qu'il lui fit de sa vie (*60 ans de la vie d'un Prolétaire*, l'état psychologique de son âme (1).

» La deuxième partie est un aperçu de Sociologie pratique qui lui a servi de base pour l'établissement de son *Plan social ;* c'est une préparation à la troisième.

» La troisième partie ce sont les cinq conférences promises lorsqu'il publia (1895) (*Mal social*) (2). Conférences qu'il n'a pu imprimer plus tôt et qui sont une critique complète de son *Plan social*, à laquelle il répond très victorieusement. On en pourra juger.

» Ce grand dialogue, où toutes les nuances politiques apparaissent, est très mouvementé et met en lumière bien des obscurités jetées ou existantes encore sur ce que l'on nomme l'Individualisme, le Collectivisme, l'Etatisme.

(1) *60 ans de la vie d'un Prolétaire*, se trouve chez M. L. Vanier, éditeur, 19, quai Saint-Michel, 3 fr. 50.

(2) *Mal social*. On y trouve le *Plan social* annoncé, même librairie, 1 fr. 50.

» Je crois, mon cher Paul, que vous approuverez cette disposition.

» Croyez-moi toujours votre bon camarade et bien cher ami.

» X. EGAPEL. »

« *Nota.* — J'attends prochainement votre préface. »

LA NEUTRALITÉ DE L'ÉCOLE

23 mars 1901.

CHER LECTEUR,

Au moment de remettre ce travail terminé à mon éditeur, je lis avec satisfaction un discours de M. de Mun à propos de la neutralité de l'Ecole et du Droit à tous selon son expression aux hautes et généreuses pensées.

Ce discours a trop d'à-propos avec ce livre pour que je laisse passer sous silence l'intéressant fragment qu'on va lire : jamais orateur à la Chambre ne m'avait donné une plus belle occasion de me justifier en face de ceux qui me font un crime, comme Universitaire, d'avouer hautement mes convictions religieuses, politiques et sociales : j'en profite.

Je ne dis pas, comme M. de Mun, « que la neutralité est une impossibilité, ni qu'elle est indigne d'un maître qui enseigne et de l'élève qui apprend ». C'est, à mon avis, mal employer le mot neutralité, surtout en matière d'enseignement primaire et secondaire ; mais je dis que nous devrions, sans recourir à l'anonymat, avoir le droit, en dehors de nos classes, d'écrire et de parler comme tous les citoyens.

A l'école nous sommes chargés de répandre une instruction générale, et surtout les principes abstraits et concrets de toutes les connaissances humaines.

En un mot, « apprendre à penser ». Est-ce cela que vous appelez de la neutralité? Celle-là ne nous est pas difficile à garder, et est digne.

M. de Mun justement donne un exemple : je cite textuellement. « Un jour, dit-il, un pauvre ouvrier me confiant ses souffrances et les difficultés de sa vie me disait en terminant : « Et puis on n'a pas le temps de penser ! (1) »

Ce livre montre un autre prolétaire qui prouve que ce n'est pas précisément le temps de penser qui manque, mais la prédisposition à penser. C'est à cette prédisposition qu'il est de notre devoir nous, maîtres, de préparer les jeunes esprits.

Tous ceux qui touchent à l'Enseignement savent parfaitement que si on ne peut faire penser, on peut y prédisposer en se rendant bien compte de la psychologie des âges en général et du caractère particulier de l'élève.

La lecture de ce livre, et c'est ce qui le rend intéressant, montre clairement que penser par soi-même est encore ce qu'il y a de plus sain et de meilleur pour la santé du corps et la paix du cœur.

Elle montre encore qu'il n'est point besoin d'une érudition si grande, dont l'inconvénient, le plus souvent, est de paralyser précisément la faculté de penser.

Au moment où se débattent dans une lutte, à mon avis insensée, les deux enseignements rivaux, l'Enseignement congréganiste et l'Enseignement officiel, ce livre vient à propos jeter une grande lumière sur leur portée religieuse, morale et sociale ; il prouve l'abus des deux systèmes :

(1) Quelle critique de notre système social qui ne laisse à aucun, pourrait on dire, *le temps de penser*. Hélas ! il n'y a pas que les ouvriers, M. de Mun, qui n'ont pas le temps de penser. Et les affaires !... et les affaires !... qui passent avant tout : croyez-vous qu'elles y prédisposent ; surtout à penser bien ?

Chez les congréganistes, on entend toujours la même cloche répandant le même son, jusqu'à abrutissement complet de celui qui écoute ; à l'officiel des milliers de cloches assourdissent les oreilles jusqu'à confusion.

Le premier système conduit à la Crédulité, le deuxième à l'Incrédulité.

— Lequel vaut le mieux ?

Le grand défaut de l'Enseignement congréganiste est de se buter à la Foi aveugle et d'être en contradiction flagrante avec les pères de l'Eglise qui, en théologie, ont atteint, par *le raisonnement*, les régions des hautes pensées dont parle M. de Mun, régions où ils se rencontrent au XXe siècle avec la science et la philosophie moderne (1).

Le défaut de l'Enseignement officiel, moins grand peut-être parce qu'il n'est pas contradictoire, est de négliger trop l'effort individuel pour ne s'attacher qu'à la connaissance parfaite des auteurs.

Il y aurait donc un terme moyen ; il me semble facile à trouver.

Le vieux prolétaire socialiste devenu philosophe sans le savoir, héros de ce livre, semble y répondre victorieusement, par sa vie matérielle d'abord, et par l'état psychologique de son âme, répondant tout à fait à cette conclusion de M. de Mun :

« Il faut un Idéal et le préciser. »

Oui, il faut un Idéal-preuve.

M. Viviani fait appel à la religion de l'humanité, M. Léon Bourgeois à l'Idéal du devoir, vous à l'Idéal religieux ; mais pas plus l'un que l'autre vous ne précisez, cependant vous avez tous trois raison.

C'est qu'il y a des choses qui ne se précisent pas

(1) On pourra s'en rendre compte à la première partie de cet ouvrage (Philosophie).

plus que les asymptotes et tout ce qui touche à l'Idéal est de ce nombre.

Entre vous et ces messieurs, M. le comte de Mun, je ne vois qu'une chose qui vous sépare : c'est le Cléricalisme, autrement dit, votre Formalisme extérieur qui ne paraît pas renoncer à Satan, à ses pompes et à ses œuvres, malgré les avertissements de votre maître.

Placez où vous voudrez votre Idéal, riches, puissants et glorieux de la terre, qui ne souffrez pas de la faim ni des anxiétés du lendemain. Mais laissez aux pauvres prolétaires, chargés de soucis, l'espérance au moins de croire avec Jésus de Nazareth que, sans préjudice du paradis : Le règne de Dieu arrivera sur la terre comme au ciel.

N'est-ce pas ce que vous demandez tous les jours dans votre prière (« Notre père ») ?

Eh bien, c'est à cette cité Idéale qu'aspirent M. Viviani et tous les socialistes ; cité, comme le dit M. Léon Bourgeois, où s'accorderont les idées et les cœurs.

X. Egapel.

PREMIÈRE PARTIE

PRÉFACE DE M. PAUL MELÉE

Ceux qui ont lu *60 ans de la vie d'un prolétaire* pourront remarquer comme moi par ce nouveau récit du même héros un singulier phénomène psychologique qui est tout le contraire de ce qui se passe journellement.

Dans notre société, les cerveaux sont ordinairement dirigés par les prêtres et les savants; ils reçoivent des premiers une espèce de Foi et des seconds une espèce de Raison qui leur sert ou ne leur sert pas pour se guider dans les actes de la vie.

Dans sa vie notre prolétaire avoue que jusqu'à 40 ans il n'avait été pénétré ni par la Foi ni saisi par la Raison ; il avoue même son inconscience. « J'allai, dit-il, fort longtemps à mes occupations sans penser, ne subissant aucune influence, par la seule force de mon instinct et de mon intuition ; je n'ai jamais eu à le regretter. »

Doit-on regarder ce symptôme social isolé comme une preuve de l'inutilité des religions et des morales ? Je ne vais pas si loin ; mais si nous regardons les progrès moraux lents des civilisations, nous sommes obligés de reconnaître que ces facteurs ont eu peu d'influence ; l'instruction même poussée jusqu'à l'érudition a-t-elle donné de meilleurs résultats ? Hélas ! les dirigeants généralement lettrés, à toutes les époques, ne valent pas mieux que les dirigés souvent ignorants ou peu instruits. Que faut-il conclure ? J'étais curieux de connaître ce qu'en pensait notre vieux prolétaire.

On a pu remarquer dans ses précédents écrits que notre héros parle très souvent de Jésus-Christ, des Pères de l'Eglise, etc.

Un jour je lui dis : Quelle manie avez-vous de mêler la religion à vos études sociales, puisque vous n'êtes pas dévot, laissez cela de côté : vous ne plairez ni aux libres-penseurs ni à la gente dévote.

Il réfléchit un moment. Et voici ce qu'il me répondit :

— Oui ! en vrai politicien c'est tout à fait maladroit; mais vous savez bien que je ne suis pas un homme politique et que je ne tiens pas à le devenir. Toute ma force est dans mon indépendance morale. La politique... c'est elle qui perd les meilleures causes en voulant les servir; c'est elle aussi qui, sous prétexte de méthode lente, de possibilisme, d'opportunisme, de progressisme, laisse les abus atteindre leur maximum ; sans songer que ces moments toujours propices (à cause de la veulerie et de l'avachissement qui en résulte) précipitent les peuples dans des guerres désastreuses et dans les pires révolutions sanglantes, presque toujours suivies de dictatures funestes aux nations.

Puisque vous reconnaissez que c'est par la science que l'on arrivera à la fin des guerres et à plus de justice sociale, et je le crois aussi : Eh bien! Ce que nous devons faire, c'est montrer que la Science au xxe siècle à cause de ses progrès n'est nullement incompatible avec la morale, la religion et même avec les dogmes en ce qu'ils ont de raisonnable ; et montrer surtout que ce qui la distingue, c'est la Tolérance.

On dit l'ennemi, c'est le Cléricalisme, très bien ! mais il faut savoir pourquoi? Parce que, comme l'a très bien dit M. Léon Bourgeois quelque part : *il est le parti politique du catholicisme* (1). Qui le rend puissant ?

(1) Il ne faut pas confondre le Cléricalisme avec la Religion, l'arme des Religions c'est la Foi, l'arme du Cléricalisme c'est l'argent.

l'argent : supprimez l'argent et il ne sera plus dangereux, non seulement le cléricalisme, mais encore la juiverie capitaliste, et tous les fervents et autres partisans du Veau d'or toujours d'accord lorsqu'il s'agit d'opprimer le peuple.

Ceci simplifie la question et la résume à ce mot : l'ennemi. C'est le Capitalisme, c'est-à-dire le système financier qui permet à des oligarchies particulières, catholiques, juives ou autres de devenir des puissances coalisées plus fortes que les Etats. Ce n'est donc pas à la Foi qu'il faut s'attaquer pour vaincre le pouvoir clérical, mais à l'exploitation capitaliste qu'ils font de la religion. La séparation des Eglises et de l'Etat ne serait qu'un palliatif anodin qui ne guérirait rien du tout.

Cette réponse très catégorique me rappela le discours de M. Léon Bourgeois au congrès de l'éducation sociale de 1900 où patrons et ouvriers athées et croyants, prêtres et francs-maçons sous la parole de l'éloquent orateur commençaient déjà à se rapprocher sous une religion commune, « la religion de la souffrance et de la solidarité humaine » ce que voudrait aussi notre prolétaire.

Connaissant sa vie agitée et ses idées sur le socialisme, je voulus me rendre compte des luttes intellectuelles par où avait dû passer cet homme convaincu. Il le fit de bonne grâce. Et c'est ce récit que mon ami X. Egapel présente au public.

Paul Mélée.

PHILOSOPHIE

UN VIEUX PROLÉTAIRE

SOCIALISTE ET PHILOSOPHE SANS LE SAVOIR

CHAPITRE PREMIER

CONVERSATION PHILOSOPHIQUE ET SOCIALE

Entre X., le vieux Prolétaire et Y., son jeune ami.

Récit dialogué.

I

X. — Vous y tenez, mon cher Paul, j'ai bien peur de vous fatiguer. Vous avez fait des études assez complètes puisque vous êtes licencié ès lettres, professeur de philosophie visant à l'agrégation.

Toutes bonnes et excellentes études, lorsqu'elles sont l'apanage de jeunes érudits exempts d'orgueil, de fausse modestie et de vanité; et vous êtes de ceux-là. C'est pourquoi je cède à votre désir.

Restons donc sincères l'un et l'autre comme nous l'avons toujours été et laissons au cours naturel des idées que nous allons remuer tout le charme de leur spontanéité.

Y. — Très bien! je vous écoute :

X. — Vous connaissez ma vie, vous vous rappelez

qu'à l'âge où jeune homme on vous obligeait par vos études à creuser d'effrayants problèmes, moi je me laissais aller au penchant de ma nature rebelle à toute autorité, l'éducation paternelle, l'influence de l'école et les premiers contacts avec la société dont j'ignorais complètement les lois, car à cette époque (1825 à 1848) on n'entendait point parler dans les écoles primaires d'enseignement civique; j'étais une proie bien préparée pour les exploiteurs et pour la gente en robe, prêtres, juges, avocats.

Marié jeune, bientôt père de famille livré à moi-même; je subis bientôt la terrible lutte que tout prolétaire a forcément dans notre organisation sociale : « la lutte contre la faim » ; longtemps je suivis ma destinée sans réfléchir autrement. Il faut me prendre à l'âge de 45 à 50 ans pour voir apparaître quelques vestiges un peu sérieux du philosophe.

Mes premiers pas dans la Philosophie.

II

Elevé dans la religion de mes pères qui étaient catholiques, j'ai donc été catéchisé, j'ai reçu tous les sacrements : baptême, communion, confirmation, mariage, de tout cela il ne m'est resté, comme je le dis dans ma *Vie*, qu'une seule et unique prière (Notre père) que je n'aurais su dire pourquoi elle me plaisait. Depuis mon mariage, c'est à peu près tout ce qui m'est resté des pratiques religieuses; et encore était-elle souvent négligée.

Déiste par intuition, beaucoup plus que par éducation, j'avais bien rencontré des contradictions avec des personnes âgées qui se disaient les unes déiste, athéiste, panthéiste et d'autres plus jeunes fatalistes, plus souvent encore avec des indifférents, rieurs plus moqueurs que sérieux; mais toutes ces conversations avec des hommes plus ou moins érudits n'atteignaient pas le fond des questions. Est-ce ; qu'ils ne me trouvaient pas à la hauteur ou qu'ils voulaient respecter ma sincérité et probablement ma naïveté? Peut-être, ce que je sais c'est que je ne sortais pas de cet état matériel de l'esprit qui n'allait pas au delà de mes stricts besoins journaliers et encore peu souvent satisfaits.

L'art même, que j'ai frisé de près, tout en m'élevant dans de hautes régions par de beaux rêves où mon imagination se plaisait, n'éveillait pas ma Raison : j'étais peut-être un peu poète, un peu artiste, mais je n'étais pas philosophe.

Les premiers indices de cette haute science ne m'apparaissent sérieusement qu'au moment où, écrasé par la malignité des hommes, réduit à néant après des luttes insensées, j'écrivis (*Mal social*) (1).

Ce sont donc les souffrances morales du Prolétariat arrivées au paroxysme qui m'ont fait, comme vous avez bien voulu m'appeler, *Philosophe sans le savoir ;* je m'aperçus bientôt que jusqu'alors je n'avais pas pensé du tout.

Mes premiers débuts ne furent pas consolants : Ma libre-pensée que je venais de conquérir me jeta dans un positivisme désespérant. Tout croulait devant moi.

Je m'aperçus bientôt que dans beaucoup d'actes de ma vie louables ou blâmables j'avais été inconscient.

Sans m'en douter, je sentais le besoin d'apprendre à me connaître (2) ; je n'avais point perdu l'idée de Dieu, mais j'y pensais peu. Est-ce qu'il y a un Dieu, me disais-je quelquefois? Si c'était..., la création serait une cruauté, et ce Dieu, le pire des tyrans, car, à en juger

(1) Brochure parue en 1895 en vente chez M. L. Vanier, Paris, 19, quai Saint-Michel.

(2) J'avais bien entendu parler quelquefois du fameux. « Connais-toi toi-même. » Mais hélas! je ne comprenais rien à ce mot; aujourd'hui je comprends que pour apprendre à se connaître psychologiquement, il faut avoir vécu, avoir passé par des épreuves, et surtout n'avoir point été atrophié ou hypertrophié cérébralement par une confusion d'idées bourrées dans l'esprit sans ordre et sans méthode.

par ce que l'on voit autour de soi : Créer des êtres pour les faire souffrir tout le temps!... A quoi bon la vie dans ces conditions? Et les luttes sociales où j'ai eu tant à souffrir me revenaient à l'esprit. La vie, disais-je, n'est qu'une lutte insensée où les êtres se mangent les uns les autres ; c'est le droit du plus fort sans aucun esprit de justice qui paraît régler l'Univers. Dieu serait donc le mal!... Et je me disais : Mieux vaut croire qu'il n'y en a pas. Ne nous en occupons plus; d'ailleurs qu'en ai-je besoin? Pour me protéger! Me suis-je quelquefois aperçu de sa Providence? Cherche en toi-même la force qui te manque! N'es-tu pas un homme; et n'est-ce point te ravaler que te soumettre à une autorité? Et je me redressais fier et heureux comme si je venais de conquérir le monde... Marche! et que rien ne t'arrête, tu trouveras la toute-puissance au bout.

— Rien ne t'arrête!.. Mais tu es arrêté partout, malheureux... Et la Raison m'apparaissait.

La Raison! j'avais bien entendu parler de ce mot, mais je ne le comprenais pas. Hélas! comme tant d'autres mots. La Raison dis-je... Qu'est-ce que cela veut bien dire : et aussitôt derrière ce mot m'apparaissait : *Vérité*, *Justice*, *Liberté*.

Ces mots dont je me servais tous les jours d'une façon banale m'apparaissaient comme des soleils éblouissants que ma faible vue ne pouvait regarder en face sans en être aveuglé.

Au fond, me disais-je, ce ne sont que des mots inventés par les hommes, et qui ne me paraissent pas bien définis ; mais sans les comprendre, sans les saisir, mal définis dans mon esprit, je ne pouvais cependant pas les nier.

Ils me dominent, et je ne veux pas être dominé!... Chimère, que tout cela, qui gêne ma liberté au moins autant sinon plus que Dieu que je viens de chasser. Ecartons tout cela!... S'il faut absolument un maître : Eh bien ! que ce maître soi *Moi!*...

Il me semblait que je venais de rompre toutes mes chaînes et que tout allait plier devant moi.

Ma femme que j'aimais beaucoup, un jour me dit : Tu n'es plus le même, ton caractère change, je n'aime pas à te voir comme cela. Ses grandes vertus, sa grande résignation à supporter la vie misérable remplie d'inquiétudes dont je ne pouvais sortir, me révoltait contre la société que je commençais à accuser de tous nos maux, je ne pouvais admettre que ces luttes incessantes et outrepassant ce qui me semblait naturel eût pour cause le fatalisme ; sa remarque me frappa et me fit rentrer en moi-même.

Ouvrier mécanicien (de mon premier état) j'étais habitué à la précision : je ne pouvais comprendre un organisme livré au hasard.

La nature est réglée, me disais-je, mais avec une précision qui ne ressemble en rien aux chefs-d'œuvre mécaniques de l'homme. La nature, pensais-je, n'est point un chronomètre ; à une égale précision, elle joint une élasticité, dans son immense organisme, que l'homme ne soupçonne même pas. Ce qui suppose, de la part de ce dernier, une profonde ignorance.

Y. — Vous faites erreur, c'est ce qu'on appelle le Dynamisme.

X. — Eh bien ! alors, pourquoi l'homme ne procède-t-il pas comme la nature.

Y. — On est sur la voie, l'électricité, le magnétisme, la polarisation, les indices encore mal définis du spiritisme semblent y acheminer.

X. — (En riant) Alors je ne dis pas trop de bêtises...

Y. — Mais pas du tout, continuez :

X. — Merci, je vous prie de m'arrêter si je disais de trop grosses erreurs ; je ne suis pas entêté ; je me rends facilement lorsque l'argument satisfait ma raison. Il m'est venu à l'idée que comme dans le monde des choses ce même dynamisme existait dans le monde des idées, et alors tout un immense système Unitaire m'apparut. Il se fit un commencement d'ordre dans mes idées et mon cerveau me semblait s'être agrandi tout d'un coup jusqu'aux confins de l'Infini, l'Absolu me saisit, je cherchai comment je pourrais le formuler et je trouvai cette expression.

Rien
Rien — Tout $\frac{1}{5}\cdot\frac{1}{4}\cdot\frac{1}{3}\cdot\frac{1}{2}$ 1. — 0 — 1.2.3.4.5. — Tout — Rien (1).

Voilà la nature, dis-je, les chiffres représentent les choses, et les idées et *Tout* se remuent et s'agitent dans un milieu infini qui est l'Absolu pour les uns, Dieu pour les autres.

Y. — C'est la théorie asymptotique, vous entriez en pleine physio-psychologie.

X. — Je ne définis pas bien ce mot.

Y. — C'est l'étude du Concret et de l'Abstrait que vous commenciez sur vous-même, ce qui vous obligeait à apprendre à vous connaître.

X. — Très bien ! alors puisque j'étais... comment dites-vous ?.., en pleine psycho-physiologie, c'est-à-dire en pleine étude de la connaissance de soi-même, je vais vous raconter ce qu'à ce moment pyschologique de ma vie il se passa dans mon esprit, et je crois que cela a été un heureux mouvement.

(1) De cette expression chiffrée ressort ce paradoxe : « Avec Rien on fait Tout. » Contrairement à l'idée reçue « qu'avec Rien on ne fait Rien ». Il s'agit de prouver logiquement et synoptiquement que la formule contraire, c'est-à dire basée sur l'Unité, n'est point du tout l'expression vraie de ce qui ressort du connu et de l'inconnu, en un mot de ce que nous sommes à même d'observer autour de nous. Voici l'expression et son explication. $\frac{1}{5}\cdot\frac{1}{4}\cdot\frac{1}{3}\cdot\frac{1}{2}$ — 1 — 2. 3. 4. 5.

Dans cette formule 1 est quelque chose, puisque soustrait ou additionné il crée. S'il est quelque chose il est divisible et multipliable à l'infini ainsi que le prouve la série des chiffres croissant et décroissant. Mais cette formule indique un commencement sans fin, ce qui est un non sens, qui oblige à regarder 1 comme une convention indispensable pour nous conduire au vrai qui est 0, c'est-à-dire ce que subjectivement et objectivement nous vérifions puisque *Tout* est noyé dans l'infini pour se fondre et se confondre dans ce que l'on nomme l'*Absolu* pour les uns, *Dieu* pour les autres. Je propose donc la première formule comme critérium de la Vérité, la seule accessible à l'esprit et la seule aussi qui confirme l'Absolu où viennent se rencontrer la Science et la Foi. On verra plus loin l'importance de cette acceptation que je prie momentanément d'accepter comme simple hypothèse (*Quiam absurdum*).

Y. — Voyons!

X. — Puisque la nature, dis-je, use d'un système... comment dites-vous? asymp..., aussi souple qu'il est si difficile à l'homme d'imiter, c'est donc que la nature procède avec une intelligence bien supérieure à celle de l'homme.

— Qu'est-ce donc que cette Intelligence que je ne puis nier puisque je parais en posséder une parcelle?

Mon orgueil ne résista pas à ce coup. Décidément, me dis-je, je ne suis pas un Dieu car je relève d'une autre puissance que moi. Et lorsqu'entraîné par ma thèse je la poussai jusqu'au bout j'arrivai à ce fait :

Si toutes les créatures qui s'agitent et pensent autour de moi, depuis le vibrion jusqu'à l'homme, se révoltaient contre l'ordre établi de l'Univers, comme il se passe chez l'homme ici-bas, il y a longtemps que la Terre serait détruite ; et si laissant aller mon imagination j'atteins les êtres jusqu'à l'archange, ce n'est pas seulement la Terre qui serait détruite mais l'Univers entier ; et m'appuyant sur les nouvelles découvertes de la science qui ne peuvent plus assigner de limite à l'Univers et de date à ce qu'on nomme la Création : je reste convaincu que rien ne peut détruire l'Harmonie de l'ensemble de l'Univers. Ce que la science moderne confirme par cette expression « Rien ne se crée, rien ne se détruit ». Tout se transforme.

Il ne s'agissait plus, pour me fixer, que de savoir si Dieu était nécessaire.

Dieu, me disais je, c'est encore un Maître! Ça me gêne : pas de Dieu ; je n'en reste pas moins l'esclave des lois inexpugnables que je n'ai point faites et auxquelles je n'ai même pas contribué, du moins sciemment ; j'ai donc beau faire, je ne sors pas de cet état misérable...

— Quelle combinaison pourrais-je donc trouver pour m'affranchir de cette tyrannie insupportable?...

Je ne vois que la Mort... La Mort! Mais puisque rien ne se crée, rien ne se détruit ; que je suis quelque chose, j'ai donc reçu une forme. Par qui? Eh parbleu! par la matière incréée. Mais n'est-ce point là l'idée que je me fais aussi de Dieu « Etre incréé ». Alors quoi!...

2

Y. — Mais, c'étaient les dernières limites de la science que vous abordiez là, sans vous en douter, et vous prouviez déjà qu'elle ne fait pas banqueroute comme le veut dire aujourd'hui M. Brunetière.

X. — Banqueroute, je ne comprends pas.

Y. — Eh oui ! sans vous en douter, vous entriez dans la lutte des dogmes avec la science ; c'est aujourd'hui tout à fait à l'ordre du jour.

X. — Eh bien ! où en sont les savants sur ce sujet ?

Y. — Oh ! pas plus avancés que vous n'étiez alors, ils écrivent de part et d'autre bien des livres ; et si on en prend la substance, on n'en tire rien de plus que ce que vous venez de dire.

X. — Pas possible et moi qui espérais arriver à une conclusion (au moins raisonnable), non pour prouver la faiblesse de la science ou l'inanité des dogmes, mais au contraire leur prochaine alliance.

Y. — Oh ! Oh !..

X. — (Riant) Ne vous moquez pas de moi. Il n'y a rien de tel qu'un ignorant pour ne douter de rien... Si je ne vous fatigue pas trop, laissez-moi continuer : Création, Evolution, Transformation.

Je ne vois rien là dedans qui choque le bon sens, ces trois principes ne se contredisent aucunement, pour qui approfondit bien.

Y. — Non, mais où voulez-vous en venir ?

X. — A prouver que quel que soit le principe que vous adoptiez : Unité ou Pluralité, Déisme ou Panthéisme, c'est kif-kif et que ce n'est pas la peine de perdre son temps à savoir si Dieu est ou n'est pas.

Y. — Ah ! permettez, ceci a une grande portée sociale.

X. — Ça c'est autre chose, c'est bien la même question mais placée sur un autre terrain (la sociologie) : nous y reviendrons si vous voulez bien.

Y. — Oui ! Mais encore un mot : Concevez-vous votre Dieu ayant une forme ?

X. — Singulière demande... rappelez-vous l'expression chiffrée que je propose comme critérium. C'est plutôt moi qui pourrais vous demander quelle forme vous concevez à votre matière incréée puisque vous acceptez l'*Unité* comme base de toutes nos sciences positives.

Y. — Mais aucune, ou toutes si vous voulez.

X. — Je ne comprends plus, à moins que ce ne soit l'Idée que je me fais de Dieu. — C'est-à-dire *Tout*, *Intelligence*, *Esprit*, *Matière*. S'il y a un Dieu, il ne peut demander qu'une chose vraiment raisonnable : c'est que l'on respecte son œuvre qui, comme je le dis plus haut, est conçue de manière à rester invulnérable. S'il n'y a pas de Dieu, les lois inexpugnables de la nature obligent quand même au même respect ce qui, pour la liberté des êtres (et le dynamisme donne la solution), est absolument la même chose, ce n'est donc qu'une question de mots.

Y. — (Présentant un gros livre au vieux prolétaire). Tenez, vous m'intéressez de plus en plus. Je suis curieux de savoir ce que pourra produire sur votre esprit la lecture de ce livre que vous ne connaissez sans doute pas (1).

X. — Oh ! oh ! Quel gros livre, vais-je y comprendre quelque chose ?

Y. — Je le crois, conservez-le aussi longtemps que vous voudrez et nous en reparlerons.

(1) *Dictionnaire philosophique*, par Franck.

CHAPITRE II

ME VOILA SACRÉ PHILOSOPHE PAR MON JEUNE AMI

La foi et la science

X. — Mon cher monsieur Paul, je vous rapporte votre dictionnaire. Il m'a beaucoup fait penser.

Y. Eh bien !

X. — Eh bien ! je suis toujours convaincu que j'ai raison, qu'on peut être déiste, athée et s'entendre parfaitement : j'ai trouvé même que le dogmatisme ne pouvait se refuser à reconnaître la possibilité d'arriver à la foi par la raison.

Y. — (Souriant) Ce serait merveilleux si vous arriviez à cela.

X. — Qui les sépare : La révélation ? Je l'accepte, et à moins d'avoir à faire à un dogmatique insensé, je suis certain de réussir,

Y. — Il n'y a pas besoin d'être dévôt pour cela, je connais des libres-penseurs qui vous soutiendraient bien qu'en plein soleil il fait nuit.

X. — De ceux-là nous n'en parlons pas, je suppose ?

Y. — (Riant) Non, je vous écoute.

La prémotion

X. — De la lecture de votre livre, ce qui m'a le plus frappé c'est la Prémotion (1) parce qu'elle résume, en quelques lignes, le système auquel je me suis arrêté, après avoir, sans m'en douter, touché et approfondi tous les systèmes que j'ai vus exposés dans ce livre, ce qui m'a fait faire cette réflexion : « Que chacun pourrait en faire autant que moi pour acquérir sa propre conviction et non celle des autres » dût-il, après, avoir la satisfaction de se trouver en harmonie avec tant de fameux savants.

Y. — Vous ne m'avez pas dit à quoi vous vous êtes arrêté, je vous ai vu un moment athée acharné.

X. — C'est vrai, je suis resté athée jusqu'au moment où j'ai trouvé ce que vous m'avez nommé le Dynamisme universel qui n'est autre chose que la Prémotion.

Y. — Mais, pourquoi le déisme l'a-t-il emporté chez vous sur l'athéisme ?

X. — Parce qu'il me conduisait à une idée de la Providence supérieure à tout ce que j'avais entendu dire sur ce sujet au point de vue de l'union morale et sociale (sociologie), et vous savez que c'est la sociologie qui m'a fait ce que je suis, j'étais sociologue avant d'être philosophe.

Y. — Je suis curieux de vous entendre.

X. — Déjà, j'ai eu l'occasion de soutenir cette thèse avec un Monsieur très âgé (84 ans) qui est devenu un de mes meilleurs amis. Il me tardait de connaître comment il défendrait sa conviction athéiste ; lorsqu'il m'envoya

(1) Théologie-Prémotion (prononcez Prémosion) action de Dieu sur la créature, de telle sorte qu'avec la liberté d'agir de cette créature il n'y ait gêne ni contrainte de la volonté.

C'est la loi éternelle du progrès des élus dans l'infini.

Pour appliquer cette théorie à la science moderne, il suffit de remplacer Dieu par action de la nature. C'est la loi du progrès éternel des créatures dans l'infini, ce qui est en tout point la même chose.

une petite brochure intitulée : *Ma foi humanitaire athéiste*, j'y ai répondu dans *60 ans de la vie d'un prolétaire* (page 642), par *Ma foi humanitaire Déiste* (1).

Y. — Oui, je me rappelle... Ce libre-penseur, comme je voudrais les voir tous, s'arrête au même moment que vous, lorsqu'il touche aux causes premières. « Je n'affirme ni ne nie Dieu, dit-il, je m'en passe. »

— C'est en effet où moi aussi j'en étais arrivé, avant d'avoir trouvé dans mon esprit de mécanicien quel pourrait être le meilleur système, étant donné que j'aie à concevoir un univers comme celui que nous voyons. Rien n'est plus sain pour juger une œuvre, qu'intelligence soi-même, on se mette à la place d'une autre intelligence quelle qu'elle soit ; humaine, surhumaine ou même divine.

C'est ce que j'ai fait, et je me suis rappelé que critiquer est toujours facile et que faire c'est autre chose, alors je me suis posé cette question :

Que ferais-tu si tu avais à faire sortir du chaos tout un monde rempli de vie ; où choses et idées viendraient, en toute liberté, se heurter sans cesse sans pour cela détruire l'ensemble et l'harmonie de l'œuvre ?

La première pensée qui me vint à l'esprit fut celle-ci : « Laisser aux choses, aux idées, aux êtres, une liberté en rapport avec leur nature, inerte, instinctive ou pensante. » Condition qui me paraît indispensable pour qu'il y ait vie, c'est-à-dire activité et mouvement et nécessairement progrès et regrès. Eh bien ! N'est-ce pas le problème résolu de ce que nous avons sous les yeux ? C'est pour cela que de tout ce que j'ai lu dans votre dictionnaire la Prémotion a satisfait le mieux ma raison.

(1) A Evreux... à l'occasion de la prière, conséquence toute naturelle de la Providence, mon libre-penseur athéiste me disait : « Si Dieu a fait le monde parfait, pourquoi le prier. Il lui est impossible de transgresser lui-même ses propres lois, la prière est donc un acte insensé ou tout au moins irrationnel. »

Le système de la prémotion répond à cela catégoriquement : Si l'homme trouve sa liberté dans le jeu infini des organes de la nature, la Providence sans rien déranger à l'ensemble de son œuvre peut en faire autant usant de la même liberté.

J'ai vu par là que l'alliance du déisme et de l'athéisme était possible, que ce n'était plus qu'une question de mots, et surtout de bonne volonté.

Y. — Athéiste et déiste je crois en effet qu'on pourrait arriver à les rapprocher; il ne pourrait y avoir écart que si vous donniez à l'idée de Dieu une forme.

Mais je le vois pour le déiste pur il n'en existe pas plus que dans ce que l'Athée appelle la matière increée et aussi l'intelligence universelle, etc., en sorte qu'ils arrivent à se rencontrer sans être forcés, de part et d'autres, à de grandes concessions, ce qui est arrivé avec votre ami. Mais je ne vois pas comment vous rapprochez de nous le déiste dogmatique et religieux, ce formaliste entêté?

X. — Evidemment, je renonce à rapprocher de moi tout fanatique; mais si je me suppose en face d'un dogmatique sérieux, comme ont dû l'être ceux qui, en théologie, ont découvert la Prémotion, oui, je crois un rapprochement possible parce que avec ce système il n'y a plus de *Quiam Absurdum.*

Y. — (Avec un peu d'ironie) Alors vous croyez aux dogmes de l'Immaculée Conception, de la Trinité, de l'Incarnation divine, de la Révélation, de la Création, etc. Croyez-vous aussi aux miracles, enfin au surnaturel? Vous avez à faire si vous voulez expliquer tout cela.

X. — La Prémotion répond catégoriquement à toutes ces questions. Mais permettez-moi, avant de m'engager dans ce dédale, de vous demander si en philosophie on croit à *l'exception.*

Y. — Hum! Hum!... Il le faut bien, d'abord c'est visible.

X. — Mais ce ne le serait pas qu'il faudrait que vous l'acceptiez, car sans cela vous ne pourriez soutenir le principe de la matière increée, éternelle, intelligente et créatrice. Il en serait de même de l'évolution et de la transformation qui n'auraient plus de raison d'être; et il faudrait revenir au matérialisme fataliste absolu, et les progrès de la science moderne ne peuvent plus s'accommoder de ces théories surannées.

Y. — Mais qu'entendez-vous par exception ?

X. — Ce que, dans toutes vos sciences, vous êtes obligé d'admettre pour arriver à la vérité.

Y. — Je ne saisis pas très bien.

X. — Ce vieux mot « l'exception confirme la règle » que l'on entend dans toutes les bouches en donne l'explication. C est-à-dire que l'exception est nécessaire ; derrière une exception s'en trouve toujours une autre, de même que ce que vous appelez surnaturel cesse de l'être lorsque la science l'explique ; mais il reste et restera toujours quelque chose d'inexpliqué : voilà les miracles. Ma formule chiffrée le montre, l'univers comme tous vos livres de science, est placé entre deux *O ou deux Riens* qui sont des exceptions.

Y. — Comment pourra-t-on jamais expliquer l'Immaculée Conception.

X. — Ce fait paraît déranger l'ordre ordinaire de la procréation, j'en conviens, mais avant de déclarer ce fait impossible, faudrait-il savoir expliquer l'origine des choses et votre science n'en est pas là ; mais en attendant, puisque la science reconnaît déjà que « rien ne se crée et rien ne se détruit », que tout existe éternellement, il n'y a plus qu'à s'entendre sur les moyens et les procédés de fécondation. Or la nature est multiple dans ces moyens et vous ne pourriez pas vous flatter de les connaître tous — l'Immaculée Conception peut être une exception

Y. — (En riant) Qui confirme la règle.

X. — Parfaitement, et je ne ris pas, vous allez-voir : je viens de vous dire, il y a un moment, que l'exception était nécessaire et j'ajoute indispensable à toute conception d'un univers tel que celui que nous avons devant les yeux, et je suppose bien que ce n'est pas avec une autre conception d'univers que vous voulez prouver ce qui existe.

Y. — Mais croyez-vous une autre conception possible ?

X. — Oui certainement ; mais je comprends que l'Athée ne puisse y croire ; parce que cela supposerait une *Volonté suprême* et cette volonté ne pourrait y être pour lui qu'un Dieu corespondant à l'unité conventionnelle de toutes vos sciences. Ce que vous ne pouvez accepter parce que vous ne devez raisonner que sur des choses réelles, sur des faits existants et prouvés qu'on ne peut nier. Voilà votre embarras, toutes vos sciences justement avec lesquelles vous voulez tout prouver ne reposent sur rien de réel. Quelle contradiction? Pour mieux me faire comprendre, je vais encore me placer en face de la nature, comme je le serais en face d'un profond livre de science dont je n'aurais à ma disposition qu'un certain nombre de feuillets, ignorant le commencement du livre et sa fin... Prenons une géométrie ou une arithmétique, une géométrie par exemple! Je suis en possession de propositions qui découlent les unes des autres, les unes semblent remonter à une source, les autres semblent se perdre dans l'inconnu.

A force de travail, je finis par découvrir des principes qui me semblent approcher très près du but que je soupçonne, je creuse encore et enfin je tombe sur le Point, la dernière limite que je puisse atteindre; et si je veux aller plus loin ce Point m'échappe, il s'évanouit plus rien... et je suis obligé de reconnaître que ce *Rien* je l'ai tiré de quelque chose, et qu'est-ce que ce quelque chose? Lorsque je remonte les feuillets, je veux saisir, je trouve *Tout*, et ce Tout m'échappe à son tour, je retombe encore dans Rien. C'est toujours la formule chiffrée que j'ai donnée plus haut que je retrouve partout non seulement écrite dans la nature, mais dans tous les livres de sciences avec lesquelles ont prétend arriver à la vérité, je ne vois donc que cette formule de raisonnable, et qui s'accorde avec cette réponse de M. Berthelot à M. Bruntière (faillite de la science) : « Nous connaissons parfaitement toute l'étendue de notre ignorance et nous avons la modestie de notre impuissance.

Y. — Oui, mais il ajoute : nous ne connaissons d'autre méthode, pour parvenir à la vérité, que l'expérience et l'observation.

X. — Bravo! eh bien! si c'est cette étude persévérante qui vous a conduit à l'athéisme, c'est cette même étude qui m'a conduit au déisme (1).

(1) La brochure athéiste de mon ami se vend à Evreux chez Gaston Lamaury, imprimeur.

Je ne trouve plus étonnant que nous nous entendions.

Y. — Oh! permettez, je n'ai pas encore de conviction bien arrêtée. Je suis trop jeune penseur, je cherche! Mais nous nous écartons du sujet, vous ne me donnez toujours pas l'explication de la nécessité de l'Immaculée Conception.

X. — J'y arrive... Mais avant : Acceptez-vous qu'entre le Déisme et l'Athéisme s'appuyant tous deux sur la science, il puisse y avoir entente ou au moins rapprochement.

Y. — Oui.

X. — Passons aux dogmes! Que je prenne pour hypothèse Dieu Eternel ou Matière Eternelle ; je dis qu'il y a nécessité, dans les deux cas (pour établir un monde comme le nôtre), à *Matérialisation et à Incarnation*, c'est-à-dire Matérialisation pour les choses, Incarnation pour les idées, et ce sont ces phénomènes que j'appelle la Réalité ; l'Univers, dans tout son ensemble, n'est donc pour moi qu'un phénomène réel. Eh bien, c'est ce spectacle que j'appelle la Révélation, c'est-à-dire le moyen que Dieu (ou l'Intelligence supérieure de la nature, si vous voulez), emploie pour suggérer aux êtres et communiquer aux choses cette activité incessante que nous appelons la Vie et qui n'est qu'une Résurrection incessante de ce que nous appelons la Mort.

Voilà le plus grand de tous les miracles, et que la science a commence à expliquer par le Transformisme, évolution incessante et infinie de l'être qui ne nous échappe que faute d'organes assez subtils pour percevoir et apercevoir toutes les transformations. Ce qui nous a fait déduire : « Rien ne se détruit ». Or, si rien ne se détruit, les idées qui ne nous apparaissent qu'en se dégageant ou s'engageant dans les formes qu'on appelle le cerveau, suivent la même loi en s'incarnant ou se désincarnant sous une autre forme; la science reconnaît donc comme le Dogmatisme, l'Incarnation ; d'ailleurs, n'est-elle pas dogmatique elle-même, par ses formules abstraites ?

Eh bien, ce sont ces rapports *nécessaires* de l'œuvre éternelle avec *Tout* qui nécessitent ces transformations et ces évolutions continuelles et infiniment variées que nous constatons dans notre petit coin de l'Univers, que j'appelle la Révélation, se présentant à nous sous toutes les formes.

Exemple : L'homme de génie est une Incarnation de l'Intelligence Universelle. Il est, pour la pensée, ce qu'est le soleil pour les choses. Il féconde les cerveaux comme le soleil féconde la terre... L'expérience prouve que l'homme doué de peu d'instinct et d'un grand amour de liberté ne progresse que par instruction et éducation. C'est ce que l'expérience de milliers de siècles affirme, et ce que la science ne peut nier, connaissant notre organisation physiologique et psychologique. *Eh bien,* de l'Incarnation de l'Idée à l'Incarnation divine, il n'y a qu'un pas.

Y. — Un pas...

X. — Oui ! et nous n'allons pas faire une dispute de mots. Dieu ou Matière, ça m'est égal, l'explication que je vais donner s'applique aux deux expressions.

J'appuie mon argument sur l'Exception ! C'est-à-dire que l'Incarnation divine, raisonnablement, ne peut être un phénomène commun ni semblable à la généralité des faits de même nature, on sent même là l'exception *nécessaire.*

Eh bien ! n'avons-nous pas vu plus haut que c'est derrière l'exception que se cache le grand mystère de la nature, l'Absolu.

On ne peut donc nier l'exception utile dans certains cas puisque, partout, elle confirme la règle.

Y. — (Riant) Alors, vous croyez qu'il était nécessaire que Dieu ou l'Intelligence suprême, *par procédé exceptionnel,* s'incarnât dans un homme pour instruire l'humanité ?

X. — Oui, je le crois, et cela à certaines époques, que je pourrais appeler psychologiques, c'est-à-dire *arrivant juste* à point.

Y. — Vous vous rencontrez avec l'histoire des religions de l'Inde qui annonce plusieurs Christs sous le nom de Christna, sauveurs, nés également d'une Vierge, par Incarnation.

X. — Ce fait de l'histoire est un curieux rapprochement avec ce que la science moderne me révèle.

En m'interrogeant et en suivant ma vie (77 ans), je sens en moi les époques instinctive, intuitive et scientifique très marquées dans le cours de mon existence ; et j'en déduis naïvement la marche de l'humanité. Je suis heureux de me trouver d'accord avec l'histoire qui paraît confirmer cette même marche. Notre Christ, le dernier apparu, appartient à l'époque intuitive, il est venu montrer, par soi-même, ce que vaut *la liberté morale* et a ainsi relevé la dignité de l'homme ébranlée par le despotisme effrayant des tyrans inhumains et altiers. C'était l'éducation nécessaire pour présider à l'évolution de l'être; et depuis on a vu *sous ce grand acte* l'Esclavage de fait frappé au cœur.

Aujourd'hui, nous entrons dans la période scientifique (savante, autrement dit) où l'homme veut tout expliquer, tout savoir !... Il commence à soulever le mystère de l'au-delà, bientôt il reliera le vibrion à l'archange, et c'est ainsi qu'il expliquera ce que l'on appelle les dogmes, et on commencera à comprendre que si la *Foi* a gagné tant de grands esprits dans le passé, quand la science ne pouvait encore rien expliquer, c'est qu'au fond les dogmes imaginés ou révélés contiennent des parties de vérité qui méritent l'attention et que la science expliquera un jour.

Y. — Seriez-vous spirite ?

X. — Je ne sais ce que vous entendez par ce mot, mais je crois à l'évolution continue et infinie des êtres (croître ou décroître).

Je me ferais une triste idée du système du monde, s'il eût donné la vie à des êtres doués de Raison en ne leur laissant pas la liberté d'être ou de n'être pas.

Dans le très petit champ de nos expériences terrestres, tout le prouve, le suicide est libre chez les êtres pensants.

Etre ou n'être pas : choisis entre « Archange ou pierre ».

Y. — Je le vois, vous pouvez être convaincu, vos arguments ne froissent aucunement la Raison ; je dirai même plus, vous êtes en accord avec les traditions Indiennes, Judaïques et Païennes qui avaient deviné l'harmonie universelle, malgré leur inconnaissance, en ce temps, des lois naturelles. Ce qui prouve que par intuition, ces penseurs anciens s'étaient élevés à une très grande hauteur, que n'ont pas dépassée Platon et Aristote, même aujourd'hui nos plus grands savants n'ont rien apporté de nouveau dans ce domaine.

X. — Cela ne prouve-t-il pas ce que je dis plus haut, que la science ne fait, à notre temps, que nous donner la satisfaction de confirmer, par nos sens, ce que nos pères devinaient par instinct ou intuition. A part l'utilité pratique que nous en tirons, ou plutôt que nous pourrions en tirer si nous étions plus sages. C'est tout.

Voilà pourquoi je suis devenu, sans le savoir, philosophe pratique et comme conséquence sociologue. On a assez spéculé, assez barbouillé de papier pour s'entendre au point de vue utile. Il est grand temps.

Y. — Comment expliquez-vous les miracles ?

X. — De la même manière que les dogmes, par la Prémotion.

Le génie de l'homme n'en produit-il pas tous les jours des miracles pour ceux qui ignorent ?

Y. — Alors, pour vous, il n'y a pas de mystère.

X. — Si, un seul. l'*Absolu*, parce que je crois à ma formule : Tout et Rien, qu'on aura beau faire, on ne peut éliminer.

Y. — Par ce chemin on peut aller loin ; c'est le *credo quia absurdum.*

X. — Tout cela, ce sont des mots qui ne prouvent rien, la preuve c'est que, comme je l'ai dit plus haut, toutes les sciences sont basées sur ce principe de « Rien, faire quelque chose ». *Voilà la première absurdité* à laquelle on est obligé de croire, sans cela, toutes les sciences croulent. Et pourtant, c'est par cette absurdité qui révolte que vous prétendez me conduire à la Vérité ?

Y. — Je suis surpris que vous ne vous noyez pas dans le scepticisme.

X. — Je ne le puis, mon expérience s'y refuse, j'ai

trop remué les idées et les choses, et j'ai trop vu et trop observé autour de moi.

J'ai vu dans ce monde, seul petit coin de l'Univers sur lequel on puisse expérimenter et observer, j'ai vu tant de sottises, tant d'absurdités, tant de monstruosités morales et physiques, tant d'acharnement à vouloir transgresser les lois naturelles et en être si souvent victime que je me suis demandé, bien souvent, si en possession de certaines forces de la nature, les hommes n'arriveront pas à déséquilibrer la malheureuse planète qu'ils habitent (grain de sable de l'immensité) tellement sont insensés, pour ne pas dire absurdes, leurs desseins orgueilleux de puissance comparée avec leur misérable état psycho-physiologique.

Ils se croient déjà les maîtres, non de la Terre, mais de l'Univers. Voilà l'homme au xxe siècle ! Eh bien, je ne saurais trop le répéter : Est-ce que le bon sens ne dit pas que si *Tout* ce qu'il y a au monde de créatures, depuis le vibrion jusqu'à l'archange, était animé de ce même esprit d'orgueil et de révolte contre l'Intelligence supérieure que l'homme croit égaler ; est-ce que les milliards de siècles que constate la science, sans pouvoir atteindre l'origine du monde, n'auraient pas suffi, il y a longtemps, à la destruction de l'Univers ?

Pris de ces hauteurs, lorsque je considère l'homme aux prises avec ses inventions, il me semble voir un gamin avec ses échasses, heureux de se croire un homme.

C'est ainsi, du reste, que la nature permet à l'homme de s'amuser pour son progrès personnel. Lorsque j'examine de sang-froid ces tentatives d'émancipations, ces désirs prématurés d'une évolution pressentie, qui donnera, au moment voulu, tous ces avantages rêvés, sans qu'il soit besoin d'aucun machinisme complémentaire, dont on devient l'esclave et si souvent la victime, je ne puis m'empêcher de prendre en pitié notre pauvre humanité. Lorsque j'examine l'oiseau, le poisson, le moindre insecte si bien favorisés sous ce rapport, je ne puis m'empêcher de voir, dans ces actes humains, un grain de folie, car le but de l'homme est bien clair ici-bas : c'est d'opérer son court passage avec le plus de bien-être et le moins de souffrances possible, afin de laisser à son esprit le plus de temps pour penser, sa science ne peut avoir d'autre but.

Eh bien, quelle pauvre idée nous aurions de l'intelligence universelle si elle n'avait su, pour nous faire ainsi évoluer, trouver d'autre moyen que l'adaptation à nos organes de tous nos engins. Cette pauvreté de nos moyens n'est-elle pas la marque évidente de la nécessité, de la continuation de notre évolution en au-delà, marquée par ce phénomène que nous appelons la mort.

Ce n'est pas que je conteste l'utilité du progrès, au contraire, mais je suis convaincu qu'il faut le régler et le diriger pour qu'il soit un bienfait. Et il ne sera bien dirigé que lorsque l'homme sera bien pénétré que c'est par la pensée qu'il y arrivera ; parce que, alors, il ne s'imaginera pas pouvoir conquérir l'univers ; il réglera ses aspirations terrestres sur le bon sens et la Raison. L'homme pénétré que la nature opère ses transformations par voie de simplicité sera convaincu qu'il fait fausse route chaque fois qu'il charge son organisme. Voilà la vraie route du progrès ; compris ainsi, les recherches scientifiques de l'homme tendront à la simplification au lieu de la complication, ce qui l'obligera à être moins égoïste et à s'occuper davantage *de Tous*. Un règne de paix s'établira sur la terre ; et alors à ce moment, le Progrès sera un bienfait.

Y. — C'est donc à la science que l'on devra ce bienfait ?

X. — Oui, si nos savants sociologues, dirigeant leurs recherches et leurs études vers *le bien de tous*, dans une solidarité générale, voient dans la Prémotion le système pouvant y atteindre.

Y. — Vous paraissez pénétré.

X. — Comment ne le serais-je pas ? Je vois l'homme remuer, déplacer à tort et à travers les choses et les idées, suivre la route tout opposée que lui enseigne la nature, c'est-à-dire compliquer l'organisme social, au lieu de le simplifier, le dérégler au lieu de le régulariser, être en continuelle contradiction avec sa propre science au point de vue de l'hygiène morale et physique ; naturellement, à moins d'être l'égoïsme personnifié, je ne puis, le sachant, le voyant, me taire.

Quand je vois des monstruosités comme la Guerre être encore, en pleine science (par tant de gens et des érudits), considérée comme une gloire, je m'en émeus, m'en afflige et ne puis croire aux horreurs commises encore aujourd'hui sous son égide (1).

« C'est vers l'ordre admirable des cieux, où des millions d'astres gravitent dans une harmonie que rien ne vient troubler, que je me tourne pour y chercher le plan d'une société qui serait parfaitement heureuse si elle se modelait sur le monde d'en haut, c'est-à-dire si elle fonctionnait dans l'harmonie et dans l'ordre. » (Drumont, *La Plume*, 15 février 1892.)

Eh ! fallait le faire, M. Drumont, ce plan au lieu de brandir la torche incendiaire de la guerre civile.

Y. — Décidément, vous êtes bien convaincu.

X. — Ce n'est toujours pas par la Foi aveugle que j'y suis arrivé mais par le raisonnement : c'est ce que je tiens à prouver.

Y. — La Foi aveugle a fait son temps.

X. — Notre époque est au savoir ! il faut aujourd'hui satisfaire la Raison.

Y. — (Riant) Oui, mais il y aura toujours des pauvres d'esprit.

X. — Pauvre d'esprit ne veut pas dire imbécile, ces pauvres d'esprit ont, le plus souvent, pour eux : *Un bon sens*, dont plus d'un sot orgueilleux, chargé de science, manque absolument ; et cela suffit pour fausser le jugement.

Y. — (Riant) Un nouveau Christ devrait bien revenir sur la terre, car notre époque a une grande analogie avec le vieux monde, où le dernier Christ est apparu.

X. — Vous riez, mais cela pourrait bien arriver, sous la forme du Christ-peuple.

Y. — Oh ! Oh ! c'est la prophétie d'Hugo, sous les murs de Paris envahis.

(1) Guerre d'Orient et pillage des Chinois.

X. — Peut-être! Hugo, est souvent prophète, et je crois que pour cette prophétie les temps sont venus.

Je ne voudrais pas être un oiseau de mauvais augure, mais je vois fondre sur mon pays bien des malheurs. C'est dans le sein de la France qu'est née la Révolution, et nous sommes témoin, après un siècle, de l'acharnement de ses ennemis, à l'intérieur et à l'extérieur, pour l'extirper de la carte d'Europe.

Y. — Ils n'y réussiront pas, je l'espère.

X. — Non, mais un martyrologe est peut-être nécessaire. Nouveau Christ-peuple la France sera la nation victime, expiatrice et rédemptrice de l'humanité.

Y. — Achevez votre pensée.

X. — Et je vois le socialisme, dont le dernier Christ a posé la première pierre, triompher et vérifier les prophéties : « Et ils feront, de leurs épées, des socs de charrues ; et de leurs lances, des faulx. »

Le Travail sera glorifié, la Paix universelle sera sur la Terre, « et ils ne s'exerceront plus à combattre les uns contre les autres », Isaïe.

Y. — Vous voilà Visionnaire.

X. — Les visionnaires voient loin... Hugo vérifie Isaïe : Je crains de vérifier Hugo.

Y. — Ceci est intéressant, mais ce ne sont que des idées. Je suis cependant satisfait de vous avoir entendu et je vous remercie. Je sais maintenant comment vous êtes devenu *croyant* : mais notre conversation ayant un but positif, laissons donc, si vous voulez bien, la spéculation de côté, et entrons dans le vif de la question : En sociologie faites-vous table rase des religions?

X. — Non.

Y. — Voilà la pierre d'achoppement. Entre le déiste, le dogmatique et même l'athée, dans le domaine subjectif, je crois qu'ils peuvent rationnellement s'entendre, si toutefois il y a sincérité de part et d'autre; mais où la désunion commencera, c'est dans le domaine objectif, à la pratique de la morale et des religions placées sous la sauvegarde de la conscience.

X. — Oui, c'est une difficulté, mais ce n'est pas un écueil, ici nous entrons dans le Positivisme, c'est-à-dire dans les rapports de l'Intelligence Universelle (de Dieu si vous voulez bien) avec l'homme et la science des hommes.

Or, sur ce terrain, je considère que nous entrons en plein dans *la Science Sociale.* C'est le moment de placer mes conférences (1).

C'est donc cette science que nous allons maintenant examiner ensemble et nous relierons, ensuite, le tout à la philosophie pratique que nous venons de discuter. Votre dernière observation trouvera donc sa place à la cinquième et dernière conférence, est-ce entendu ?

V. Volontiers.

(1) Le lecteur est supposé avoir en sa possession, ou avoir lu (*Mal social*) où le Plan que l'on va discuter est exposé en dix points.

FIN DE LA PREMIÈRE PARTIE

RÉFLEXION

par PAUL MELEE

AU LECTEUR,

Lorsque j'ai parcouru les pages que l'on vient de lire (1re partie), je n'ai pu m'empêcher de faire cette réflexion qui vous est probablement venue aussi.

Voilà un homme (notre prolétaire aussi simple que possible, ne se distinguant pas de M. tout le monde et à mon avis c'est ce qui fait toute la force de ce livre), qui soulève à sa façon tout seul et sans le savoir les plus grandes questions qui s'agitent en ce moment dans toutes les grandes chaires savantes du monde ; et il n'a pour s'éclairer que sa seule expérience.

Lorsque je lui ai prêté le dictionnaire philosophique de Franck, je craignais cette confusion dans l'esprit qui arrive à beaucoup de nous, en présence de toutes les idées remuées et de tous les systèmes inventés depuis des siècles. Il n'en fut rien. Aucune fatigue d'esprit ; peut-être, au contraire, un peu plus de clarté dans ses raisonnements. Voilà ce que j'ai pu constater.

Tout le monde, me suis-je dit, pourrait donc, à son exemple, se former une conviction. Car il est vraiment convaincu, plus que moi, je vous assure, et si vous le connaissiez, vous seriez étonné du calme et de la sérénité peinte sur son visage, ce miroir de l'âme.

Ce pauvre prolétaire aurait-il trouvé le secret d'être heureux ou du moins aurait-il trouvé le joint de prendre la vie par son beau côté, ce qui serait déjà très beau ? Le fait est que physiologiquement il se porte très bien et psychologiquement encore mieux. « Plus je travaille d'esprit, mieux je me porte me dit-il souvent, et je suis très content d'être tenu par un travail obligé (1) que je considère comme un repos. » Ainsi il fait encore, à 77 ans, un travail de professeur où bien des jeunes se fatiguent.

Troisième partie. — Vous allez l'entendre seul, contre une dizaine d'adversaires acharnés à le combattre, soutenir son *Plan social.*

(1) On sait qu'il est professeur de dessin dans un petit collège de province.

PAUL MELÉE.

DEUXIÈME PARTIE

UN PEU DE SOCIOLOGIE

Le plan social que l'on va critiquer, discuter, n'offre aucune ambiguité, il n'est point, comme beaucoup ont voulu le faire croire, une société toute faite, il est bel et bien la continuation de lois déjà adoptées et mises en pratique, sa formule est Paix, Sécurité, Bien-être pour tous, sans aléa, avec, tout en travaillant, une grande liberté pour tous dans la journée et dans le cours entier de la vie.

Est-ce possible ?

L'auteur dit oui, et croit le prouver d'une façon éclatante.

Comme moyen prompt, il propose d'abord *un v*

C'est-à-dire, *que le gouvernement prenne lui-même l'initative de l'étude de la question sociale, accorde le temps d'une session pour qu'elle soit étudiée par le peuple, qui, à la majorité du suffrage universel, dira par une ou plusieurs formules ce qu'il veut.*

Des mesures ultérieures seront prises pour le bon ordre, et pour aider à l'accomplissement du projet.

On comprend l'importance de ce *Vœu*, c'est d'intéresser tout le monde à l'étude de la grande question sociale, entièrement à l'ordre du jour dans tous les Etats du monde ; et de faire sortir de l'avachissement et de la veulerie, la majorité des citoyens dégoûtés, écœurés des luttes stériles du parlementarisme.

Lire ce vœu (1).

Débats

Les grand débats qui vont suivre reposent sur deux questions fondamentales ; qu'il faut avant tout prouver en s'appuyant sur l'histoire, sur l'expérience, et sur la science. La première question touche à la physiologie et l'autre à la psychologie.

Physiologie.

Première Question. — Que faut-il à l'homme pour jouir de toute l'amplitude de sa constitution physique ?

— Tout le monde, je crois, tombe d'accord qu'il faut d'abord boire, manger, dormir, s'agiter modérément pour vivre sainement.

— Y a-t-il assez d'abondance sur la terre pour atteindre ce but pour tous ?

— Oui.

— Prouvez-le.

— 1° Le produit déjà abonde visiblement autour de soi, on sent que ce n'est que l'argent qui manque dans beaucoup de poches, le fait est patent.

Et si on voulait objecter malgré l'évidence qu'il n'y en a pas encore assez, je répondrais : écoulez déjà ce que nous voyons en abondance dans vos magasins, et puis si cela ne suffit pas, les machines ont déjà centuplé les forces du travail sans augmentation sérieuse de population, multipliez-les encore, et vous aurez bientôt plus que centuplé le produit. La terre n'est pas encore stéri-

(1) Il est annexé en entier, à la fin du volume.

lisée et est loin d'être assolée. Voilà encore qui est patent.

On peut donc admettre que le pain quotidien est au moins acquis au xxe siècle pour tout le monde. Tout dépend d'une sage et non égoïste organisation du travail.

Psychologie.

DEUXIÈME QUESTION. — En est-il de même du pain de l'esprit ?

— Je dis encore oui.

Le pain de l intelligence est en quelque sorte plus abondant encore que le pain du corps ; nos bibliothèques en font preuve, mais ce pain n'est pas, comme le premier, une question de vie et de mort. N'oublions pas le proverbe : « Corps sain, esprit sain ». D'ailleurs, on est témoin que beaucoup se passent d'instruction et ne s'en portent pas plus mal.

Cette deuxième question est donc plus facile à résoudre que la première.

Les amateurs de l'instruction à outrance (1) ne se contenteront peut-être pas de cet argument.

Voici ce que je réponds :

Croire tous les cerveaux susceptibles par l'érudition d'arriver à une certaine dose d'esprit atteignant la hauteur du *bon sens* serait erroné ; tous les jours on le prouve et heureusement, car s'il fallait être absolument un érudit pour avoir du bon sens, il y a longtemps, bien longtemps que le monde serait détruit. Est-ce que les savants scientifiques ou religieux se sont jamais entendus ?

C'est le bon sens de tous qui empêche que, dans la société, le désordre ne soit à son comble.

(1) N'ayons point peur qu'on nous appelle les amateurs du ventre ; ça se voit, ce n'est pas nous, les prolétaires, qui sommes les ventrus.

Arrêtons-nous donc *au bon sens* et que chacun assimile de science ce qu'il veut ou ce qu'il peut, c'est l'affaire de chacun.

Or, le bon sens dit : Il faut d'abord manger pour se bien porter... — et le reste vous l'aurez par surcroît. C'est donc par les soins du corps qu'il faut commencer.

Voilà les deux questions résolues, elles donnent satisfaction au corps et à l'âme.

Or, *Tous* peuvent-ils se donner dans la société actuelle ce pain du corps et de l'esprit ?

— Visiblement non, les uns se gorgent et les autres meurent de faim ; les uns ont des livres à profusion qu'ils n'assimilent jamais et restent à l'état de perroquets du savoir ; les autres, auxquels il ne faudrait que quelques bons livres chez eux pour développer la pensée, ne peuvent se les procurer.

Les uns ont des châteaux et du temps à perdre pour ne rien faire ; les autres produisent des chefs-d'œuvre dans des mansardes, torturés par la fatigue, le manque d'air et d'espace et souvent de nourriture suffisante.

— Que faire à cela ?

— Régler...

— Comment cela ?

— Par l'étatisme (ne pas confondre avec le socialisme d'Etat) (1), en utilisant sagement les trois facteurs principaux de toute société : Etat, Collectivité, Individu, afin d'empêcher cette race d'hommes à laquelle il faut des crève-faim pour faire les corvées qui leur déplaisent, et des créatures avilies pour satisfaire leur orgueil insensé et leurs plaisirs sensuels ; *de se féodaliser*.

Cette race, l'histoire nous l'apprend, est incorrigible et se perpétue par atavisme et par hérédité séculaire. — Ce sont les tyrans, ils ont toujours été et seront toujours

(1) Le socialisme d'Etat, c'est ce qui existe déjà partiellement qui a fait dire l'Etat patron, l'Etat providence, c'est-à-dire le peuple sous la tutelle d'une hiérarchie ne relevant que d'elle-même. L'Etatisme est tout le contraire, il comprend le tout à l'Etat collectiviste dont les chefs sont élus au suffrage universel de tous, pour les questions d'un intérêt général ; et des hommes compétents pour les choses d'intérêt professionnel.

les ennemis de la liberté pour les autres, leur tactique est et sera toujours la même ; s'emparer des forces acquises par le génie de l'homme à mesure qu'elles apparaissent. Exemple : l'instruction, l'or, l'épée, la machine, etc., etc., en faire leur profit et s'en faire des armes terribles pour opprimer les masses.

Cette race de vipères verrait-elle, par les progrès de la science, l'abondance mille fois plus grande encore que nous le supposons, que sa politique infernale trouverait encore sous le système de l'*Individualisme à outrance* le moyen de maintenir ses privilèges, et une armée de crève-faim (1).

Voilà un siècle que nous subissons cette épreuve, et elle a parfaitement réussi.

Sus! donc aux féodalités, aux oligarchies quelles qu'elles soient. Cléricalisme, militarisme, mandarinisme, capitalisme, industrialisme, etc., qui, sous forme isolée (Patronat) ou sous forme collective (corporations, congrégations, sociétés anonymes, associations, etc.) sont devenus des états dans l'Etat.

Je redoute même les associations et les coopérations ouvrières, parce que, renfermant en elles-mêmes le principe capitaliste, elles dégénéreront et deviendront comme les autres des états dans l'Etat ; et finalement liées par le même système financier et les mêmes intérêts, trouveront le moyen de laisser en panne une population flottante de crève-faim.

Mais avant que les coopératives et les associations (2), en supposant qu'elles ne se dévorent pas entre elles, soient sérieusement dangereuses pour le capitalisme, songeons que, de son côté, il marche à pas de géant, qu'il est bientôt maître de tous les gouvernements Monarchies :

(1) Voltaire disait déjà de son temps : On a trouvé en bonne politique le secret de faire mourir de faim ceux qui en cultivant la terre nourrissent les autres. *Voltaire.*

(2) Je ne suis pas de ceux qui croient que les associations ouvrières conduisent à l'idéal socialiste, elles nous conduiront droit au socialisme d'Etat, finale du capitalisme lorsqu'il sera complètement intertionalisé. C'est le rêve de Bismarck qui se réalisera.

Empires, Républiques et que ce ne sont pas avec des palliatifs anodins dont il se moque bel et bien qu'on l'arrêtera dans sa marche toujours ascendante.

Il y a des lois déjà faites et appliquées partout qui attaquent et brisent dans sa racine le capitalisme. Pourquoi s'entêter à ne pas vouloir les continuer. — Je parle des lois obligatoires, — remarquons-le bien — les seules qui ont pu passer depuis un siècle avec le suffrage universel.

Voilà où il faut viser : parce que ce sont les seules lois équitables qui affranchissent sérieusement les masses souffrantes et malheureuses connues sous le nom de prolétaires.

Le prolétariat n'est que la conséquence du capitalisme et doit disparaître comme l'esclavage et le servage ont disparu.

— Y a-t-il possibilité au xxe siècle, au point où en est arrivée la civilisation, de vaincre cette dernière tyrannie paraissant avoir usé toutes les ressources de sa férocité d'abord, et de sa politique ensuite?

— Je dis oui. Parce que, malgré tout, et quand même, le prolétariat (cette dernière forme soigneusement travestie des dépouilles de la liberté enchaînée) commence à s'apercevoir qu'il est toujours le jouet des mêmes tyrans dont les armes seules changent et varient.

L'arme aujourd'hui, c'est l'accaparement de l'or, procédant par méthode d'affamement.

Souvenons-nous que le peuple (de 1789) a enlevé aux seigneurs l'arme avec laquelle ils nous opprimaient, l'épée ; suivons son exemple, il a su remettre l'épée à la Nation et la tyrannie directe militariste a disparu (aujourd'hui elle n'est plus rien sans le capitalisme). Que l'on remette l'or à la Nation, et, par cette sage mesure, non seulement on détruira l'oligarchie capitaliste, mais du même coup les oligarchies militaires, cléricales, mandarines, ouvrières, etc., etc., : là est le salut !...

A l'œuvre donc.

X. Egapel.

Nota. — Voici quelques documents que je retrouve en tête du manuscrit ; je ne vois rien de mieux que de les reproduire textuellement.

20 décembre 1900.

Cher monsieur X. Egapel,

Voici quelques données scientifiques remarquables que j'ai trouvées dans la *Revue socialiste*, qui sont tout à fait en accord avec mes idées ; comme elles partent de voix plus autorisées que la mienne, je vous les transmets, elles peuvent servir de critérium à la grande discussion qui va s'ouvrir.

Vous vous rappelez que *Mal social* a été écrit à la salle d'Arras, en 1875. Depuis, deux économistes distingués sont venus justifier scientifiquement ce que j'avais résolu intuitivement, c'est-à-dire : Ne pas faire table rase de la société actuelle, et mettre à profit l'expérience du passé, en séparant le concret de l'abstrait (c'est-à-dire tout ce qui touche aux dogmes ou aux métaphysiques) de la sociologie considérée comme science pratique, ne pouvant reposer que sur des données certaines, déjà acquises par la science positive.

M. René Worms, économiste français, dit :

« La sociologie ne peut s'isoler des sciences sociales particulières dont la règle est l'observation patiente et analytique des faits. »

Sans le savoir, j'avais parfaitement observé cette règle en séparant de mon étude sociale le concret de l'abstrait.

Puis il ajoute : Dans les opérations de l'esprit comme dans les œuvres de la nature, le particulier et le général doivent toujours être distingués, mais jamais ne peuvent être entièrement séparés l'un de l'autre.

C'est ce qui m'a décidé, avant de vous présenter les conférences, à consacrer la première partie de ce nouveau livre à des débats philosophiques.

Vous avez pu voir que je n'ai pas à le regretter,

puisque j'ai trouvé par cette étude le système de la Prémotion répondant entièrement à l'idée que je m'étais faite d'une organisation sociale, laissant le plus de liberté possible, le plus de bien-être et le plus de sécurité à *Tous*.

M. Léon Viniarski, privat docent à l'Université de Genève, est venu me confirmer de nouveau que ces notions étaient saines et scientifiques. Voici ce qu'il dit : septembre 1896 *Revue socialiste*.

« Avant de commencer toute étude sociologique, il faut se bien pénétrer de l'étude de la psycho-physiologie. »

Et bien, après l'étude et la critique de mon *Plan social*, on verra que sans soupçonner l'utilité de ces sciences, je ne m'en étais pas écarté, ce qui prouve que le bon sens de monsieur tout le monde n'est pas tant que cela à dédaigner.

M. Léon Winiarski, s'appuyant sur l'histoire naturelle, démontre que les différents types d'êtres offerts à nos yeux et constitués pour la lutte de la vie individuelle ou collective donnent des différences très sensibles au point de vue psychique.

« L'abeille, dit-il, qui vit en collectivité, atteint à bien moins d'intelligence que l'araignée qui vit individuellement. »

Et il en conclut que toute tendance à la socialisation est funeste à l'intelligence et au génie.

« De même, dit-il, parmi les vertébrés, on peut remarquer que le développement physique des représentants des diverses espèces est d'autant plus grand que la cohésion sociale est plus faible. »

Cette thèse le conduit très loin et aboutit sur l'homme à la nécessité de deux études qu'il trouve devoir marcher parallèlement : l'anthropo-technie et la socio-technie.

C'est donc qu'il reconnaît l'homme un être relatif trop faible physiologiquement pour vivre à l'état d'individu, trop fort psychologiquement pour se résoudre à une *contrainte* nécessitée cependant par sa nature limitée.

Là est tout mon système étatiste, laissant, à l'individualisme et au collectivisme, la part légitime qui leur incombe pour le plus de justice sociale ; on sait que ces deux facteurs sont indispensables à toutes formes de société.

Après avoir fouillé dans l'histoire universelle des civilisations, M. Léon Winiarski reconnait que le génie se développe et apparait aux époques de décadences ; c'est-à-dire au moment où, par suite du désordre dans les idées et les choses, l'anarchie règne. « Mais, dit-il, le génie du bien qui se développe pour ainsi dire spontanément a généralement pour but de travailler au rétablissement d'un ordre nouveau ; *car vivre en paix selon la justice est le problème* qu'il poursuit (1). »

Donc, dit l'auteur, l'anthropo-technie seul ne suffit pas, elle réclame le concours d'une socio-technie.

Ce n'est qu'en marchant ensemble, dit-il, qu'elles parviendront à produire une race plus parfaite avec la disparition continuelle du matériel biologique plus mauvais, à la condition d'obtenir des formes *sociales assez distendues et assez souples pour ne pas dégrader l'individu.*

« Ce seraient, dit-il, *des groupes élastiques* créés pour des buts momentanés d'individus indépendants et originaux, insoumis à toute hypnose. »

N'est-ce pas là mon travail libre, affranchi de la misère par le travail obligatoire et la retraite ; et réglés par la valeur temporaire de l'or ?

Mon livre étant écrit 20 ans avant que cette étude approfondie de l'homme me soit parvenue, c'est avec une grande satisfaction que j'ai reconnu qu'intuitivement je m'accordais avec les hommes de science.

Cette rencontre d'un érudit avec un simple chercheur

(1) Cette observation est très juste. C'est ce qui se passe en ce moment où les abus de la puissance de l'argent sont si grands, la corruption gagne tant de pauvres affamés qu'on ne peut rester indifférent aux causes qui la produisent. C'est pourquoi lettrés ou illettrés ont le droit en ces temps d'écrire ; ce ne sont pas de beaux discours et de belles-lettres qui sont nécessaires, *mais* de *bonnes et solides idées pratiques.*

est un fait, il me semble, à méditer, et prouverait que la question sociale n'est pas aussi complexe ni aussi inaccessible à tous qu'on voudrait bien le faire croire dans certaines sphères de la société.

Ce système, que demande M. Winiarski, de formes sociales assez distendues et assez souples pour ne pas dégrader l'individu, c'est-à-dire lui entraver sa liberté, n'est autre chose que la Prémotion dont j'ai parlé plus haut, dynamisme, qui règle dans la nature le libre arbitre des êtres selon leur degré d'intelligence, de conscience et de raison.

Qu'on ne vienne donc plus me dire que mon plan social est utopique. Il règle mieux, qu'on ne le fait jusqu'alors, les rapports des êtres entre eux (sur la terre) avec les choses, et cela simplement en continuant des lois déjà acquises qu'il s'agit simplement d'étendre.

En effet. Le travail obligatoire, réduit à la plus simple expression, laisse au travail libre tout le temps que l'on veut pour se livrer à ce qui plaît : art, littérature, jardinage, etc., etc.

Je termine cet aperçu fort remarquable de M. L. Winiarski par cette conclusion qu'il tire de ses observations.

« Comme un ingénieur mécanicien marque sur un manomètre le point exact où la tension est maximale, sous peine de voir éclater la chaudière, de même l'ingénieur social aura à fixer le point où le développement individuel ne sera entravé par la pression sociale. »

N'est-ce pas ce que je fais ? Dans le système actuel, la *pression sociale* entraîne continuellement le développement intellectuel à tel point que les statistiques municipales de Paris annoncent que, pour 1300 emplois, 6500 candidats sont inscrits. 7000 instituteurs briguent 115 places. La préfecture de la Seine a besoin de 60 commis expéditionnaires, il s'en présente 2 141.

Pourquoi, dira-t-on, tant de diplômés? Voilà où conduisent vos lois obligatoires !

Attendez ! On va voir qu'il y a aussi trop de bras.

Pour 375 emplois de balayeurs, 250.909 candidats.

Pour 26 places de concierges, 3900 demandes, et cela dans le département de la Seine seulement.

Eh bien, croit-on que la chaudière résistera longtemps à cette pression de la misère?

Comme on le voit, la situation est tendue et demande un prompt remède, et ce n'est point sur nos savants qu'il faut compter. Ils n'osent pas... Et que risquent-ils? Hélas! voilà la triste conclusion de M. Léon Winiarski.

« Qui voudrait se charger de ce *formidable problème* quand la question économique occupe tous les esprits, quand il n'y a pas de pouvoir capable de le faire, quand enfin les indications de la sociologie ne sont pas encore assez précises ni assez concordantes pour qu'on puisse s'en inspirer dans les essais pratiques. »

Est-ce assez piteux après de si riches développements? Mais que faut-il encore à nos savants pour oser?

Voyez-vous ces médecins; le malade ne demande qu'à vivre, il ne demande qu'à manger, et ils n'osent pas lui en donner.

— Et de quoi s'agit-il?

Combien de fois faudra-t-il le répéter :

— De donner à tous *le pain quotidien*. Et il faut pour cela attendre qu'on ait rationnalisé la planète? (1)

Ces gens-là sont malades, ce n'est pas possible autrement.

Je ne sais pas ce que la science ajoutera de plus un jour à la richesse générale, mais n'est-il pas évident, comme je le dis plus haut, que, dès aujourd'hui, le produit abonde (surproduction) autour de soi?

Eh bien, n'est-ce pas tout ce qu'il faut pour donner du pain à ceux qui ont faim, à boire à ceux qui ont soif? Et puis, discutez après, tant que vous voudrez. — Mais, pour Dieu! commencez par là, ou, comme le dit en terminant M. Winiarski :

« Si on ne contrecarre pas cette destruction systématique de toutes les forces vives de l'humanité que présente la société capitaliste contemporaine, où les moyens de développement, grâce au monopole de propriété et au droit de succession, sont *assurés aux individus les*

(1) G. Seailles, *Coopération des idées.*

plus médiocres, rejetons des familles les plus épuisées, et où toutes les capacités, toutes les forces intellectuelles contenues dans la classe pauvre sont d'avance *condamnés à périr*... Voilà ce qui arrivera, la médiocrité s'étalera au sommet de la société. »

Vous allez voir, dans les cinq conférences qui vont suivre, combien il faut être armé pour répondre à toutes les objections; beaucoup plus spécieuses que profondes et la plupart saugrenues, que l'on entasse à plaisir pour retarder l'avènement définitif du socialisme.

C. Lepage.

FIN DE LA DEUXIÈME PARTIE.

PREMIÈRE CONFÉRENCE

Premier Point

L'Etat, le Gouvernement, le Système Social

TROISIÈME PARTIE

CONFÉRENCES CONTRADICTOIRES

Quelques noms sur lesquels l'auteur s'est appuyé pour soutenir la discussion pour ou contre l'étatisme.

Nous les plaçons indifféremment :

Emile Henry, anarchiste (Declarations).
Sébastien Faure, libertaire.
Herzen Alexandre, révolutionnaire russe.
Tolstoï, homme de lettres russe.
De Mun, orateur clérical.
Monseigneur d'Ireland, clérical libéral.
Prince de Liechteinstein, clérical.
Drumont, clérical.
Le père Didon, écrivain clérical.
Vigné d'Octon, clérical.
Le Pape (Encycliques).
Léon Bourgeois, radical socialiste, ancien ministre.
Pelletan, député radical socialiste.
Le Fenier, ancien ministre.
Millerand, ministre.
Jaurès, socialiste.
Gérault-Richard (*Petite République*).
Rouanet, député.
J. Guèdes, socialiste.
Amilcare Cipriani.

L. Winiarski, primat docent (Genève).
Bourdeau, économiste.
Cauwès, économiste.
Beauregard, économiste.
Leroy-Beaulieu, économiste.
Baudrillard, économiste.
Karl-Marx, Bebel, Liebneckt, économiste.
Arthur Desjardins, économiste.
Octave Mirbeau, économiste publiciste.
Ernest Renan, économiste publiciste.
Spencer, économiste.
René Worms, économiste.
Baggio, collectiviste, Deherme, coopération des idées.
J. Simon, ministre.
Thiers, ministre.
Gambetta.
L. Blanc, député socialiste.
Robespierre.
Lamennais.
Proudhon, économiste.
de Sismondi, économiste.
Benoît-Malon, socialiste.
Fourier.
Babeuf.
Lasalle.
Saint Paul.
Pascal.
Jésus-Christ.
Bossuet.
Castelreat.
Bismarck.
Familistère de Guise.
Frédéric Passy.
Molinari.
Cassagnac, député.
Dupuy, ancien ministre.
Déroulède, ancien député.
Guérin, nationaliste.
Etc., etc.

INTRODUCTION A LA TROISIÈME PARTIE

RÉSIGNÉS ET REVOLTÉS (1)

Sous ce titre, Amilcare Cipriani dit « Voilà deux forces : l'une positive, l'autre négative, qui depuis des siècles se combattent.

« Les uns prétendent changer le monde par la résignation et l'immobilité, les autres par la révolution.

« Les premiers furent les soutiens du despotisme, les seconds les vaillants démolisseurs.

« Ceux-là amis de l'inaction, ceux-ci de l'action. Avec Tolstoï, se placent les résignés, avec nous les révoltés. » Et il ajoute :

« Le tolstoïsme n'est autre chose que du christianisme primitif modernisé. C'est-à-dire de la résignation et de la passivité. »

C'est une étrange erreur que de juger le Christ pendant son passage sur la terre comme un résigné et un passif.

Pas un seul acte de sa vie de citoyen prouve de la résignation, il est en perpétuelle guerre avec la société et avec les classes dirigeantes de son siècle.

(1) *Petite République*, 3 avril 1901.

S'il avait ressemblé aux hommes de notre temps, de toute religion et même de pas de religion, déistes ou athées, il n'eut certainement pas été crucifié; reconnu par les Juifs, il fût devenu le Roi des Juifs, comme le Pape est devenu dernièrement le Roi des judéo-catholiques et, disons-le, des capitalistes militants.

Le Christ est d'une autre envergure. Il doit être jugé tout à fait à part des sectes qui se sont établies sur son nom. Là est l'erreur de Cipriani et de tous les libres-penseurs intransigeants.

Il y a là un grand danger pour la paix du monde. Je voudrais être le trait d'union entre ces résignés et ces révoltés.

Cet ouvrage d'un bout à l'autre n'a pas d'autre but. Il montre qu'on peut être croyant, et n'être ni un résigné ni un révolté.

Il faut d'abord bien comprendre la résignation évangélique, qui n'est pas du tout, comme le pense Almicare Cipriani, une résignation à supporter les tyrans et les abus de la société. Le Christ enseigne la résignation à la volonté de son Père. « Que votre volonté soit faite... »

Or, cette résignation n'a rien de la faiblesse ni de la pusillanimité dont parle Cipriani, elle est toute naturelle, et n'est autre que celle des libres-penseurs raisonnables qui se résignent aux lois universelles auxquelles ils n'ont nullement participé. Il n'y a entre eux qu'une question de Dieu et de non-Dieu, et cela ne demande nullement le besoin de s'entre-massacrer. L'histoire le prouve, la tyrannie est des deux côtés, elle ne tient ni à Dieu ni à non-Dieu! Elle tient à la bêtise humaine toujours exploitable à merci.

Lorsqu'un libre-penseur se croit par sa science bientôt le maître de l'univers, il est risible et sa prétention plus insensée qu'intéressante ; les ignorants seuls peuvent s'y laisser prendre, aller même jusqu'à l'adorer.

Il y en a de plus adroits, qui, sentant le ridicule auquel cet excès d'orgueil les exposent, se sauvent par la tangente. « Pour agir, — disent-ils — nous n'attendons pas d'avoir résolu tous les doutes, pénétré tous les mystères ; pour savoir si Dieu existe, nous marchons à sa rencontre. »

Mais, toutes ces arrogances et ces subtilités ne dupent que ceux qui veulent bien se laisser duper.

Que Almicare Cipriani rejette sur Tolstoï la responsabilité de ses paroles, de ses écrits, très bien... mais, qu'il ne les fasse pas endosser par le Christ, n'étant plus là pour se défendre et n'ayant point besoin de se moderniser.

Le Christ est et sera de tous les siècles parce que mieux qu'aucun il représente l'Humanité.

X. EGAPEL

15 février 1901.

AU LECTEUR,

Lorsque je remis le manuscrit de ces conférences à mon ami X. Egapel, je lui recommandai de rester vrai, ce qu'il a fait avec une grande conscience.

Je puis d'autant plus le certifier que j'ai participé à cette lutte (il y a une douzaine d'années) en compagnie de collègues professeurs, qui, comme moi, combattaient l'Etatisme de notre prolétaire.

Depuis cette époque, les idées socialistes ont fait un grand chemin, et une partie de tout ce que nous avons débattu, et ce qui va se débattre, est aujourd'hui, au Parlement, sur le tapis. Réactionnaires et révolutionnaires abordent, chaque jour, les différentes questions soulevées dans ce livre.

Ce livre est donc une vraie lutte d'intellectuels contre un ouvrier prolétaire devenu socialiste sans le savoir.

On croirait que nous devinions, qu'il devinait (car il y avait déjà longtemps que je l'entendais développer ses idées ; qu'il nous disait avoir déjà émises à Paris, salle d'Arras, en 1875, devant un public d'ouvriers), qu'il devinait, dis-je, que le moment était venu où, forcément, chacun serait obligé de s'occuper de la question sociale qui s'impose aujourd'hui, tellement les intérêts de tous, riches comme pauvres, instruits ou ignorants, s'y trouvent engagés.

Puisque nul ne peut préjuger quel serait le vote d'une Assemblée composée d'éléments divers comme ceux que nous allons voir en présence, je me tairai là-dessus, chacun pouvant former son opinion librement.

Mais, je crois que le lecteur ne me saura pas mauvais gré d'avoir décidé mon vieux prolétaire, qui a une mémoire peu commune (on a pu en juger par le récit de sa vie, *60 ans de la vie d'un prolétaire*), d'avoir laissé une petite image de ce qui se passerait dans toute la France, si l'idée *du Vœu* qu'il exprime dans ce livre (voir fin du volume, annexe) était adoptée au Parlement.

J'insiste là-dessus parce que, comme le dit très bien notre vieux prolétaire, ce n'est pas un parti qui peut faire triompher le socialisme, c'est le bon sens de tous, c'est le peuple en majorité.

Et pour cela : il faut préalablement qu'une étude sérieuse de la question sociale par tous, sous l'initiative du Parlement issu lui-même du suffrage universel, soit faite.

Paul Mélée.

PREMIERE CONFERENCE

DIALOGUE

Le Bureau est formé, plusieurs tribunes sont en présence.

La salle est composée des nuances politiques et sociales les plus variées ; le Président lit l'ordre du jour et donne la parole au Conférencier qui fait son discours d'ouverture.

Voici l'ordre du jour :

PREMIER POINT

Questions : 1° L'Etat et le Suffrage universel.

2° La forme de gouvernement, notre système.

3° Notre système social.

On sait que la contradiction s'établit sur un Plan préconçu par notre vieux prolétaire.

Nous supposons donc que le lecteur a lu ou est en possession de ce Plan (1).

(1) « *Mal social* » en vente chez S. Vanier, 1 fr. 50

DISCOURS D'OUVERTURE

PAR LE CONFÉRENCIER

CITOYENS,

Nous voici tous en présence. Je vous remercie et vais faire tous mes efforts pour rester à la hauteur de ma mission. Je retrouve, parmi vous, mes vieux compagnons de luttes : anarchiste, clérical, conservateur, progressiste, radical, collectiviste, etc., tous restés mes amis... parce que nous sommes convenus de respecter l'homme et de ne combattre que les idées.

Nous sommes convaincus que, dans tous les partis, il y a des honnêtes gens ; nous n'en mettons aucun à l'index.

Ceci dit : et je demande si l'Assemblée l'accepte ?

Des voix. — Oui ! Oui !

... Me met entièrement à l'aise.

Cette première conférence, en raison même de son irréductible principe de n'écarter personne, m'a conduit à traiter la question sociale dans toute sa plénitude.

C'est pourquoi on ne devra pas s'étonner que la forme du gouvernement même soit discutée.

Il faut que le peuple français, au XXe siècle, après un siècle d'expériences successives de différentes dénominations de gouvernement, et en dehors de ces formes dont la politique est toujours à peu près restée la même, affirme en majorité la Révolution française dont la raison est :

1° L'abolition des privilèges. Tous les Français sont égaux devant la loi.

2° Le peuple souverain !... C'est-à-dire : Plus fort que l'Individu, ou les collectivités partielles d'Individus, autrement dit : Plus fort que les souverains (Rois ou Empereurs) et que les oligarchies (militaristes, cléricalistes, capitalistes, mandarinistes, ouvrières, etc) isolées ou alliées, qui pourraient s'ériger en Etat dans l'Etat, envers et contre cet immortel principe, l'*Etat peuple.*

— L'anarchiste demande la parole.

PREMIÈRE QUESTION. — L'ETAT ET LE SUFFRAGE UNIVERSEL (1)

1. *L'Anarchiste.* — Je ne reconnais aucune autorité, par conséquent pas d'Etat, pas de gouvernement, pas de suffrage quelconque ; je ne reconnais que l'Individu qui ne peut atteindre l'apogée du *moi*, que libre de toute contrainte.

R. — Je comprends que vous écartiez toute autorité ; vous êtes logique avec vos principes et ne ressemblez pas, au moins, à ces anarchistes du haut pavé, qui réclament des lois pour les faibles, sachant pertinemment qu'ils sauront toujours s'en mettre à l'abri.

Mais ce que je ne comprends plus, c'est que vous cherchiez à accroître, par la collectivité, votre force physique, afin de vous garantir contre votre faiblesse naturelle. N'y a-t-il pas là une étrange contradiction ?

En effet, citoyens ! l'anarchiste vit comme tout le monde dans la société, bénéficie des progrès de la science (œuvre collective) et ne peut, écartant toute conscience, toute morale, se servir des progrès acquis, pour détruire cette collectivité à laquelle il doit tout. Ce serait le comble de l'ingratitude et de la trahison. Je sais que l'anarchiste théoricien est plus humain. Mais agit-il avec moins de contradiction ? Ne bénéficie-t-il pas, lui aussi, de l'enseignement qu'il a reçu de tous, pour faire triompher ses théories qui, à leur tour, seraient réduites à néant, si l'imprimerie, encore un produit collectif, n'avait pas été inventée. Il peut paraître au moins singulier de nier les forces et les bienfaits de collectivités, et de ne pouvoir s'en passer.

(1) Le Conférencier seul répondant à toutes les critiques, nous l'indiquons par la lettre *R.*

Je serais persuadé à moitié, si Tolstoï, Sébastien Faure, Jean Graves, etc., pouvaient me montrer dans quelques parties du globe un homme plus grand, plus fort que tous, n'ayant jamais relevé que de soi-même. Ce ne pourrait être, comme le disait Aristote, « qu'un sauvage ou un Dieu ».

S'il est une figure dans l'histoire qui se rapproche le plus de ce type, c'est Jésus-Christ, et justement il est celui que les lois des hommes gênaient le moins, il ne s'en souciait pas plus que d'une guigne ; et chose étrange, ce n'est pas la loi qui l'a condamné à mort, *mais le peuple* pour lequel il se dévouait. N'est-ce pas la condamnation flagrante de l'anarchie au point de vue pratique ? Car que pouvait le Christ, pour se défendre contre une populace brute, ignorante et lâche ? Opposer une autre force brutale, ou se laisser écraser, et c'est ce qu'il a fait. Vous, vous préférez les représailles ; mais c'est la guerre à perpétuité de l'homme contre l'homme, et alors. pourquoi ce langage (1) : *Nous aspirons à une nouvelle morale en harmonie avec les lois de la nature, qui doit régénérer le vieux monde et enfanter une humanité heureuse.* Mais cette morale (du chacun pour soi, œil pour œil, dent pour dent), elle est mise en pratique tous les jours, sous le nom de la loi du plus fort, et de l'offre et de la demande ; il n'y a donc rien à changer, depuis qu'un siècle d'individualisme à outrance, pratique dans la société cette forme sociale, si voisine de l'anarchie absolue. Vous devriez être satisfait.

Qu'est-ce que ce régime a produit ? Il a donné naissance au capitalisme, dont vous vous plaignez contradictoirement, quoique avec juste raison ; l'expérience en est donc faite, de l'anarchie.

2. *L'Anarchiste.* — Mal faite.

R. — Trop bien faite, et lorsque Emile Henry, avec la Souvarine de Germinal, dit : « Tous les raisonnements sur l'avenir sont criminels, parce qu'ils empêchent la destruction pure et simple, et entravent *la marche de la Révolution,* » Emile Henry manque absolument

(1) Emile Henry (dans sa déclaration).

d'expérience, probablement sans s'en douter, car ce langage est celui de tous les despotes, usant de la force brutale ou de l'affamement. Ils ont tué et tuent journellement à eux seuls, plus d'hommes que n'en tueront jamais, avec leurs bombes, tous les anarchistes réunis. Mais ces natures d'hommes n'ont jamais rien fait ou voulu faire pour le peuple et l'humanité.

l'Histoire ne cite aucune de ces natures despotiques, ayant le désir de toucher franchement aux abus dont le peuple souffre ; que ces tyrans s'appellent Marat, Napoléon, Rothschild, ou Torquemada, qu'ils soient anarchistes, cléricaux, capitalistes, etc., leur ambition est toujours la même : *Régner quand même présentement sans s'occuper de l'avenir qu'ils réservent aux peuples.* Le peuple qui a toujours été l'esclave et la dupe de ces manœuvres ne peut plus aujourd'hui s'accommoder de cela.

Vous cherchez, dites-vous, à vous mettre « en harmonie avec les lois de la nature ». Vous reconnaissez donc la nécessité des lois pour qu'il y ait harmonie.

3. *L'Anarchiste.* — Oui.

R. — Alors vous êtes en contradiction avec vos principes — Pas de lois — Regardez la nature de plus près et vous verrez que, dans le système universel, une grande liberté est laissée aux êtres, et une grande élasticité aux choses, quoique soumis à des lois inexpugnables ; de même, une liberté presque absolue aux idées, sans rompre pour cela l'harmonie générale qui vous charme tant. Il faut donc des lois pour régler un ensemble, et l'humanité en est un que vous ne pouvez empêcher. L'homme ne peut détruire ni créer, il déplace, replace, choses et idées. Voilà tout !... Ainsi, en massacrant avec vos bombes, comme les conquérants avec leurs armes, vous croyez faire œuvre utile sur la terre : comme eux, vous vous trompez. C'est donc vous qui retardez la libération des peuples. Vous êtes de mauvais génies.

4. *L'Anarchiste.* — (Ironiquement) Le génie bienfaisant le fait-il plus avancer ?

R. — Certainement, c'est aux moralistes, aux philosophes, aux hommes de sciences que nous devons d'être des citoyens ; mais dans tous les cas, ils marchent au moins avec le progrès, ils jettent une rosée bienfaisante sur tout ce qui souffre, ils éclairent la route, donnent la force et les moyens pour lutter, ils écartent cette vaine et souvent criminelle gloire, où vont se buter les affamés d'immortalité terrestre, avides de renommée populaire ; ils découvrent aux esprits humbles, aux inquiets, que la science de l'homme commence à entrevoir le champ de l'infini à parcourir ; en un mot, ils arborent le drapeau de l'Espérance, il sont, avant tout, les partisans de la Paix. Persuadons-nous bien que si, individuellement, ils ne peuvent que peu de chose sur la marche du progrès, ces hommes instruits, unis, peuvent au moins le bien diriger au profit de tous. C'est pour cela qu'ils demandent le concours de tous. *Voilà le collectivisme.*

N'ayons donc jamais crainte de semer la bonne parole, elle fait plus pour le bonheur de tous que toutes les revendications brutales qui perpétuent les haines et les vengeances.

5. *L'Anarchiste.* — Je pense, comme Alexandre Herzen révolutionnaire russe (1), « de deux choses l'une, ou justicier et marcher en avant, ou grâcier et trébucher à moitié route ? »

R. — Nous ne voulons ni grâcier, ni trébucher, nous voulons marcher toujours en avant, jusqu'à ce que l'évolution, le moins possible contrariée (c'est le but de nos efforts), vienne enfin couronner notre œuvre, c'est-à-dire paralyser les méchants en les rendant impuissants, car il y en aura toujours, malheureusement.

Il y aurait grande erreur à croire que les massacres suscitent, après leurs épouvantables exécutions, des réflexions humanitaires dans le peuple en masse. L'histoire prouve qu'après ces vengeances assouvies de part et d'autres, le peuple, honteux, abruti de ses crimes, baisse la tête et se livre au premier tyran, lâche et cruel, qui se présente, plus soumis encore qu'il n'était

(1) Emile Henry (dans sa déclaration).

révolté. Pousser à la révolte armée, aux révolutions sanglantes, n'est donc pas marcher en avant; si un peu de progrès semble suivre ces révolutions, il est dû à ces génies éclaireurs qui précèdent ces calamités; catastrophes qui seraient sûrement évitées, s'ils étaient écoutés. C'est à ces apôtres que l'on doit sérieusement les trop faibles concessions arrachées aux tyrans éclos spontanément dans la putréfaction du fleuve de sang répandu.

Comprend-on, maintenant, pourquoi le progrès bienfaisant est continuellement tourné et avance si peu?

Il faut enseigner au peuple que les crimes collectifs s'expient comme les crimes individuels; un siècle de souffrances et de larmes ne suffit souvent pas pour sécher ce fleuve de sang, répandu *soi-disant pour la cause de la Liberté :*

6. *L'Anarchiste.* — Alors vous nous mettez à l'index, vous nous écartez de la libre discussion?

R. — Non, votre théorie, en elle-même, est intransigeante, vous êtes dogmatique inversement, obligé de nier Dieu par principe, vous tyrannisez les consciences et laissez passage aux superstitions. En déversant votre admiration sur le plus puissant, le plus fort, le plus grand, ce que vous appelez « la plus haute aspiration du Moi (1), vous créez une hiérarchie de nouveaux dieux, et jetez la société sur le même écueil, où elle a déjà passé, aux temps de la tyrannie absolue.

Vous créez, sans vous en douter, le culte des grands hommes qui ne vaut pas mieux que le culte des saints. Brisant aujourd'hui l'idole d'hier, vous recréez l'idole de demain, vous ouvrez passage à des cultes nouveaux. Vous entretenez la fortune des nouveaux prêtres, politiciens habiles à tromper le peuple, Remarquez. Je ne rejette pas le principe de l'anarchie théorique puisqu'il tend à la perfection même; je le regarde comme un but idéal, mais non comme un moyen. Enfin, pour nous entendre, et ne pas écarter des hommes convaincus de nos discussions, permettez-moi d'appeler vos sublimes aspirations *la perfection sociale.*

(1) Sébastien Faure (Conférence).

7. *L'Anarchiste.* — Vous convenez enfin que notre théorie est bien l'Idéal social ?

R. — Je ne l'ai jamais nié, mais cette théorie suppose les hommes parfaits et nous en sommes loin ; l'homme juste n'accepte aucune *contrainte morale*, voilà où est sa grandeur, et s'il obéit aux lois humaines existantes, par son apostolat, il prépare la formation de lois plus parfaites, et toujours en rapport avec le progrès moral et physique, qu'il reconnaît dans l'ensemble où il vit...

Il ne dit pas : « Pas de lois », il dit : « Rendons-les, par nos vertus, *inutiles* ».

Ecoutons Emile Henry ! dans sa déclaration, et puisse la jeunesse de cette fin de siècle voir l'écueil où cette intelligence s'est butée ; faisons tous nos efforts pour ramener vers nous, par l'argumentation, ceux qui seraient tentés de l'imiter. Voilà ce que dit Emile Henry :

« Un moment attiré par le socialisme, je ne tardai pas à m'éloigner *de ce parti.* J'avais trop d'amour de la liberté, trop de respect de l'initiative individuelle, trop de répugnance à l'incorporation, pour prendre un numéro dans l'armée matriculeduquatrième Etat ; d'ailleurs je vis qu'au fond *le socialisme ne change rien à l'ordre actuel.*

« Il maintient le droit du plus fort, et ce principe, malgré ce qu'en peuvent dire de prétendus libres-penseurs, n'est qu'un vieux reste de la foi en une puissance supérieure. »

Ces quelques mots résument bien l'état d'esprit des jeunes hommes de notre fin de siècle. Depuis, Etiévant en est encore un exemple : Vieillis avant l'âge par une érudition qui, loin de mettre de l'ordre dans leurs idées, y a jeté la plus grande confusion, ces jeunes esprits veulent accorder leur expérience avec leur savoir, et ils tombent dans les exagérations où conduisent fatalement les théories absolutistes. Ne pouvant affirmer, ils nient. Ils ne s'aperçoivent pas que Tout et Rien sont la même chose, ils ne voient pas que cette expression est ce qu'il y a de plus évident dans toute la science.

Pas d'autorité ! disent-ils, et, pour s'y soustraire, ils

se livrent à la mort, préférant leur *néant* à la vie ; et, chose incroyable, malgré les bases de leurs théories, ils se dédoublent quand même, heureux de jeter leur corps au néant et leur *moi* à la postérité.

Ils ne croient pas à l'immortalité de l'âme qui ouvre un champ infini à l'évolution de l'être, mais ils croient à la Renommée bonne ou mauvaise, pourvu que leur nom reste dans *les siècles des siècles*. Ainsi, toujours la même contradiction, ils aspirent quand même à la Renommée immortelle, et ils se précipitent dans la mort qui, pour eux, est *l'anéantissement du Moi*. Et, le plus fort ! peu soucieux des autres, ils plongent dans un complet oubli des légions d'esprits qui n'ont pu ou n'ont voulu faire parler d'eux, prétendant ici-bas les dominer par leur présomptueuse supériorité. Oh ! orgueil de l'homme !...

Ecoutons encore Emile Henry, dans ces déclarations :

Des études scientifiques m'avaient graduellement initié au jeu des forces naturelles. Or, j'étais matérialiste athée ; j'avais compris que l'hypothèse Dieu était écartée par la science moderne, qui n'en avait plus besoin. La morale religieuse et autoritaire, basée sur le faux, devait donc disparaître.

Voici un jeune homme de vingt et quelques années qui, dans sa sagesse, sur la foi de la science *moderne de l'homme*, affirme que Dieu n'est pas, qu'il est inutile et que la morale qui découle de l'acceptation de cette hypothèse est fausse, et il songe « à la nouvelle morale en harmonie avec des lois de la nature qui doit régénérer le vieux monde et enfanter une humanité heureuse ». Mais quelle morale ?

Je l'ai dit plus haut, cette morale n'est pas nouvelle ; basée sur l'égoïsme, elle est un retour à l'Animalerie, à la barbarie, qui n'a pas cessé d'être, du reste, mais qui s'est simplement raffinée.

Je le disais bien que ces jeunes esprits croient relever d'eux mêmes, et ne sont que des produits désordonnés d'une époque anarchique qui leur convient entièrement ; mais qui ne leur donne pas à tous place au banquet. La preuve, Emile Henry dit encore : « On m'avait dit que cette vie était facile et largement ouverte aux intelligents et aux énergiques, et l'expérience m'a montré que seuls les cyniques et les rampants peuvent se faire bonne place au banquet. » N'ayant pas la platitude et la bassesse nécessaire pour arriver, ces natures, développées trop vite, n'ont pas le courage et la patience de l'apôtre, leur soif d'orgueil populaire les fourvoie, voilà pourquoi je les appelle des dévoyés.

Ils cherchent le martyre et ils le trouvent, mais sans gloire et sans utilité.

8. *L'Anarchiste.* — Je le répète, votre socialisme ne change rien à l'ordre actuel, il maintient le principe autoritaire et nous ne voulons pas d'autorité?

R. —Voilà des arguments auxquels je n'ai jamais pu répondre. Le clérical me met à *quia* de la même façon. L'esprit de Dieu est avec nous, dit-il, nous ne pouvons pas nous tromper, le Pape est infaillible.

9. *L'Anarchiste.* — Mais enfin : Qu'est-ce que votre socialisme?

R. — Une conséquence des rapports obligés entre les hommes et tous les êtres. C'est une science pratique à laquelle on a donné le nom de *sociologie*; son but n'est pas de tout bouleverser pour édifier, elle tient compte, comme on doit le faire, du travail élaboré depuis des milliers de siècles, et trouve qu'en somme le système bâti, je le veux bien, de pièces et de morceaux, comme tout ce qui passe par les mains de l'homme au début, est arrivé aujourd'hui au point où il n'y manque plus qu'un régulateur. La machine sociale est toute trouvée, elle est l'œuvre de tous, de cette collectivité dont l'Anarchiste veut bien profiter mais sans la reconnaître (1).

Si le sociologue accepte l'autorité, c'est qu'il sent qu'il ne peut y échapper, que sa révolte ne serait pas une révolte contre l'homme mais contre *les lois naturelles harmoniques* qu'invoque précisément Emile Henry : *pour enfanter une humanité heureuse.* Or, de toutes les autorités imposées par la force des choses, le

(1) Lire notre petite sociologie pratique (*Mal social*, page [illegible]

suffrage universel paraît le mieux *répondre au bon sens pratique et à la liberté de tous.*

L'anarchiste n'en veut pas! Mais il ne dit pas comment, devenu maître de la situation, il se maintiendrait.

Je craindrais bien, et l'histoire en donne le pressentiment, que, sous ce régime immédiat de liberté absolue, le droit du plus fort serait pire que jamais, et la liberté pour les vaincus, complètement nulle. N'est-ce pas ce qui se dessine en ce moment, sous la féodalité capitaliste, depuis un siècle, avec l'individualime à outrance, si voisin de l'anarchie?

Or, un état de choses semblable ne pourrait durer. Bientôt, sur le désordre qui en résulterait, se dresseraient des collectivités vengeresses, ce qui ne serait que la répétition de ce que nous apprend l'histoire, et de ce que nous vérifions tous les jours. Hélas, l'expérience en est faite! bien faite!.....

10. *Le Clérical.* — Je demande la parole : Il prend place à la tribune contradictoire.

Je ne suis pas anarchiste, mais, comme lui, j'ai un grand amour de la liberté. et je repousse toute combinaison qui tend à gèner l'initiative individuelle. Je dis que la religion et la morale, qu'on ne peut séparer de la question sociale, sont le seul frein aux passions ; nous ne voulons pas d'Etat Providence.

R. — Mais enfin, dites ce que vous voulez, puisque vous acceptez des lois?

11. *Le Clérical.* — M. de Mun, le chef du *Socialisme* clérical, a parfaitement exprimé ma pensée.

Catholiques, nous repoussons également le libéralisme antichrétien et le socialisme d'Etat. Nous ne voulons point le pouvoir public, ni l'indifférence, ni l'abdication de son devoir social, ni le despotisme qui lui permettrait d'absorber, dans ses mains, toutes les forces vives de la Nation.

R. — C'est clair, vous ne voulez pas de *l'Etat c'est moi*, et vous ne voulez pas davantage de *l'Etat c'est nous, peuple.*

12. *Le Clérical.* — Ce que nous voulons, c'est :

« Placer la puissance de la Nation dans l'association de l'initiative privée ».

R. — C'est le régime féodal sous une autre forme. Mais ceci a été, et est expérimenté depuis un siècle, l'essai s'en poursuit tous les jours sous toutes les formes, non seulement sous des Républiques, mais aussi sous des Monarchies, et, chose remarquable, c'est que l'effet désastreux de ce système, si voisin de l'anarchie absolue, est le même partout. En sorte que l'Etat que rêve M. de Mun est l'oligarchie internationale la plus puissante, qui aura su triompher sur *Tous*. Aussi, s'associe-t-il volontiers au système capitaliste (aux Juifs, autrement dit), mais il n'ose pas l'aborder franchement, de là, ce semblant de désaccord qu'il a eu longtemps avec Drumont (1). Cette politique cléricale était une ruse noire cousue de fil blanc, les naïfs seuls s'y sont laissé prendre, le Veau d'or, voilà leur Dieu !...

Mais que les cléricaux se le tiennent pour dit : l'argent sonne mal dans leur poche. Ils ne peuvent, comme les Juifs, renier Jésus-Christ qui avait un profond dédain pour le Veau d'or.

Qu'ils se souviennent que toute compromission avec le capitalisme les tue avant même d'avoir combattu.

Il sied mal à un vrai chrétien de tenir une épée d'une main et un sac d'écus de l'autre : deux armes rejetées par leur maître. Voilà pourquoi, Juifs ou Chrétiens, tous les capitalistes militants ; nous les mettons dans le même sac.

13. *Le Radical progressiste.* — Cela ne me dit toujours pas pourquoi le clérical repousse le suffrage universel, il n'a pourtant pas les mêmes raisons que l'anarchiste, puisqu'il reconnait un maître : Dieu.

R. — Voilà ! pour lui, Dieu a parlé par la bouche de son fils Jésus-Christ, et continue à parler sous l'inspiration du Saint-Esprit, suggérant les conciles, et, pour eux, *Vox populo, Vox Dei* n'est rien ; la voix du Pape

(1) Depuis l'affaire Dreyfus, M. de Mun s'est rapproché de Drumont, qui le reniait avant, et Drumont de lui. C'est de la politique de circonstance.

c'est tout. Et vous n'en tirerez pas autre chose. Voilà le butoir dont je parle plus haut ; c'est à cet écueil que viennent sombrer tous les malheureux fanatiques, qui, à l'exemple des anarchistes, commettent le crime au nom de Dieu, comme ces derniers au nom de l'absolu (1).

14. *Le Clérical.* — Il n'y a aucune analogie ?

R. — Pardon, comme l'anarchiste, vous êtes rempli de contradictions, je vais vous le prouver. Jésus-Christ est votre maître, sa vie votre modèle.

J'ouvre la vie de Jésus (Père Didon) et voici ce que je lis (page 458) : « C'est ainsi que la voix du peuple est la voix de Dieu; parlant du peuple il dit : laissé à lui-même, à sa droiture native, à la spontanéité de ses impressions, Jésus tressaille au contact de la Vérité, de la Justice et du Bien ; l'empressement de la foule autour de lui le consolait de l'attitude hostile et superbe des pharisiens. » On aime à entendre, dans la bouche d'un catholique, ces douces paroles vraiment chrétiennes, elles répondent admirablement au parti pris du cléricalisme moderne, qui rejette toute compromission avec l'autorité du peuple ; le Père Didon, du reste, n'est pas le seul, on verra plus loin (page 90), 2e conférence, ce qu'en pense Mgr d'Ireland.

Voyons maintenant si l'expérience de nombreux siècles justifie, dans l'application, les prétentions d'infaillibilité que les dévots accordent à ces Assemblées cléricales, connues sous le nom de Conciles. Et si, selon l'Evangile, on doit juger l'arbre par ses fruits, voyons quels fruits le cléricalisme nous a donnés.

Je ne traverserai pas pour cela les siècles, il me suffit de m'arrêter à l'attitude du clergé au XIXme (ce siècle qui semble un résumé de tous ceux qui ont précédé). Je vois

(1) Je sais que l'on peut me répondre : que les anarchistes matérialistes, comme Emile Henry, rejettent, comme principe social, aussi bien l'absolu que Dieu ; oui, mais les anarchistes ne peuvent sortir de là : *Rien et Tout* sont encore des absolus qui les font trébucher, parce que, en sociologie pratique, comme en toute science pratique, il faut des postulats, des axiomes possibles et évidents pour tout le monde.

d'abord le Pape Léon XIII (encycliques 1890) en complet désaccord avec les premiers Pères de l'Eglise (1). A l'apparition de ces encycliques, la chrétienté s'est divisée en deux camps bien tranchés, le catholicisme, que Drumont a désigné par les *judéo-catholiques, et les vrais catholiques chrétiens.*

Le premier camp, entaché de pharisaïsme, a fait alliance avec les Juifs pharisiens, et a porté le dernier coup à la catholicité, déjà bien ébranlée par les abus dont l'accuse l'histoire. Aussi, la véritable Eglise de Jésus-Christ, c'est-à-dire l'Assemblée des vrais chrétiens, s'en est émue, une scission sourde s'est faite, une lumière s'est répandue sur tous les schismes et les hérésies des sectes nouvelles ; et je ne désespère pas de voir la véritable Eglise de Jésus-Christ éclairée par l'expérience du XIXe siècle, écarter, comme le maître l'a fait en son temps, le lévite, et ne conserver que l'apôtre dont le rôle est tout social, et c'est dans ce sens qu'il faut voir cette parole de l'Evangile : « L'esprit mauvais ne prévaudra jamais contre elle ».

C'est donc aux croyants de la première heure, quelle que soit leur confession, que nous faisons appel ; et à ceux-là nous disons :

Certes, le suffrage universel, le *Vox populi* est loin d'être infaillible, je ne dirai même pas qu'il est la voix de Dieu, comme le dit Mgr d'Irlande, et que c'est pour cela que nous l'acceptons. Non, on sait que nous écartons toute entité, tout dogme de nos discussions sociales. Nous l'acceptons, parce qu'il est la voix du plus grand nombre, et que c'est le seul moyen d'entente possible, qui permette *que sur tous retombent les fautes de tous*, afin d'éviter les représailles, ces germes de discordes (2).

(1) Voir *Sociologie (Progrès, Mal social), Opinion des Pères de l'Eglise sur les abus de leur temps*, page 28.

(2) Ce principe oblige à la solidarité, c'est-à-dire à habituer tout le monde à s'occuper des intérêts généraux, contrairement à nos adversaires qui ont pour principe « Diviser pour régner », c'est-à-dire, faire ce qu'ils peuvent pour nous empêcher de nous rapprocher, de nous éclairer. A l'Enrichissez-vous ! nous opposons *Enrichissons nous.*

C'est pourquoi je n'ai pas pris pour bases de ma sociologie, ni l'absence d'autorité, parce qu'elle est impossible, à cause de la faiblesse naturelle de l'homme qui l'oblige à s'associer ; ni l'autorité du droit divin, parce que, à toutes les sciences pratiques (et la sociologie en est une), il faut des axiomes appuyés sur des faits, pour être comprise de tous : or, le Droit divin ne tombe pas sur le sens, mais *ses effets* sont connus, ils ont pour base le crime. C'est au nom de ce Droit divin que les bûchers se sont allumés ! Que ce soit fanatisme, ignorance, tout ce qu'on voudra, *c'est un fait et un mauvais fait* : il faut le supprimer. — Je dirai de même du droit militaire, du droit argent, ils ne valent pas mieux ! Voilà pourquoi il faut les supprimer. Ce sont autant d'oligarchies qui suscitent de justes représailles par leurs abus, lorsqu'elles sont au pouvoir ; et l'histoire prouve qu'elles n'y failliront jamais. C'est une perpétuelle vengeance, une guerre permanente.

L'autorité, la seule autorité pratique, tombant sous le bon sens de tous, et la plus conforme à la logique.

C'est le suffrage universel aussi étendu que possible. Autrement dit : l'Etat peuple.

Un économiste demande la parole.

15. *L'Economiste orthodoxe.* — Je proteste ! et je soutiens que l'autorité appartient, de droit, aux plus intelligents ; je rejette donc le suffrage universel, non comme injuste, mais comme aveugle, et je soutiens que le progrès ne peut être dirigé par une puissance aveugle (1). Le suffrage doit être épuré et restreint aux plus érudits et aux plus intelligents.

R. — Oui, la féodalité du savoir, n'est-ce pas ? Le mandarinisme. Ici, citoyens, je suis en plein positivisme, je demande à mon adversaire à quelle marque on reconnaîtra les plus intelligents, les plus capables de diriger.

16. *L'Economiste.* — Au concours ?

R. — Ceci ne me déplaît pas ; on sait, du reste, que

(1) Docteur Bergeret (*Sociologie*).

je l'emploie à titre seulement de compétence, dans la direction des métiers et des affaires publiques, mais je demande, lorsqu'il s'agit d'un intérêt complètement général, par exemple d'une réforme radicale, comme en 1789, et en préseuce d'abus dont la majorité souffre, que le peuple entier soit appelé à prononcer (1).

Nous ne voulons pas plus de mandarinisme que de chauvinisme, que de cléricalisme, que d'anarchisme, nous voulons le peuple souverain; s'il fait des sottises, il n'aura à s'en prendre qu'à lui-même, l'expérience le mûrira; au xxe siècle, on possède tous les moyens de s'éclairer.

Voilà pourquoi, dans notre Etatisme, nous voulons d'abord le droit de vie matérielle, intellectuelle et morale, garanti par :

L'instruction obligatoire ;
L'apprentissage obligatoire;
Le travail obligatoire ;
La retraite obligatoire pour tous.

Parce qu'il faut, avant tout, boire, manger, dormir, pour pouvoir sainement profiter de l'instruction que je voudrais voir répandue à flots et à tout degré (2). Mais n'oublions pas que ventre affamé n'a pas d'oreilles, et que ventre repu n'entend plus.

Pour tous ceux qui ont lu (*Mal social*), le but que nous poursuivons par ces réformes est clair. Il est, non de nous affranchir de l'autorité, mais des *Tyrans*, afin de sauvegarder la dignité, la fierté de l'homme vraiment *digne de ce nom*.

On sait que dans notre sociologie nous ne visons pas à l'absolu. On sait aussi que l'on ne compte pas sur l'homme juste, bon et généreux, qu'on ne s'appuie pas en un mot sur une psychologie enfantine ; sans rejeter

(1) Voir mon vœu : à la Chambre des Députés, 1re partie.

(2) C'est avec plaisir que j'ai vu s'établir des conférences à Paris (17, rue Paul Bert), seulement je crains que, partant de l'initiative individuelle, elles dégénèrent totalement et deviennent comme le journalisme des boutiques à réclames, et comme les églises des rendez-vous mondains.

l'altruisme, nous ne le considérons pas comme une panacée.

Nous ne voulons accorder qu'une confiance de très courte durée et très limitée à nos mandataires, et en cela l'expérience prouve que nous sommes plus sages, plus conséquents, et moins en contradiction avec nous-mêmes que tous nos adversaires orthodoxes qui soi-disant ne comptent pas sur « l'excellence native de l'homme » (1), mais laissent malgré cela la rouerie, le vol, l'assassinat ; tous les crimes, en un mot, se développer, croître et embellir à côté de lois répressives, excessives, même homicides, dont la majorité des criminels de haut et bas étages se moquent ; livrant ainsi la société, soi-disant protectrice du faible et de l'opprimé, à la pire des anarchies, l'anarchie féodale, hypocrite et lâche. Quelle aberration !...

Je le répète, c'est au peuple à se conquérir, et il ne peut y arriver que par le suffrage universel conquête qu'il possède dans son bulletin de vote, les duperies des politiciens de toutes nuances, royalistes, impérialistes républicains de pacotilles, se chargent tous les jours de l'instruire et le temps n'est pas éloigné où il se souviendra des fameux cahiers dont a fait usage le peuple en 1789, pour, comme lui, porter sa parole souveraine jusqu'au *Roi Parlement*.

— Place à la tribune à un radical socialiste.

17. *Le Radical Socialiste*. — Je ne sais pourquoi nous nous étendons si longuement sur un fait acquis en France et placé si sûrement sous l'égide de la République, gouvernement accepté par le peuple et sanctionné plusieurs fois par la majorité des votes républicains ?

R. — Sans doute, et c'est douloureux pour moi d'être obligé d'avouer que, sous le régime républicain, l'abus dont la majorité souffre le plus est toujours la Féodalité de l'Argent qui ne fait que croître et tout envahir, on s'attendait à tout autre chose.

Le peuple raisonne peu, malheureusement, mais il

(1) Bourdeau, économiste.

voit, il sent et finit par croire que l'on ne peut faire mieux. Il devient indifférent à la forme gouvernementale et aux lois qui la régissent. Ne voyant que des ambitieux qui se renversent les uns après les autres, et dont il est victime, ils tombent dans l'indifférence. Moment fatal !

C'est à ce moment psychologique que les masses sont exposées à se livrer au premier tyran venu, croyant trouver, au moins temporairement, cette paix dont chacun a besoin pour le sain développement de soi et de sa famille (1).

Cette politique d'avachissement n'aurait pas dû être celle de nos chefs républicains au pouvoir.

— Elle est celle des réactionnaires, elle a été celle de nos pères et elle peut encore nous précipiter de révolution en révolution sans aboutir, et jamais rien guérir. Voilà pourquoi je crains pour le suffrage universel dont je suis un chaud partisan.

On croit généralement à tort que les grèves ouvrières sont ce que le capitalisme redoute le plus. Non, ces masses formidables se remuent aisément, nous le voyons tous les jours, elles en imposent par le nombre, mais les concessions qu'elles obtiennent sont si peu de choses, que le capitalisme s'en réjouit. Nous voilà tranquilles pour quelque temps, se disent-ils ; et dix ans pour eux les rendent formidables.

18. Des voix !... C'est vrai !... C'est vrai...

— Depuis trente ans nous en avons la preuve, le plus petit pas fait en avant marque un recul de deux pas en arrière. Un ministère sage et énergique pourrait seul démasquer cette rouerie des hommes d'argent.

19. *Un Ouvrier.* — Il y est, ce ministère (2), qu'il agisse donc ; il est temps de débrouiller le chaos dans lequel on a jeté les esprits troublés et découragés.

R. — Espérons-le, il est temps en effet de ramener l'espoir dans ces populations peu préparées à répondre par l'argumentation.

(1) Dernière élection 1898, roueries, corruption électorale, etc., finalement écœurement sur toute la ligne.

(2) Depuis que ceci est écrit (Millerand est au Ministère).

Voilà pourquoi il faut que le prolétariat instruit s'allie au prolétariat ouvrier, qui n'est déjà plus si ignorant et qui peut déjà parfaitement comprendre le côté pratique du socialisme ; c'est sous cette garde qu'est le suffrage universel ; mais que le peuple veille ! car le capitalisme travaille sans relâche.

Ai-je besoin de m'étendre sur ce qui arrivera à tous ces déclassés dont nul ne s'occupe, s'ils n'agissent pas de concert avec l'ouvrier des villes et de la terre :

Pris entre deux feux, ils seront soumis aux épreuves morales les plus dures et les plus sensibles, en raison même de leur développement intellectuel. Nouveaux esclaves, leur sang anémié, jeté à la rapacité des muresnes du xxe siècle, servira de pâture aux plantureuses libations des Lucullus modernes.

20. *Des voix.* — Union ! Union !...

R. — Oui, citoyens, union, mais *pas seulement de parti*, union de tous ceux qui souffrent des abus du capitalisme et ils sont nombreux.

21. *L'Economiste.* — Mais si vous ne pouvez arriver à cette union, alors mort au suffrage universel car il devient la pire des choses ; nous serons écrasés par la bêtise humaine et victime de son pitoyable aveuglement. — « L'anarchiste rit dans sa barbe. »

R. — Précisément et nous sommes près de nous entendre : Prolétaires instruits, instruisez les masses, mêlez-vous à elles, formez membres avec elles, ou vous serez écrasés !

22. *L'anarchiste.* — Quelques normaliens l'ont déjà tenté et plusieurs sont même arrivés au pouvoir : Vont-ils enfin agir ? (1)

R. — Oui, et j'espère en Jaurès (qui malheureusement a échoué aux élections dernières. Mais là ne se borne pas sa mission, il est aussi apôtre et il va combattre énergiquement l'élocution perfide et insinuante des flatteurs de la foule ; le livre, le journal, les conférences amèneront les conversations individuelles, fran-

(1) A ce moment j'ai écrit une lettre à Jaurès demeurée sans réponse. La question Dreyfus l'absorbait probablement trop.

ches, sincères dans toutes les classes de la société. Semons! Semons! le mal est grand, mais nous serons écoutés parce que toutes les classes de la société souffrent de la tyrannie capitalisme. Prolétaires instruits, c'est à vous qu'incombe la mission de répandre la lumière, là est le salut pour tous; l'apostolat voici votre rôle (1), il est celui qu'ont toujours eu les hommes éprouvés, et qui souvent résistent courageusement aux corruptions de leur siècle. Préparez les voies, soyez le prolétariat martyr de la souffrance morale, s'il le faut? car vous ne pouvez être autre sans craindre de perdre votre dignité; souvenez-vous que les hommes convaincus ne peuvent être que de mauvais politiques.

Le Président. — Je crois (sur cette question : l'Etat et le Suffrage Universel) la critique épuisée. Si quelqu'un cependant demande encore la parole, je suis prêt à la lui donner.

Personne ne répond? Nous allons passer à la deuxième question : « Système de gouvernement ».

DEUXIÈME QUESTION. — Forme de Gouvernement. — Revision. — notre système gouvernemental.

Même bureau.

La discussion s'établit un moment sur la forme du gouvernement.

23. *Un Ouvrier.* — Je ne sais pourquoi on met en discussion la République établie en France depuis plus de 30 ans. Elle a au moins autant de raison de croire qu'elle est la majorité du peuple que les gouvernements pré-

(1) Fils ou petit-fils de nobles, de roturiers, de vilains ruinés ou non parvenus, fils d'ouvriers ou de paysans enrichis dont l'orgueil vous a ouvert des carrières libérales, si vous n'avez pas l'esprit de corps, vous serez écrasés.

Louis Blanc (1898).

cédents (depuis 1789) qui, en somme, n'ont pas vécu aussi longtemps.

Je demande que la discussion sur ce sujet ne continue pas.

24. *Un Clérical.* — Pourtant c'est très contestable et la preuve, c'est que vous n'oseriez pas soumettre cette question à un plébiscite national par Oui et Non.

25. *Un Bonapartiste.* — Je vous mets au défi !...

R. — La question est délicate, mais les dernières élections (1898) en donnent une preuve éclatante.

Ces élections se sont faites sous une pression ministérielle à outrance (1) et n'ont donné, malgré cela, qu'une très faible majorité à ce gouvernement. Le ministère qui a pu, deux ans durant, machiner sa politique avant les élections, n'a pu se maintenir après ; trois essais de formation *de ministère* à nuances semblables ou différant très peu n'ont pas été plus heureux, un seul a pu se former, le ministère Brisson.

26. *Un Conservateur.* — Qu'est-ce que cela prouve?

R. — Cela prouve : Que M. Brisson, dont l'esprit de conciliation est bien connu, a voulu montrer au peuple où étaient les vrais et les faux républicains ; et prenant à témoin cette assemblée nommée par le suffrage universel, il a voulu faire sanctionner par cette Chambre la République par un vote et il a réussi — avec une majorité de 80 voix. — Maintenant si on tient compte des corruptions flagrantes prouvées par les invalidations, où cléricaux, royalistes, impérialistes, capitalistes ont joué un si vilain rôle, il reste manifeste, pour le bon sens du peuple, que la France est aux élections de 1898 en majorité *vraiment républicaine*. Jamais, depuis le 4 septembre où M. Thiers demandait l'essai de la République, jamais, dis-je, la France ne s'était aussi ouvertement affirmée républicaine.

27. *Le Clérical.* — C'est une rouerie, M. Brisson n'a réussi que parce qu'il a renoncé au programme radical, et qu'il a rejeté toute immixtion avec les collectivistes.

28. *Le Bonapartiste.* — C'est une félonie.

(1) Ministère Méline.

29. *Le Conservateur.* — Une ruse politique.

R. — C'est tout ce que vous voudrez :

Mais ce qu'il y a de certain, c'est que vous êtes tous des politiciens qui, pour conserver vos privilèges, nous conduisez malgré tout à la Révolution sociale.

La preuve c'est que depuis que, le socialisme collectivisme est entré malgré vous en discussion au Parlement (1), vous ne pouvez plus l'en faire sortir, et l'on voit les Deschanel, les Bourgeois, les Pelletan, etc., tourner autour, attirés par la lumière éclatante qui ressort de la vérité et de la justice de nos doctrines.

30. *Un Progressiste.* — Nous ne voulons pas enfermer l'avenir dans un système préconçu et dans d'étroites formules.

R. — Je vous attends à la discussion, puisque vous êtes en ce moment-ci au pouvoir (2). Etendez nos droits de réunion, obtenez que les fonctionnaires, appartenant à l'enseignement et autres, entrent dans la lice sans craindre pour leur position ; en un mot, tâchez de faire accepter *le Vœu* que je propose depuis bientôt 5 ans, et alors nous verrons (comme le demandait M. Dupuy) « ce que décidera le peuple après nous avoir tous entendus (3) ».

31. *Une Voix.* — Il n'y a là rien d'impraticable?

32. *Un Socialiste.* — Bravo ! Il y a longtemps que cela devrait être fait.

33. *Le Clérical.* — Nous nous écartons du sujet, je crois qu'il est temps de clore cette discussion qui n'aboutira jamais.

34. *L'Ouvrier.* — Je reviens à ma première proposition. Vive la République !... et je demande qu'on ne la mette pas en discussion.

35. *Plusieurs Voix.* — Oui ! Non ! Bravo ! Bravo !

(1) Millerand, Saint-Mandé.
(2) Ministère Méline.
(3) Voir ce Vœu, première partie.

Le Président. — Citoyens, je demande que l'on passe à la révision.

Voix nombreuses. — Oui ! Oui !

Revision. — Système gouvernemental.

Le Conférencier. — Voici ce que je propose (1) :

Pas de Président de la République.

Deux ministères :

Un d'action, dix ministres,

L'autre, contrôleur du premier, également dix ministres.

Une seule chambre (Députés).

Les députés continuellement en rapport avec les électeurs.

36. *Le Clérical.* — Expliquez-vous ?

R. — Par cette combinaison, je détruis du même coup l'abus du journalisme qui ne vit que de scandales et l'abus du mandat électif ; en obligeant les députés à n'avoir de rapports directs qu'avec le peuple. De cette façon, leur rôle social domine sur leur rôle politique, qui ne s'exercera que dans des cas extrêmes et encore d'accord avec le peuple. On voit la différence : dans le système actuel, le rôle politique du député l'emporte entièrement sur son rôle social ; de là, ce titre de politiciens qu'ils méritent tous sans exceptions ; rôle qui permet, sous cette sauvegarde, de servir son ambition, et de ne trouver jamais l'occasion de soutenir franchement le programme qui les ont fait élire.

Ceci donne l'explication pourquoi tous nos députés, si résolus quand ils partent, sont doux comme des gros chiens, quand ils siègent, se contentant d'aboyer mais ne *lâchant jamais* le mot de la fin *craignant d'être impolitiques.*

Voilà pourquoi je réduis le rôle politique à vingt ministres (pris ou non pris parmi les députés) ; leurs

(1) Voir *Mal social* (page 47).

attributions étant parfaitement désignées, n'ayant plus à s'occuper des lois, en plus, élus au suffrage universel le peuple ne les perd pas de vue. Ensuite les autres députés hommes de principes (on les choisi alors tels), continuellement en rapports avec les électeurs, les surveilleront, et, dans un cas d'alarme, l'armée n'obéissant qu'à la volonté du peuple souverain, celui-ci s'exprimera très promptement, par les moyens que nous avons indiqués (1).

Ainsi, il n'y aura plus besoin d'un général X pour sauver le pays, il se sauvera lui-même. L'armée organisée comme elle l'est déjà n'est-elle pas le peuple lui-même? *sa mission* est donc claire elle obéit au peuple, je sais que ce n'est pas ce que demandent les réactionnaires. — Le général Changarnier (Lyon 1849) s'exprimait ainsi : « Les armées modernes ont pour fonction moins la lutte contre l'ennemi extérieur que la défense de l'ordre contre les émeutiers de l'intérieur. »

On sait où ce principe, si bien observé sous l'Empire, nous a conduit. — Armés jusqu'aux dents pour maintenir l'ordre à l'intérieur, et pas une cartouche, pas un canon pour arrêter l'envahisseur (1870-1871).

Le jour approche où l'armée et le peuple unis par l'étatisme seront une même chose obéissant aux mêmes lois nécessaires pour assurer la propriété de chacun et la défense de tous, et non de quelques-uns.

L'éducation du peuple, déjà formé par l'instruction obligatoire, et le service obligatoire, depuis vingt-cinq ans a fait, dans cette route, la moitié de la tâche ; la difficulté de trouver une position sociale à tous ces déclassés qui courent les rues, l'achèvera.

L'Etat, dit Disraeli, « n'a qu'un seul devoir : assurer le bien-être des masses. »

Or, pour que cela soit, il faut que l'Etat soit plus fort que l'individu et que les collectivités d'individus.

L'expérience prouve par l'histoire que nous n'avons rien à attendre de la sentimentalité des puissants de la terre.

(1) Assemblées (Voir *Mal social*).

37. *Le Radical socialiste.* — Vous donnez, à mon sens, trop de pouvoir au ministère contrôleur.

« Lui seul, s'il y a divorce des deux ministères, aura, dites-vous, le droit de faire appel à la nation.

Or, ne l'oublions pas, les hommes en général ne valent rien, et le ministère contrôleur n'aura jamais qu'une idée, celle de chercher des poux dans la tête de l'exécutif pour arriver à le remplacer grâce au plébiciste dont il dispose.

Dès lors, nous retombons dans l'instabilité ministérielle, si funeste avec la constitution actuelle.

D'un autre côté supposons : c'est peu probable que les deux ministères s'entendent et marchent de concert dans un accord parfait, supposons encore, si vous voulez, le cas urgent dont vous parlez (page 48) (1).

Cas où les deux ministères se chargeront de l'exécutif, croyez-vous que cet ingénieux mécanisme nous préservera suffisamment des coups d'Etat à venir?

En vain répondez-vous que la Chambre est là, qu'elle en référera aux Assemblées populaires.

J'ai bien peur que, malgré le télégraphe et le téléphone, le résultat de la consultation n'arrive à la connaissance de la Chambre que pour se heurter aux faits accomplis avec la complicité des deux ministères.

Votre système ne défend donc pas comme il faudrait la nation contre la tyrannie des deux ministères.

R. — Evidemment votre critique veut dire que vous ne voyez pas ce qu'il y aurait à faire pour garantir absolument la nation contre la tyrannie, car le système actuel que vous critiquez également n'en garantit pas d'avantage. Je ne suppose pas, puisque vous acceptez avec moi que les hommes ne valent rien, que de cet ensemble je puisse tirer la perfection, je n'ai jamais parlé de cela, j'y compte si peu présentement surtout (car je n'ai jamais dit que *je ne croyais pas l'homme susceptible de progrès*) *que c'est pour cela que j'ai imaginé ce système gouvernemental.*

Voyons la valeur de votre critique :

(1) Voir, *Mal social*, système gouvernemental.

Vous dites : que je donne trop de pouvoir au ministère contrôleur ? qu'il cherchera des poux à la tête de l'exécutif pour arriver à le remplacer ?

En un mot, vous voyez là un dualisme dangereux, plus dangereux (vous ne le dites pas) ; mais autant que le dualisme actuel de la Chambre législative et du Sénat. Voyons d'abord la différence entre les deux systèmes.

Dans le système actuel, le Sénat souvent défait ce que la Chambre fait, et nous avons la preuve qu'il ne s'en prive pas, surtout en matière de réforme, et alors *c'est le Sénat qui règne absolu.*

Il me semble q 'avec mon système nous n'avons pas cet inconvénient (et c'est l'important) puisque les deux ministères ne s'occupent aucunement de législation.

Ils ne pourraient se chercher de poux à la tête que pour ce qui concerne la diplomatie. Mais cela simplifie beaucoup l'attribution du gouvernement qui apparaît claire à tous.

La Chambre législative et le peuple étant continuellement en rapport direct suivront la politique du ministère actif ; et comme elle est très simplifiée dans ses attributions ce sera chose facile. Ils seront au courant des discussions relatives aux affaires intérieures et extérieures par le compte rendu au *Moniteur officiel* de leurs discussions qui ne seront plus embrouillées de questions de réformes (comme cela se fait sous le système actuel), ce qui met le gouvernement continuellement en échec.

Il sera donc facile au peuple de contrôler, puisque son autorité se centralise dans ses députés toujours en permanence avec lui. L'apathie que nous voyons ne pouvant plus exister, le peuple s'occupera enfin des affaires générales. N'est-ce pas là principalement le vice actuel de notre organisation ? l'indifférence et l'avachissement du peuple ? N'est-ce pas dans cette veulerie générale qu'est toute la force des politiciens et leurs chances presque certaines de s'emparer du pouvoir ? N'est-ce pas là encore que se nourrit l'espoir des prétendants, toujours dupés comme le peuple par les ministrables ?

Votre critique tombe donc d'elle-même puisque les attributions des deux ministères ne ressemblent en rien à celles des deux Chambres actuelles. D'un autre côté, la présidence supprimée ôte toute espèce de vélléité de représentation rappelant les Monarchies ; on a beau dire que les présidents de République en France ne sont rien, ceci n'empêche pas qu'on les fait disparaître tout comme les Rois. Le président Carnot en est un exemple et d'autres, et il peut se former autour d'eux une espèce de Cour, où toutes les intrigues, les conspirations trouvent à s'alimenter (Félix Faure), enfin devenir une maison de trafic où les plus offrants extorquent croix et honneurs (Grévy). Il me semble que tous ces abus par où nous avons passé depuis bientôt trente ans de République, nous ont suffisamment éclairés pour tenter autre chose.

Il y aura d'autres abus, me direz-vous ? Sans doute, mais comme on ne peut les détruire, il faut les neutraliser et c'est ce que je fais par ce système gouvernemental.

TROISIÈME QUESTION. — Notre système social.

L'étatisme.

38. *Tous.* — Qu'est-ce que l'Etatisme, que faut-il entendre par ce mot ?

R. — C'est le gouvernement du peuple par le peuple ? et pour que cela soit, il faut que l'Etat (c'est-à-dire Nous) soit plus fort que l'Individu et que les collectivités partielles d'individus.

C'est l'Etat peuple en un mot, dont la formule est :

« Tout par le peuple et pour le peuple. »

39. *L'Anarchiste.* — Avec ironie, c'est le collier du chien de la fable.

40. *Le Clérical.* — C'est l'Etat providence, c'est la vie facile, sans lutte, c'est une révolte contre le libre arbitre, contre la volonté de Dieu qui a voulu la souffrance pour gagner le ciel.

41. *L'Economiste.* — C'est l'arrêt complet du Progrès, vous tuez toute initiative.

42. *Le Progressiste.* — On peut, comme cela déjà existe, confier à l'Etat certains monopoles, mais tout à l'Etat est de l'exagération, il est bon de faire des essais, avant de s'engager dans des sentiers inconnus.

43. *Le Collectiviste marxiste.* — Le problème est dans l'association qui établit une concurrence au capitalisme et arrête ses empiètements, en plus il satisfait les aspirations du moment en conduisant à une fédération générale qui rapprochera le moment de la socialisation générale, mais il faut procéder par étape et faire d'abord du collectivisme partiel, gardant toujours le grand Idéal communiste.

La lutte est engagée, mes réponses :

A L'anarchiste (39)

Le Conférencier. — Pas de collier, dites-vous, mais que proposez-vous ?

44. *L'Anarchiste.* — Ecoutons Tolstoï, le chef absolu autorisé de cette école (page 104), livre de Bondareff. Il dit : « Je ne crois pas qu'il y ait un homme au monde qui aimerait à manger le pain récolté par un autre ». L'anarchiste théoricien ne veut relever que de lui-même, trouver en lui toutes les ressources de l'existence et ne rien devoir à autrui. Voilà la logique du principe anarchiste : *Pas d'Etat.*

R. — Cet absolu ne conviendrait qu'à des Dieux. On est encore plus étonné de ce langage dans la bouche d'un homme comme Tolstoï lorsqu'on le voit partager les idées d'une secte nouvelle en Russie qui enseigne. *Que la corruption des hommes est si grande, si profonde, que l'on doit abandonner tout espoir de l'améliorer, ce que l'on peut espérer de mieux, c'est l'anéantissement complet de l'humanité, aussi l'union de l'homme et de la femme, sous quelle forme que ce soit, est interdite dans le nouveau culte* (1).

(1) Tolstoï n'est point le seul qui ait exprimé cette idée, dans la sonate de Kreutzer, la *Vie meilleure*, petite Revue de l'Est. *Désespoir* de Paul Robin en dit autant.

C'est bien en effet le vrai moyen de se débarrasser *du collier* et c'est aussi ce que font les anarchistes *par le fait* qu'ils trouvent les procédés de Tolstoï encore trop lents, la bombe aidant, la besogne en effet est plutôt faite, mais je ne vois pas bien, avec ces moyens-là, comment on arrive à ne relever que de soi-même, puisque la bombe est le résultat de la science collective des hommes ? Contradictions perpétuelles qui se rencontrent toujours dans la théorie anarchiste.

45. *L'Anarchiste.* — Il faut bien terrifier le bourgeois qui ne cédera qu'à la terreur.

R. — Quel effet moral ! Qu'attendez-vous du bourgeois, duisque vous ne voulez pas de lois, pas d'organisation ; attendez-vous qu'une découverte de la science permette à une seule main anarchiste, afin que l'effet moral soit encore plus complet, d'incendier la terre en enflammant l'Océan ?

46. *L'Anarchiste.* — Ça n'ira pas jusque-là. Lorsqu'on aura fait table rase des lois, chacun individuellement saura se tirer d'affaire, et il y aura plus de justice que vous ne croyez ?

R. — Ceci suppose l'humanité devenue parfaite instantanément, et nous en sommes encore loin.

Au clérical (40)

Le Conférencier. — C'est une révolte, dites-vous ? contre la volanté de Dieu, contre le libre arbitre, nous ne voulons pas d'un Etat Providence, nous voulons gagner le ciel par nos propres mérites et sans qu'on nous épargne les luttes de l'existence.

Très bien ! mais raisonnons un peu :

Vous dites que vous ne voulez pas d'un Etat protecteur qui prenne le rôle de Dieu ; préférez-vous un Etat corrupteur tendant à plaisir le péril, qui prenne le rôle du diable ?

47. *Le clérical.* — C'est subtil.

R. — La question est là...

Nous, nous ne voulons, ni un Etat Dieu, ni un Etat diable, nous voulons un Etat homme.

Nous respectons la liberté individuelle, mais pas comme vous l'entendez, ni comme l'entend le comte de Mun.

— A l'exemple de Jésus-Christ, nous ne nous renfermons pas dans notre égoïsme personnel, nous ne songeons pas seulement à notre salut comme l'égoïsme clérical, *mais au salut de l'humanité*. La nuance est grande entre ces deux manières de voir. L'une, la vôtre, a pour formule : *Chacun pour soi, Dieu pour tout le monde*. La nôtre, chacun pour tous, tous pour chacun...

Une voix. — C'est la formule des premiers chrétiens.

48. *Le Clérical*. — Vous tenez absolument à mêler la religion avec le socialisme ?

R. — Du tout, c'est vous qui voulez la mêler en confondant la religion pratique avec la morale pratique. Ne vous appelez-vous pas socialiste chrétien (1) ?

Si, comme l'anarchiste encore, vous n'acceptiez pas de lois, je pourrais vous comprendre, il y aurait une certaine logique dans votre raisonnement ; car pourquoi contraindre puisque vous ne voulez pas toucher à la liberté individuelle : *laissez faire, laissez passer* ; la justice de Dieu, comme vous le dites, fera le reste.

Mais non, votre catholicisme, plus près de la juiverie que du christianisme, veut des lois.

Il vous en faut pour garantir vos propriétés contre les velléités trop libérales des déshérités ; il vous les faut assez faciles à tourner pour favoriser vos caprices, vos ambitions, vos mauvais penchants, souvent vos vices. On connaît cela. C'est sur cette théorie que se sont élevés les despotismes, les aristocraties ; et c'est justement sur

(1) Au moment de ces discussions, M. de Mun, chef du parti catholique, était socialiste chrétien. Aujourd'hui, 1901, dernière encyclique... Ce parti renie toute participation au socialisme. C'est, on le sait, son habitude, selon que le vent souffle ; du reste, c'est un titre que je ne lui ai jamais accordé ; socialiste clérical. Oui, les antichrétiens ont des raisons politiques pour confondre ces deux expressions on ne peut plus contradictoires.

une théorie contraire que doit se fonder une démocratie.

Aussi vous ne savez quelle contenance tenir en face de vos auditeurs, vous changez de tactique selon les circonstances.

Le comte de Mun, le représentant autorisé du cléricalisme, en est le plus bel exemple.

Plus socialiste bientôt que les socialistes, puisqu'il s'était conquis parmi les plus convaincus le titre de socialiste chrétien, nous l'avons vu au moment des bombes anarchistes (ministère Dupuy) changer la couleur de son drapeau : « Je n'ai jamais été, ni dans mes paroles, ni dans mes convictions, socialiste ; il n'y a pas, il ne peut y avoir de socialisme chrétien, ces deux mots ne peuvent décemment marcher ensemble ». Le socialisme, dit-il, est le proche voisin de l'anarchie.

Alors qu'êtes-vous ? lui demande-t-on : *Chrétien réformateur*. Voilà la nouvelle nuance du moment (1).

49. *Le Clérical*. — « Nous voulons la réalisation des réformes chrétiennes », a dit M. de Mun en pleine Chambre.

R. — Mais quelles réformes ?

50. *Le Clérical*. — Les encycliques du Pape Léon XIII, parbleu.

R. — C'est-à-dire, pour changer, toujours la même chose, avec un peu plus d'eau bénite, voilà tout, car, qu'est-ce que les encycliques ?

A leur apparition, les encycliques n'étaient pas collectivistes, mais elles laissaient l'espoir d'un socialisme qu'on avait *appelé chrétien*.

Depuis, le Pape a fait de nouvelles encycliques, où il se dénonce partisan résolu du capitalisme. Il n'est plus socialiste, on l'avait bien un peu remarqué après la lecture des premières encycliques, mais maintenant, nul ne peut s'y tromper.

Il est conservateur, nullement décidé à se débarrasser

1. Un peu plus tard (1895, Déclaration Millerand), au moment des ralliés, M. de Mun redevenait socialiste chrétien avec Drumont. Voilà bien les hommes politiques.

de sa fortune pour l'amour de Dieu, comme le demandait Jésus, ni d'en déverser le superflu aux déshérités, comme le réclamait saint Paul. Il est, comme a dit longtemps Drumont, *judéo-catholique*. C'est clair. Allons citoyen clérical, soyons franc, si vous ne voulez pas du socialisme en général, et de l'étatisme en particulier, si vous ne voulez pas davantage de *l'anarchie* qui se rapproche cependant le plus de vos théories, c'est que vous voulez garder le nid bien ouaté que vous vous faites tous les jours dans la compagnie du Veau d'or.

A l'Economiste (41)

Le Conférencier. — Selon vous, nous arrêtons court le Progrès, nous tuons toute initiative. Comment ? puisque au travail libre, chacun peut se livrer aux travaux qui lui plaisent.

51. *L'Economiste*. — Ecoutez l'économiste, M. Bourdeau : « En brisant à chacun le ressort individuel, on le détruit pour le tout ». N'est-ce pas ce que vous faites ?

R. — Non, encore une fois, le travail obligatoire oblige chacun à payer sa dette au travail (1). C'est un impôt comme un autre et en plus un devoir, car on ne fait en cela que ce que la loi divine et la loi naturelle commandent impérieusement ; le clérical de Mun et le scientifique Bourdeau ne peuvent nier cela, ils ne se révoltent que sur une *loi humaine* qui obligerait à faire ce que la justice commande et ce que le devoir impose. Mais pourquoi cette grande entente entre cléricaux et savants, quoique si divisés ? Il n'est pas bien difficile de le deviner, c'est qu'ils tombent d'accord, comme tout le monde du reste, que la corvée à laquelle nous force (pas nous oblige, c'est mieux) la nature, est fort embêtante, et qu'il est toujours habile de la faire faire à un autre ; ce n'est pas juste, ce n'est pas moral, ni chrétien, mais c'est très agréable et cela suffit pour mainte-

(1) On s'étendra davantage au moment de traiter ce point.

nir une population d'esclaves et pour conserver cette organisation politique et peu sociale, mais tout à l'avantage des roublards. Ces grands admirateurs de la Justice, de la Morale et de la Liberté, demandent bien protection à des lois oppressives, pour garantir leurs biens et leurs propriétés, mais ils refusent des lois préventives, pour garantir le pain du pauvre, en un mot, ils aiment mieux jouer aux affaires que travailler à ce qui ne leur plaît pas.

Et si, par suite de grands abus de cette spéculation, la sécurité, le manque d'emploi, de travail, etc., pousse à la révolte, les miséreux demandant, à des lois plus humaines, protection : on leur répond par le canon. Voilà la liberté ! *Crever de faim.*

Pour en revenir au ressort individuel qui tient tant au cœur de M. Bourdeau, il faut qu'il sache bien que les hommes de génie, dans d'autres temps moins anarchistes que le nôtre, où l'amour de l'or n'était pas le principal excitant, le génie préparait et trouvait les germes de toutes les sciences pratiques, chimie, physique, etc., qui sont cause de la richesse productive de notre siècle.

32. *L'Economiste.* — Oui, mais ne sont-ce pas les hommes d'affaires qui ont développé ces germes ?

R. — Dites plutôt qui les ont corrompus ?

Il n'est pas une invention de l'homme qui, dans la main de ces trafiquants, n'ait perdu ses qualités bienfaisantes et ne soit devenue une arme de despotisme et de corruption ; l'histoire est là pour l'affirmer.

Nous avons détaillé (*Mal Social*) (1) combien l'homme, livré à son entière liberté, pouvait abuser sans aucun scrupule des consciences, de la vie même, de milliers d'êtres devenus esclaves par misère. Nous avons montré que la machine, cette sublime invention qui devait supprimer l'esclavage, loin d'affranchir l'homme, a ajouté à ce malheur celui de son abrutissement, car il est devenu l'esclave lui-même de la machine qui devait le libérer.

(1) Première partie, le Progrès (page 20).

Etonnez-vous, après cela, que l'anarchie brutale hante l'esprit des déclassés. Ils voient que plus on répand l'instruction dans le peuple, plus, sous ce système, ils sont menacés. C'est à ce moment que, découragés, ils perdent *toute énergie, tout ressort individuel!* C'est ce machiavélique raisonnement qui faisait dire à Sismondi : « Ce n'est pas le perfectionnement des machines qui est une calamité, c'est le partage injuste *que l'on fait de leur produit.* » Plus l'on fait d'ouvrage avec une quantité donnée de travail, plus les jouissances et le repos devraient augmenter ; pour le travailleur c'est le contraire qui a lieu, il s'use à sa tâche. Par le travail obligatoire, l'ouvrier devient son propre maître quand il a fait son travail, corvée d'une durée de 4 à 6 heures par jour, ce qui lui permet, sans souci, de disposer après du reste de son temps, pour se livrer à des occupations plus dignes très souvent, de son intelligence. C'est là la raison de notre travail libre, réglé par la valeur temporaire de l'or (1). Du reste, la question sociale en est là : l'Anarchie franche ou la Réglementation. Il n'y a pas à opter ; Refaire l'esclavage antique et condamner une fraction sociale aux travaux forcés à vie (ce qui arrive précisément par misère), ou réglementer le travail, et faire jouir l'humanité du bénéfice du progrès acquis depuis des siècles par la collectivité. C'est ce que donne l'Etatisme.

(1848) L. Blanc, prévoyant les abus du machinisme, disait : « Etonnez-vous que, *chacun fuyant un travail aussi abrutissant, on soit arrivé à remplacer, dans l'atelier, l'homme par la femme et l'enfant. Voilà comment on en est venu à soumettre de frêles créatures au recrutement de la fabrique plus meurtrière, dit Woloski, que celui des soldats destinés à périr sur le champ de bataille et qui risque, si l'on n'y prend garde, de moissonner l'avenir dans sa fleur.* »

Voilà, monsieur l'économiste, les bienfaits *de ceux qui ont développé le germe.* Ce n'est pas sous ce magni-

(1) Au moment de traiter ce point, la discussion s'étendra sur ce sujet.

fique système, que Spencer appelle « *Le nec plus ultra de ce qu'on peut attendre* », que le droit de vivre pour l'homme sera jamais assuré.

Allons ! ce n'est pas encore l'économiste qui me réduira *a quia*.

Citoyens économistes ! les palliatifs ne suffisent plus, le mal est trop grand, il faut (comme en 1789) *couper court le mal dans sa racine.*

53. *Un Progressiste.* — Oui, il y a certainement à faire, mais faudrait-il au moins être prudent ?

R. — Cette prudence que vous demandez, n'est-elle pas observée depuis un siècle par ceux qui ont dirigé le mouvement depuis 1789. C'est le piétinement sur place, et franchement ils auraient mauvaise grâce à se plaindre, si aujourd'hui, par une réforme radicale qui, en somme, ne les jetterait pas dans la misère, on arrivait au Droit de vivre pour tous, puisqu'ils n'ont abouti qu'à la misère pour une si grande fraction populaire. Au point de vue de la paix : se sont-ils beaucoup souciés, ces dirigeants de l'avenir de ce qu'ils léguaient aux autres ? (trois Révolutions et deux invasions). Le peuple en a assez.

Nous demandons que la République ne suive pas la même politique que les gouvernements déchus qui l'ont précédée, afin qu'on ne la confonde pas avec eux. Nous ne voudrions pas que le peuple découragé se fasse cette triste réflexion : Il n'y a rien à faire. Qu'importe la forme du gouvernement « laissons faire, laissons passer ». Nous trouvons cette attitude coupable, en face des suicides nombreux et en tout point extraordinaires, en face des maladies de l'esprit, que le surmenage, l'inquiétude de l'avenir, le manque de sécurité provoquent ; et surtout en face du mauvais vouloir des classes dirigeantes, se refusant absolument à s'associer avec ceux qui souffrent pour chercher le remède.

54. *Le Progressiste.* — Nous ne pouvons nous associer avec les socialistes.

R. — Ajoutez, parce que ce n'est pas notre intérêt.

Au Progressiste (42)

Le Conférencier. — Tout à l'Etat, dites-vous, est de l'exagération.

55. *Le Progressiste.* — Oui, ce que nous voulons, c'est le développement pacifique et rationnel de la Révolution française, mais nous le voulons loyal et franc, dégagé tout à la fois des sophistications d'un individualisme outrancier et des utopies de ce collectivisme, que son père, un rêveur d'Allemagne, nous a offert comme la mécanique d'où devait sortir, garanti bon teint, le bonheur du monde (1).

R. — Je ne trouve pas cette ironie de bon goût ; jetée dans le public, elle ne le prépare pas à s'éclairer.

Ce n'est pas que je défende le collectivisme marxiste, on verra un peu plus loin ce que j'en pense. Mais ce que je trouve, c'est le parti pris d'écarter toute idée d'ensemble, de système, en le mettant à l'index sous le nom d'utopie, et, avec une certaine ironie, jeter à l'avance le ridicule sur toute tentative de ce genre.

Je sais bien qu'un peu plus loin, M. Terrier cherche à atténuer le mauvais effet de ses paroles sur certaines oreilles, mais les coups n'en sont pas moins portés. Voilà où sont poussés les hommes politiques arrivés au pouvoir.

Les idées, dit-il, quelque neuves et hardies qu'elles soient, nous attirent, nous les examinerons, nous les discuterons toutes, persuadés que, dans tout effort sincère d'un homme vers le bien, si extrême que puissent être les conclusions qui s'en sont dégagées, il se trouvera des vues intéressantes et des pensées utiles, dignes de nos méditations.

Mais voyons, citoyen progressiste, comment vous combattez ces utopistes ?

Voudriez-vous m'expliquer d'abord ce que vous entendez par une *utopie*, ce mot toujours à la bouche des

(1) L. Terrier, ancien ministre, député de Dreux (*Réveil*). On l'appelait, à la Chambre, demi-socialiste.

opportunistes, possibilistes, progressistes, radicaux de tout poil qui, en somme, par leur attitude indécise, sont souvent plus conservateurs que les royalistes et les cléricaux, me semble un butoir trouvé à plaisir pour arrêter toute discussion.

56. *Le Progressiste.* — L'utopie, mais ouvrez un dictionnaire, la définition n'offre aucune équivoque, c'est un rêve, une impossibilité, au moins momentanée, qui ouvre la voie à des systèmes abracadabrants. J'ouvre un dictionnaire Littré et je trouve : « Utopie-Eth. Lieu nulle part. — Plan de gouvernement, de société imaginaire où tout est parfaitement réglé, combiné pour le bonheur de chacun. »

R. — Eh bien, justement, le système social actuel serait bien une utopie s'il était bien réglé, et c'est pour cette raison que nous ne demandons pas comme l'anarchiste ; par le fait, qu'on le fasse sauter, et comme le révolutionnaire par le glaive, qu'on le noie dans le sang, non plus comme les conservateurs, les opportunistes, les progressistes de tous degrés, qu'on attende qu'ils tombent en pourriture ; nous le considérons comme un système viable, auquel il ne manque *qu'un régulateur*..

Plus rationnels, plus soucieux de l'avenir de nos neveux, plus épris de nos devoirs envers l'humanité, architectes plus soucieux de la vie de tous, médecins moins empiriques, plus scientifiques, nous acceptons bien d'étayer l'édifice vermoulu qui croule, mais les étais renouvelés, *nous travaillons en sous-œuvre.* Pas seulement pour nous conserver, comme le font les conservateurs, mais pour conserver tout le monde ; nous savons bien que nous n'échapperons pas à la raillerie de nos contradicteurs, mais après la raillerie, on réfléchit.

57. *Des voix.* — Très bien ! très bien !

En somme, dit déjà le peuple, tous ces gens-là nous leurrent. Ils sont bon pour eux, les autres leur importent peu. Marchons en avant.

58. *Le Progressiste.* — C'est ce que nous voulons, marcher en avant !!!

R. — Oui, vous le dites, mais vos emplâtres sont

loin de suffire et encore avec votre Constitution, ils ne passent pas.

Mais enfin, puisque vous entrez dans la lice, que vous voulez marcher en avant, pourquoi me contredire, n'acceptez-vous pas la participation à l'État, déjà en pratique, ne voulez-vous pas même l'étendre davantage par des mesures de protection ? Dites-moi donc qui nous sépare ? Cela me paraît de la subtilité.

59. *Le Progressiste.* — Il n'y a point de subtilité, de railleries, nous ne croyons pas aux panacés, voilà tout.

Je n'accepte pas que chacun fasse un plan, un système et naturellement qu'il se figure seul avoir trouvé la pie au nid, je dis que c'est perdre un temps précieux, et qu'il y a danger à se détourner du présent pour se lancer à perte de vue dans l'avenir ?

R. — Vous faites toujours allusion aux théories socialistes présentées au commencement de ce siècle, non par des Allemands, comme vous paraissez le croire, mais bien par de purs et sincères Français : Babéuf, Fourier, Cabet, L. Blanc, etc., dont Lasalle, Bebel et Liebneckt ne sont que les continuateurs, avec le tort de s'être déviés de la route tracée par ces génies libérateurs.

Vous ne tenez pas assez compte du mouvement qui s'est opéré depuis l'extension de la machine, — ce qui était une utopie hier, est une vérité aujourd'hui. Vous dites que vous voulez le développement pacifique et rationnel de la Révolution française, eh bien, ce vœu, contre lequel rien ne prévaudra, les germes en ont été jetés par ces jacobins (1) et c'est dans cette voie qu'il faut marcher pour être vraiment *pacifique et rationnel*. Nous sommes près de nous entendre, marchons ensemble, ne maintenons pas plus longtemps cette scission malheureuse provoquée par l'opportunisme avancé, soyez au moins radical socialiste.

Il y a quelques radicaux avancés, qui prétendent arri-

(1) Mot jeté par nos adversaires, avec intention, dans le public pour l'écarter de l'envie d'étudier les idées nouvelles, fatalement empreintes des idées souvent généreuses, sorties de ce parti politique qui a joué un rôle révolutionnaire pendant la terreur.

ver en s'appuyant comme base sur l'impôt argent; moi je prends pour base l'impôt travail. Eh bien ! qu'ils montrent leur plan en sous-œuvre, qu'ils fassent comme moi et ne nous exposons pas à ce qu'on nous dise (1) : « Quant à la question sociale, ce n'est pas le socialisme qui donnera la solution ». *Grand dans la critique de cette société décomposée, le socialisme évite toute discussion, toute explication quand on lui demande ce qu'il mettra à la place du monde détruit. Il dissimule son plan, parce qu'il n'a pas de plan.*

Vous aurez beau faire, radicaux ou socialistes, vous ne sortirez pas de là si vous ne présentez pas un plan bien arrêté.

Voilà pourquoi votre programme ne satisfait pas. C'est encore le piétinement sur place, *le laisser faire, le laisser passer*, sous un autre mot que l'opportunisme, mais qui n'aboutit pas davantage ; pendant ce temps, le mal grandit, empire et fait l'effet d'une complicité. Cet état de choses jette le découragement dans le peuple, jusqu'au point de compromettre, même la République, on l'a vu (2).

Je ne puis que m'attrister, lorsque je vois des hommes comme Léon Bourgeois, Pelletan, etc., tourner autour du collectiviste étatiste, de peur qu'on ne les accuse d'utopistes.

Ils ne veulent pas, disent-ils, s'associer au socialisme allemand.

Mais n'avons-nous pas nos socialistes français, les Babeuf, les Fourier, qui ont précédé les Lassalle, les Karl-Marx; sans rejeter ces derniers, sachons donc rester Français, ils sont étatistes, il ne faut pas les confondre avec le solialisme d'Etat de Birmarck ; le reproche que je fais aux marxistes, c'est qu'ils s'entêtent à ne vouloir faire aucun plan, même pour soutenir l'édifice vermoulu (3).

(1) Prince de Liebneckt aux socialiates allemands.
(2) Elections de 1898.
(3) S'attirant, comme le disait Magnard (*Figaro*) cette apostrophe : « avant d'abattre tout à fait la vieille maison, faudrait-il encore savoir comment sera construite la nouvelle.

Le Marxiste. — Halte-là ! je proteste...

Au collectiviste marxiste

Le Conférencier. — Vous êtes collectiviste partiel, vous procédez par méthode lente.

60. *Le Marxiste.* — Il est vrai que nous n'avons pas de plan parce que nous laissons à tous et aux événements le soin de le préparer, il se fera tout seul, par la force même des choses. Mais nous avons une politique dans le but de précipiter les événements qui doivent conduire à l'idéal communiste, notre rêve.

Ecoutez Bebel :

« Le parti en Allemagne, celui qui domine en ce moment, veut, dit-il, éviter un double écueil. »

« Ou bien, ne faire que de la propagande de principe et tomber dans la réthorique radicale du prêcheur dans le désert. Ou bien s'emmarécager dans le possibilisme en *exagérant les petits progrès* et en niant le but final. »

I. — Il renonce donc à tout plan, c'est-à-dire à tout système conçu *a priori*, se renfermant simplement dans un internationalisme qui est :

II. — Remédier tout d'abord aux souffrances les plus criantes des classes ouvrières, améliorer autant que possible leur situation.

III. — Organiser les ouvriers en classes distinctes et former une armée disciplinée.

IV. — Entretenir, au sein des foules, une source inépuisable de mécontents en agissant sur le grand ressort du besoin et de la colère, ruiner toute croyance, tout respect d'une autorité religieuse politique, ou sociale. Faire disparaître à jamais les habitudes séculaires de subordination hiérarchique du grand nombre ou petit nombre.

Rendre de plus en plus tendus et exiger les rapports du travail et du capital, jusqu'au jour où il sera intenable, afin d'arriver promptement au but où il faudra bien exproprier les expropriateurs et élever la société collective sur les ruines de la société privée (1).

R. — Est-ce clair. Entraîner au sein des foules une source inépuisable de mécontentements. Je ne crois pas que nos socialistes français, quelle que soit leur école, en soient là : mais c'est leur penchant très marqué à s'attacher à la politique des socialistes allemands qui nous a valu le nationalisme dont nous nous serions bien passé.

Il y a des socialistes économistes de très haute valeur en France qui auraient eu plus de crédit ur la masse des Français que Karl Marx malgré sa haute valeur. Notre socialisme se rapprochera plutôt de celui de la Suisse que de celui de l'Allemagne.

61. *Le Marxiste.* — Je n'accepte pas l'étude d'un plan *a priori* (2).

R. — En France, nous voulons marcher sur une route bien tracée, si nous acceptons des éclaireurs comme avant-garde, c'est à la condition qu'ils osent avancer sans broncher.

Le peuple souverain veut être le maître de l'individu et des collectivités partielles d'individus, pas d'Etat dans l'Etat.

62. *Le Clérical* (*interrompant*). — Vous êtes au moins Français, cela ne me déplaît pas (3). Mais continuez?

R. — Je suis Français d'esprit surtout, mais j'ai une

(1) Méfions-nous : en France, une pareille politique est la plus dangereuse, elle peut mettre la République à deux doigts de sa perte. De Mun n'a-t-il pas dit déjà : « Le socialisme et l'anarchie sont les deux versants d'une même idée, » il reprendra cette thèse à la première occasion ; aux socialistes de s'affirmer et ils ne peuvent le faire que par *un plan.*

(2) Liebneckt, au congrès de Halle dit : Il faut être fou pour demander ce que sera l'organisation sociale dans le futur Etat socialiste.

R. — Robespierre n'était pas un fou et il sut bien dire ce que nous sommes aujourd'hui. Ce sont de tristes raisons, messieurs les Allemands, on a la vue plus perçante en France.

(3) Il semblerait à ce moment (1895), où j'écrivais ces conférences, que je prévoyais le socialisme nationaliste français, — dont s'empare aujourd'hui, par politique, le boulangisme cléricalisme.

autre idée de la patrie que celle que nous montre le parti nationaliste.

Conclusion

CITOYENS,

On a vu combien l'étatisme rencontre d'adversaires et quels sont ces adversaires. Le côté politique les absorbe généralement tous, ceci explique pourquoi ils restent indifférents à la seule solution immédiate qui peut faire sortir la civilisation du gâchis que tout le monde reconnaît. « Le droit de vivre. » Jusqu'à présent on a cru qu'il fallait détruire de fond en comble le système actuel pour en reconstruire un autre. Je prouve le contraire en continuant des lois déjà établies, qui achèvent de remettre la société sur de solides bases. N'est-ce pas en effet par le manque de base que tout le monde reconnaît la société mauvaise? Eh bien, ne détruisons pas, ne replâtrons pas, étayons et reprenons en sous œuvre.

Pour moi, le socialisme est une conséquence naturelle de l'obligation de s'associer pour être fort; ceci reconnu, il devient une science qu'il faut que l'homme découvre, comme toutes celles qui lui ont été utiles.

Le socialisme est vieux comme tout ce qui existe ; et sans préciser la venue de l'homme sur la terre, nous pouvons dire que la science sociale date du jour où l'homme a procréé.

A présent, au XXe siècle, le socialisme possède assez de matériaux pour se constituer en une science pratique, nous nous trouvons en face d'un édifice bâti de pièces et de morceaux annexés sans plan préconçu, mais avec un système cependant.

On a souvent comparé l'édifice social à une pyramide renversée que l'on s'entête à faire tenir en équilibre sur sa pointe, cette image est on ne peut plus vraie.

Et elle va servir mes conclusions d'autant mieux que

le lecteur y est préparé, ayant déjà eu l'occasion de me servir de cette comparaison dans le premier volume de mon ouvrage (1).

En effet, ne voit-on pas, depuis des milliers de siècles, des générations se succéder et sans cesse occupées à étayer ce monument impossible.

Frappé de ce navrant spectacle, il m'est venu à l'idée, non de le renverser, comme le veulent faire les anarchistes et les nihilistes, non de l'ébranler, comme le veulent les socialistes révolutionnaires, mais de l'étayer, comme les conservateurs, seulement, sans plus tarder, tout en respectant les étais déjà placés, construire en sous œuvre et transformer la pyramide chancelante *en un solide parallélipipède.*

Qu'on ne s'y trompe point : jusqu'à présent, nous n'avons eu à la Chambre que des conservateurs, qu'ils s'appellent opportunistes, possibilistes, progressistes, radicaux même socialistes, trouvant plus commode de remplacer les étais pourris que de concevoir un système qui, sans détruire, réédifie sur une base solide.

Je pense qu'après cette explication, on ne me traitera plus de rêveur, d'utopiste, je ne détruis rien, mais je travaille, sachant où je vais, parce que j'ai conçu un plan sur le droit indiscutable de vivre et qu'aucun progrès de la science ne pourra détruire parce qu'il faudra toujours boire, manger, dormir et penser pour vivre (2).

63. *Un Radical socialiste.* — J'admire avec quelle force de conception vous essayez d'établir votre Etatisme en respectant le plus possible l'individualité, mais je trouve que vous êtes encore malgré tout un socialiste d'Etat, et alors m'est revenue en mémoire la tentation de Cabet dans l'Illinois, si elle a échoué à mon sens ce

(1) *Mal social.*

(2) Persuadons-nous bien que ce que nous avons à combattre aujourd'hui n'est pas la disette de produits, c'est la disette d'argent; nous aurions cent fois plus de produits que les tyrans toujours les mêmes sous l'individualisme, trouveraient toujours le moyen qu'il y ait des crève-la-faim. Il leur faut des esclaves pour leur orgueil et pour leur vice.

n'est pas qu'elle supprimait la famille c'est à cause de son caractère despotique ; je veux, moi, comme les 480 *Icariens de Mauvou* avoir la liberté. Le régime tyrannique de Cabet la donnait si peu que ses adeptes finirent par l'envoyer fonder une colonie ailleurs. Il en mourut de chagrin dit-on. Vous, mon cher conférencier, vous n'en mourrez pas de chagrin. Si je vous dis que votre étatisme est pour moi, malgré mon tempérament trop autoritaire et insuffisamment libéral encore. Vous pouvez me répondre : Orgueil de l'individu, soit, mais que voulez-vous ? Orgueil quand même.

R. — Un État doit tenir compte de tous les tempéraments.

— Vous avouez être orgueilleux, tout le monde ne l'est pas, ou, s'il l'est, chacun l'est à sa façon.

L'important, lorsqu'on cherche à vivre en société, c'est d'établir des lois, des règlements qui soient au niveau moyen des intelligences, des forces de caractères, et des tempéraments.

C'est difficile, me direz-vous ? sans doute.

Voilà pourquoi j'insiste sur les lois préventives de préférence aux lois répressives, elles sont hygiéniques.

Vous, vous les appelez despotiques ; c'est l'exagération du mot, elles sont autoritaires oui, ce qui n'est pas la même chose, j'en ai donné l'explication dans mon livre (1). Les lois répressives ne répriment rien, au contraire, elles favorisent le despotisme des tyrans, l'expérience en est faite depuis un siècle d'individualisme à outrance, la justice reste lettre morte pour les coupables pouvant se tenir au-dessus des lois par la puissance de l'or, et le despotisme le plus révoltant pèse sur le miséreux innocent. Si vous admettez qu'il n'y a pas de régime possible sans tyrannie ; c'est reconnaître qu'il faut des esclaves quand même. Eh bien ! où est donc cette liberté qui vous est si chère ? — Vous n'êtes pas platonique, je suppose ? Est-ce pour cela que vous dites : Orgueil quand même ?

Vous êtes anarchiste sans l'avouer, et vous ressem-

(1) *Mal social.*

blez à ces joueurs, qui espèrent toujours tirer leur épingle du jeu (tant pis pour les perdants). Tout le monde n'a pas ce tempérament.

La masse qui doit toujours être l'objectif d'un vrai socialiste, se croit libre quand elle a de l'argent dans sa poche. Or, depuis l'expérience de Cabet, elle a pu vérifier que le régime individualisme ne lui a pas donné cette satisfaction, qu'elle est toujours à la merci du caprice du maître qui la fait travailler. Ce droit de vivre que nous assurons à tous lui donne cette liberté (non platonique alors) mais réelle, et a l'avantage, en exigeant de tous le payement de *la dette du travail* (somme toute impôt social), de ne pas nourrir cette masse de fainéants dans toutes les classes de la société qui ne veulent pas travailler, ou sont à la recherche de situations peu pénibles et fort bien payées. *Ceci me paraît juste* sociologiquement parlant.

Vous n'êtes pas anarchiste, autrement je vous tiendrais un autre langage (Voir plus haut ma réponse à l'anarchiste véritable).

64. *Le Radical.* — On pourrait peut-être s'entendre.

R. — Vous paraissez plus accommodant que mes deux premiers adversaires 39 et 40, vous êtes un peu moins absolu, quoique frisant de très près l'anarchie, en somme, vous n'écartez pas l'intervention de l'État, vous l'acceptez dans une certaine mesure. « Il est bon dites-vous, de faire des essais avant de s'engager dans des sentiers encore inconnus. »

Depuis un demi siècle les résultats de l'individualisme à outrance sont connus, il ressort de l'expérience que tenter plus longtemps de le conserver serait compromettre l'œuvre de la Révolution française si chèrement achetée, et ouvrir les portes toutes grandes à la contre Révolution qui gagne un terrain considérable depuis qu'elle s'est alliée à la trahison bourgeoise.

Les dernières élections (1898) l'ont prouvé. La politique révolutionnaire à été impuissante à accomplir la tâche, elle a usé toutes ses ressources et n'a abouti qu'à mettre en péril la République. Ce ne sont pas des palliatifs anodins qui suffisent ; il faut attaquer le capitalisme

7

dans sa base et les deux réformes que je propose : le travail obligatoire pour tous et la valeur temporaire de l'or remplissent ce but.

65. *Une Voix.* — Qu'est-ce que c'est que cette valeur temporaire de l'or ?

R. — Ce débat fera l'objet de la prochaine conférence.

Permettez-moi, citoyens, de vous remercier. Vos contradictions, auxquelles j'ai répondu le mieux qu'il m'a été possible, ont déjà jeté une vive lumière, et, moi-même, m'ont fortifié ; j'ai l'espoir de vous retrouver tous animés du même désir et armés jusqu'aux dents pour combattre le travail obligatoire organisé que je me propose de développer dans la 2e conférence.

Si l'anarchiste et le clérical n'ayant pas adopté comme principe le suffrage universel qui forme la base de l'Etatisme veulent se retirer de la discussion, ils le peuvent.

66. *Le Président* fait observer qu'il serait fâcheux que des contradicteurs, quels qu'ils soient, refusent de continuer la lutte, ils doivent au moins attendre la 4e conférence destinée aux conclusions générales.

67. *Le Clérical.* — A quoi bon puisque je n'accepte pas les bases de l'étatisme.

68. *Le Président.* — C'est déserter.

69. — *Le Clérical.* — J'ai lu *Mal social* ; il y a de bonnes choses, mais ce sont toujours les bases.

70. *L'Anarchiste.* — On ne peut pas condamner sans avoir entendu. Je reste.

Le clérical se décide à rester aussi jusqu'à la fin, comprenant que ce serait s'avouer vaincu que de se retirer de la lutte. — J'attendrai, dit-il, les conclusions générales.

Des Voix. — Très bien ! très bien !...

FIN DE LA PREMIÈRE CONFÉRENCE

DEUXIÈME CONFÉRENCE

Deuxième Point.

TROIS QUESTIONS

1° *Travail obligatoire pour tous ;*
2° *Travail libre et valeur temporaire de l'or ;*
3° *Retraite obligatoire pour tous.*

AU LECTEUR

1880.

A l'époque où ces débats se passaient, nous étions loin de nous attendre à ce que, 15 ans plus tard, au Parlement, se pose cette formule sociale : « Substitution de la propriété sociale à la propriété collectiviste » , et que des hommes comme Jaurès, Jules Guesde, Millerand et autres, affirmant le socialisme, la fassent définitivement entrer dans les discussions parlementaires.

Mon vieux prolétaire, toujours philosophe et socialiste sans le savoir, me dit : Eh bien ! Nous y voilà à notre Tout à l'Etat.. Oui, lui dis-je, seulement comment pensent-ils y arriver ?

Par son « Tout à l'Etat », notre prolétaire avait bien éveillé notre attention, et comme il se défendait bien, qu'il ne manquait pas d'argumentation, plusieurs professeurs s'étaient armés de traités d'Economie politique et sociale, pensant que rien ne pouvait résister aux arguments qu'ils y avaient trouvés.

C'est un vieillard, disaient les uns, qui est encore imbu du socialisme vieilli de 1848. Son Etatisme est une réminiscence des idées de Fourier, il ne s'en doute pas.

Or, on sait qu'à cette époque, L. Blanc avait tenté ses ateliers nationaux... Le Tout à l'Etat avait subi des assauts terribles, et on croyait cette question enterrée, bien enterrée !...

Ce réveil, ce renouveau, pourrait-on dire, cette théorie rajeunie, qu'il nous développait, m'intéressait beaucoup et comme la conversation s'animait, s'étendait et se soutenait, c'est à ce moment que je lui dis : Vous devriez, vous qui avez une mémoire rare, recueillir et écrire toutes nos conversations : ce qu'il fit à l'insu des autres. A moi seul son confident et son jeune ami il les communiquait.

Cette deuxième conférence roule sur le deuxième point de son plan social : Le travail obligatoire pour tous, et la valeur temporaire de l'or.

Elle est l'objet d'une polémique ardente, qui attaque en plein le capitalisme et met à nu l'idée fausse, que l'on s'est faite jusqu'ici de la liberté individuelle, de l'égalité et du droit de propriété privée.

On y verra que si le socialisme touche à la propriété privée, ce n'est que pour en régler l'extension toujours croissante sur quelques individus, et aussi les abus qui en résultent, mais non, comme beaucoup le croient, dans le but de la détruire, chose d'ailleurs impossible.

On y verra aussi que, par égalité, nous entendons, en conservant la formule : « Tous les hommes sont égaux devant la loi », y adjoindre « Et aussi devant le droit de vivre ».

On y verra encore que le socialisme étatiste n'est que l'extension du mutualisme, de l'association et de la coopération mis en vigueur partout, et que la solidarité qui forme la base de ces petites collectivités, trouve par les mêmes moyens son application immédiate *dans l'Etatisme*, laissant ainsi la liberté à tous de courir après la fortune, mais, sans jeter (comme cela arrive aujourd'hui, dans le jeu des affaires directes ou indirectes), des milliers de malchanceux dans l'anxiété du lendemain, quand ce n'est pas dans la plus noire misère.

PAUL MÉLÉE.

DEUXIÈME CONFÉRENCE

DIALOGUE (Même bureau.)

Ordre du jour.

DEUXIÈME POINT

TROIS QUESTIONS

1° *Travail obligatoire pour tous, sauf invalidation;*
2° *Travail libre et valeur temporaire de l'or;*
3° *Retraites obligatoires pour tous.*

La parole est au Conférencier.

CITOYENS,

Je vois, avec plaisir, l'indifférence disparaître peu à peu ; l'Assemblée est aujourd'hui plus nombreuse. Chacun commence à comprendre qu'il ne peut rester indifférent à des questions d'un intérêt aussi général.

Je vais entrer aujourd'hui au cœur de la question sociale ; les réformes que je demande touchent en plein au capitalisme, c'est-à-dire au pouvoir de l'or, dont la majorité souffre.

Sur quoi repose la puissance du capitalisme?

Voilà ce qu'il est bon d'expliquer avant de commencer les débats.

Le capitalisme repose sur l'affamement, c'est-à-dire : maintenir une majorité sous le coup de la faim.

Pour cela, il s'est établi une organisation basée sur le jeu, telle que tous, sans exception, se trouvent liés par le même intérêt, — la crainte de perdre, le désir de gagner. Infernal système maintenant la fièvre du jeu avec toutes ses fatales conséquences.

Un siecle d'expérience a passé sur ce système et a donné pour résultat le prolétariat, nouvelle forme (hypocrite) très étendue de l'esclavage.

Ce système, dont tout l'honneur revient à Law (1), a été jugé dès son origine par Robespierre, ce qui prouve que sur des bases jetées *a priori*, on peut sûrement prévoir ce que sera un édifice.

Je rappelle ici ces paroles prophétiques : *Histoire de la Révolution française*, par Thiers.

AUX ENCYCLOPÉDISTES :

« Cette secte prévalut parmi les grands et beaux esprits réduisant l'égoïsme en système, regardant la société comme une guerre, le succès comme la règle du juste et de l'injuste, la probité comme une affaire de goût ou de bienséance, le monde comme le patrimoine des fripons adroits. »

Quelle triste et vraie peinture du siècle prophétisée un siècle avant.

Eh bien, Citoyens : Les lois que nous allons discuter et qui ne sont qu'une suite de plus aux lois déjà existantes, apportent un juste équilibre dans la société, elles mettent un frein à ses exorbitantes fortunes dont nous sommes témoins ; elles assurent un droit de vivre confortable-

(1) Jean Law, financier écossais, imagina un système de banques qui, par sa facilité d'accaparement, fit de l'or le principal objet de la spéculation. Ce système s'est étendu sur toute la terre, et est resté la base de ce que l'on nomme aujourd'hui *le capitalisme* devenu oligarchie puissante internationale, qui domine sur le monde entier *par affamement*.

ment sans aléa à tous. En un mot, elles détruisent la dernière forme de l'esclavage, le prolétariat.

Avec ces lois, la vie n'est plus un enjeu, la sécurité est pour tous.

La discussion est ouverte.

PREMIÈRE QUESTION. — LE TRAVAIL OBLIGATOIRE POUR TOUS SAUF INVALIDATION

Un Radical socialiste demande la parole (1) :

71. *Le Radical socialiste.* — Bien que vous alliez moins loin que Pierre Leroux (*de l'humanité*) qui voulait que l'État fût le seul directeur du travail, bien que vous ajoutiez des tempéraments à l'organisation du travail de Louis Blanc, vous aurez toutes les peines du monde à faire accepter *le principe même* du travail obligatoire. Notez qu'en théorie j'en suis partisan. Il y a trop de fainéants en ce monde ; *mais que d'abus, que d'injustices* se produiraient avec votre système. La majorité saisirait bien vite les avantages de telle et telle situation ; or vous favorisez, il me semble, l'esprit au dépens du corps ; et alors tout le monde se dirigerait ou dirigerait les siens dans la voie privilégiée. — Tout le monde, dites-vous, n'y pourrait réussir — d'accord, mais que de temps perdu pour la collectivité dans ces essais individuels ? Admettons que vous régliez tout cela d'avance. Quel sera votre critérium ? Comment jugerez-vous qu'un tel fera un bon médecin, un tel un bon architecte, etc., songez que la dette obligatoire sera de dix années au moins.

En vous trompant, vous enlevez à la société par individu dix années de travail obligatoire et utile !

R.— Cette critique que vous faites du travail obligatoire me rappelle la critique que l'on faisait aux pauvres inventeurs de l'application de la vapeur sur nos routes.

(1) Nous supposons toujours le lecteur en possession de *Mal social* (Voir page 49) et en ayant pris connaissance.

Comment ferez-vous, disait-on, pour monter les côtes et faire un moteur assez économique pour rivaliser avec notre belle organisation des diligences ; il vous faudrait niveler les routes, percer les côtes, les montagnes, faire des viaducs, etc. C'est un beau rêve mais c'est utopique ; des milliards de milliards ne suffiraient pas à l'immense dépense que demanderaient de pareils travaux, et puis mettons encore que vous ayez aplani les routes et fait des chemins de fer ; les roues de votre voiture à vapeur tourneront sur leur axe, il vous faudra des crémaillères et des roues dentées ; ce n'est pas pratiquement possible, et puis, comment arrêter instantanément vos voitures, et quelle organisation ! quelle comptabilité ! quel bouleversement dans les usages ! quelle ruine pour certaines matières. C'est une véritable Révolution... je vois là des montagnes de difficultés à vaincre (1).

Et les pauvres chercheurs se torturaient l'esprit pour prouver qu'ils avaient raison ! Leur persévérance fut cependant couronnée de succès : aujourd'hui nos routes sont sillonnées de véhicules franchissant les côtes, et mettant presque en échec les chemins de fer eux-mêmes ; donnant raison aux premiers inventeurs qui auraient épargné des milliards, et nous auraient peut-être sauvés, par le petit moteur, de l'influence funeste du capitalisme centralisateur.

Pour revenir aux critiques que vous me faites du travail obligatoire, je pourrais vous répondre : Chacun trouvera sa place parce que l'élasticité du système permet à chacun le choix d'ailleurs déjà préparé par l'apprentissage obligatoire qui répond à votre enseignement professionnel, et donne un temps suffisant pour se déterminer et agir en pleine liberté.

Mais je sais que cela ne vous suffit pas, il vous faut des arguments directs.

Vous me dites : vous aurez toutes les peines du monde à faire accepter *le principe même* du travail obligatoire.

Pourquoi ? puisque vous-même vous trouvez impor-

(1) On sait que M. Thiers était rebelle à ce progrès.

tant de faire travailler tous ces fainéants, riches comme pauvres, qui trouvent toutes sortes d'expédients pour ne rien faire et vivre au dépens du travail des autres.

D'ailleurs, les lois obligatoires ne sont-elles pas déjà entrées dans nos mœurs? N'oblige-t-on pas les enfants à travailler, les citoyens à servir la patrie, et ne parle-t-on pas d'élargir encore le cadre de l'enseignement professionnel, cette porte ouverte au travail obligatoire. Ce sont, au contraire, les seules lois vraiment sociales qui aient été promulguées depuis 26 ans. Je ne comprends pas en quoi ce principe révolterait tant que cela le prolétariat ouvrier qui se sent serré dans les griffes du capital. La résistance du reste n'est pas de c[illegible]té, la masse ouvrière y est préparée par la socialisation, qui fait partie du programme socialiste collectiviste, au grand désespoir des politiciens réactionnaires, cherchant à s'accaparer, par toutes les corruptions possibles, le prolétariat pour arriver au pouvoir.

(Election allemande contre Max Régis.)

Vous écoutez trop votre tempérament resté un peu bourgeois. Vous croyez qu'il existe encore une classe moyenne; elle disparaît de jour en jour comme le centre de la Chambre des députés; riches et pauvres voilà où veut en arriver le régime capitaliste.

— Cette liberté que vous voudriez qui fût, qu'avaient peut-être rêvée les honnêtes bourgeois de 1789 n'est plus possible; avec les grands moteurs, les grandes usines, le grand commerce, la grande banque. Le petit patronat et la concurrence raisonnable sur lequel ils comptaient pour égaliser les chances, a disparu: les gros écrasent impitoyablement les petits, et comme je viens de le dire, chacun au milieu de ce système de *Tapis vert* où la vie est un enjeu, ressent toutes les fièvres des joueurs; entouré de roublards, d'escrocs et de voleurs, chacun comprend que l'honnêteté et l'honneur sont de vains mots nuisibles à la réussite du gain, alors devant ce résultat d'un siècle d'individualisme, les consciences se révoltent, et comme le dit M. Léon Bourgeois: « Un vent de solidarité (1), un besoin de justice et de plus d'égalité

(1) Lire *Solidarité*, Brochure de M. Léon Bourgeois.

sociale souffle sur le monde, » et le tout pour chacun et chacun pour tous est pour beaucoup une vérité acceptée et désormais inébranlable (1). »

Et puis on a fait un tel abus des mots, socialisme, collectivisme, communisme, que le public aujourd'hui se familiarise avec et n'en souffre plus, il demande à comprendre et nous socialistes convaincus nous les instruisons.

72. *Le Radical.* — Vous vous défendez bien, mais comment répondez-vous aux abus que je viens de vous signaler et aux injustices que je vois poindre sous votre système protecteur ?

R.—Votre critique porte surtout sur ceci : Que mon système « favorise l'esprit au dépens du corps ».

C'est possible, nous en avons du reste un exemple dans la société actuelle où le favoritisme s'exerce sur la plus grande échelle. Mais cet abus si préjudiciable dans l'organisation actuelle devient une excellente chose dans la mienne parce que nul n'est privé de son droit de vivre.

Dans la société actuelle cette triste chose n'est corrigée par rien. Beaucoup restent sur le pavé, végétant, obligés de faire tout autre métier que ne le demande leur aptitude, *c'est là qu'il y a du temps et de l'intelligence perdus pour la collectivité.*

Dans le système que je propose, au contraire, le favoritisme évidemment continue, mais le cas est prévu.

Le travail obligatoire ne durant que 4 à six heures dans la journée laisse à chacun la facilité au travail libre de se livrer à ses goûts favoris. Combien parmi les intellects ils s'en trouvera qui regarderont une occupation manuelle comme un délassement hygiénique.

Pour le critérium servant à juger les capacités, je conserve le même qu'aujourd'hui (les examens); avant d'être reconnu apte à une profession favorite on sera surveillant, aide etc., etc., jusqu'au jour ou l'on aura conquis son droit à exercer, qui peut se continuer au tra-

(1) Lettre de M. Léon Bourgeois écrite à notre vieux prolétaire en réponse à *Mal social.*

vail libre après dette payée (1) ; ceci incombe à l'apprentissage obligatoire.

73. *Le Radical.* — Votre travail obligatoire est peut-être possible pour l'industrie, à cause de la possibilité de la division du travail ; mais je ne vois pas bien comment vous pensez l'appliquer à l'agriculture, au commerce et aux professions libérales, médecins, architectes, peintres etc., etc...

R. — De la même manière, mais avec de plus petites collectivités, comme il arrive pour les professeurs.

Nous en avons un exemple dans les petits collèges comparés aux grands lycées.

Chaque professeur n'a-t-il pas *à cultiver* selon sa spécialité *son champ* d'intelligence. Ils se relèvent ainsi sans interrompre le travail. Eh bien, si ce sont des maraichers par exemple, celui là arrosera, un autre herborisera, celui-là taillera les arbres, les haies, de même pour tout ce qui concerne chaque partie du métier sous la direction d'un chef contrôleur nommé par la corporation.

En Agriculture celui-là labourera, l'autre sèmera, un autre gardera les bêtes à cornes, etc., etc , également surveillés et administrés.

Je ne vois rien d'impossible dans tout cela, c'est un pli à prendre comme il a fallu le faire dans les organisations capitalistes déjà existantes : ces petits détails s'arrangent d'eux-mêmes lorsque l'on a bien prévu l'ensemble.

D'ailleurs il y a déjà des exemples de comptabilité, de surveillance dans la grande industrie, dans la grande agriculture, dans le grand commerce, dans la grande banque, qui prouvent que c'est possible, et ces organisations, qui sont arrivées déjà à produire bien plus qu'on ne consomme, sont limitées dans leur production par le trop plein, on ne trouve pas l'écoulement malgré que la misère soit partout ; vous le voyez cette évolution qui

(1) A la discussion du travail libre et de la valeur temporaire de l'or, on verra le moyen que j'emploie pour ne pas retomber dans l'abus de la thésaurisation.

paraît si difficile se fait chaque jour, comme se faisait l'évolution militaire avant que l'armée fût nationale.

C'est toujours comme cela que procède le progrès, moins lentement qu'on ne croit parce qu'il éclot tout d'un coup. Et c'est parce que nous en sommes arrivés *à ce possible* et que nous souffrons de la tyrannie capitaliste qui veut en retarder l'éclosion, que le socialisme se répand partout. Comme avant 89 nous voulons, nous appelons immédiatement l'attention sur les lois obligatoires, parce que ce sont les seules coupant radicalement le mal dans sa racine.

74. — *Une voix.* — Vous n'y allez pas de main morte ; vous ne dites toujours pas comment vous organisez les professions libérales, comment on jugera qu'un tel fera un bon médecin, un bon architecte, un bon peintre ?

R. — Si, j'en ai parlé, on les prépare à l'apprentissage obligatoire. Dans la société actuelle, vous établissez des concours. Eh bien, je ne les rejette pas.

La médecine n'est-elle pas un enseignement professionnel comme un autre ?

La peinture elle-même, à côté du grand art, n'est-elle pas utilisée professionnellement comme tous les arts et métiers ?

La littérature même n'a-t-elle pas son côté utile très important ?

Eh bien, est-ce que tout cela ne peut pas se distribuer au travail obligatoire tout comme cela se fait dans l'Enseignement où l'on utilise tant d'intelligences diverses.

Après la dette payée au profit de tous, ces intellects ont, au travail libre, la faculté d'accroître leur avoir comme du reste tout le monde (1).

(1) Il y a un point capital qu'il ne faut pas perdre de vue : dans notre système, les bras et les intelligences ne manquent pas d'être occupés.

Il se passe tout le contraire dans l'individualisme : le patron, l'association veulent obtenir beaucoup de produits avec le moins de monde possible, c'est l'intérêt de toute organisation patronale ou association collective partielle. Nous, étatistes, c'est tout le contraire, nous obtenons beaucoup de produits

75. *Le Radical.* — Oui, mais quelle complication et puis, je vous répète, si vous *vous trompez sur la valeur* d'un sujet quelle perte immense pour la nation ?

R. — En vérité, si je ne vous connaissais pas, je croirais que vous vous plaisez à exercer mon imagination ; il me semblait avoir répondu ; vous vous alarmez au temps perdu qui pourrait arriver si l'on s'était trompé sur la valeur d'un sujet. Vous voyez là une perte immense pour la société. Vous enlevez, dites-vous, par individu, dix années de travail obligatoire et utile.

Hélas ! dans la société actuelle, ce n'est pas par quelques erreurs commises peut-être réparables que des milliers de bras et d'intelligences sont inactifs et découragés ; mais c'est par la faute d'un système foncièrement vicieux ; la perte pour la société est bien autrement grande. Voyez autour de vous ces milliers d'érudits, traînant l'habit noir, à la recherche d'une position sociale, trouvant à peine un emploi de 1200 francs, et quel emploi ! et combien couru !

N'ai-je pas raison de vous dire que vous mettez mon imagination à la torture pour vous répondre. Si je ne corrige pas entièrement cet inconvénient, je l'atténue énormément.

76. *Le Radical.* — Je vais me taire alors si c'est cela ?

R. — Non, seulement soyez un peu moins subtil.

77. *Un mutuelliste.* — Je trouve que le conférencier a raison, mais on peut arriver au droit de vivre par des moyens respectant plus complètement la propriété et la liberté individuelle, que ceux qu'il présente. Par exemple, par une loi protectrice de la vieillesse accordant une retraite aux travailleurs que le sort n'aurait pas favorisés. Par des sociétés de secours de prévoyance parant aux inconvénients du chômage et de la maladie.

R. — Cela vaut mieux que rien, mais l'embarras est toujours le même et ne change rien au système financier

avec beaucoup de monde — c'est l'intérêt général. Résultat. L'individualisme laisse sur le pavé des milliers d'infortunés qui trouvent dans l'étatisme une existence confortable et sans aléa. Voilà la différence : plus de liberté relative, plus de richesse pour tous.

existant qui ne permet pas que par eux-mêmes les miséreux aboutissent à grand'chose ; si c'est l'Etat qui s'en charge où trouverez-vous de l'argent ?

78. — *Le Radical.* — C'est pour cela que nous demandons l'impôt progressif, il faut bien frapper où est la richesse ?

R. — Mais ils font des cris de paon, ces capitalistes, quand on touche à leur bourse aussi directement. Mais supposons qu'ils cèdent, comment établirez-vous ces retraites ; comment vérifierez-vous le temps de travail voulu pour jouir de cette retraite, est-ce qu'il ne pourra pas s'en trouver qui vous diront qu'ils ont beaucoup chômé, que ce n'est pas leur faute. Et à quel taux fixerez-vous le maximum de cette retraite pour qu'elle ne soit pas une charge énorme pour le budget ?

79. *Le Radical.* — Cet impôt progressif sur la richesse serait suffisant?

R. — J'en doute, et je doute surtout du bon vouloir des capitalistes. — Ces messieurs veulent rester les maîtres (occultes) du pouvoir, et comme cette réforme n'enlève rien à leurs prérogatives, leur laisse l'arme avec laquelle ils affament le peuple et tiennent les gouvernements, ils ne céderont à cette réforme qu'autant qu'ils seront toujours sûrs de ne perdre rien de leurs forces capitalistes, qu'ils seront toujours sûrs de se rattraper en exploitant plus encore le prolétaire, rien ne sera changé, voilà les effets de l'impôt argent en général.

Tant que l'Etat sera obligé de quémander ses impôts sous par sous, vous ne sortirez jamais de là.

On ne peut en sortir qu'en faisant l'Etat plus fort que l'individu et que les collectivités d'individus ; et on ne peut arriver à cela que par *l'impôt travail*, parce que cet impôt, tout le monde, à peu d'exceptions près, peut le payer, tandis que tout citoyen valide ne peut pas toujours donner de l'argent s'il n'en a pas, et ils sont nombreux ceux-là.

Le *travail corvée* voilà le vrai impôt national ! celui que l'on peut demander à tous, et qui, en raison de son importance sur la richesse générale, est le plus juste, le plus digne et le plus égal pour tous.

Cet impôt est social, il est conforme à *la justice sociale*. La société doit l'existence à tous depuis la naissance jusqu'à la mort ; et en retour chaque citoyen doit un temps relatif de son existence au travail quotidien (de première utilité) pour donner le droit de jouir des avantages et des richesses de la collectivité.

Dans la société actuelle, le superflu des riches est le nécessaire des pauvres, heureux quand il n'est pas cause, par privation, de mort d'hommes ; ceci est le crime social contre lequel, de toutes mes forces, je cherche à réagir.

80. *Le Radical*. — Tout cela est bien triste ; mais qu'y faire ?

R. — Organiser le travail plus équitablement.

81. *Le Progressiste*. — Somme toute, vous laissez subsister les abus de la société que vous prétendez corriger ?

R. — Je ne crois pas, et s'il en reste, je les atténue énormément ; vous ne prétendez sans doute pas à la perfection ?

Le point capital de ma réforme est de donner le droit de vivre sans aléa à tous sans exception. Si vous appelez cela rien ? — Et en plus, on verra plus loin au travail libre comment chacun peut augmenter son avoir en rendant des services à l'État ou aux individus.

82. *Une Voix*. — Et que faites-vous de la femme ?

R. — La femme est plus accommodante que l'homme, moins fainéante et plus courageuse ; sous votre système elle travaille toujours (je parle surtout de la femme du peuple) ; beaucoup plus pratique que l'homme, ce n'est pas elle qui se plaindra de la sécurité et de l'indépendance que lui apporte mon système.

83. *Un Conservateur* (En riant). — Comment cela ?

R. — Je ne ris pas, vous allez voir :

Comme tous les citoyens, et c'est bien juste, dans mon organisation elle a le droit de vivre : à l'instruction, à l'apprentissage, au travail obligatoire elle paye sa dette comme les hommes, tant qu'elle n'a pas d'enfants.

Elle choisit son métier en rapport avec ses aptitudes et sa nature, travaux qui ne seront pas ceux des hommes ou, du moins, exercés dans les mêmes milieux.

84. *Le Clérical.* — Et le mariage, et les enfants, comment arrangez-vous tout cela ; je vous vois entrer dans des complications à n'en plus sortir ?

R. — J'ai prévu tout cela : Dans la troisième conférence, quatrième point, j'y répondrai longuement.

85. *Le Clérical.* — Je laisse la parole à mon collègue l'économiste. Il monte à la tribune armé d'ouvrages scientifiques. Gare ! L'économiste tient à la main les ouvrages d'économie politique et sociale de MM. Cauwès et Beauregard (1).

86. *L'Economiste.* — Vous réussiriez plus sûrement dit-il, si au lieu de proclamer l'obligation du travail, vous proclamiez l'obligation du repos, vous auriez tous les fainéants pour vous et il y en a beaucoup.

On rit...

R.— S'il y a tant de gens pouvant vivre à ne rien faire, cela prouve que la fortune publique est immense puisqu'elle peut nourrir tous ces gens. Ceci m'assure que le nombre d'heures de travail pour chacun, dans mon système, pourra être joliment réduit.

87. *L'Economiste.* — C'est subtil... Malheureusement ce penchant à l'inaction, l'amour de l'oisiveté sont tellement innés chez l'homme que c'est sous l'empire de la nécessité, ou tout au moins poussé par la prévoyance en général, qu'il arrive à les vaincre, et je ne vois pas ce stimulant dans votre organisation ?

R. — Ne confondons pas ! Les natures vraiment paresseuses, dans l'acception du mot, sont extrêment rares, (sociologiquement parlant) appelez-vous paresseux celui qui se refuse à vouloir faire un travail qui lui déplaît, et cependant qu'il faut qui soit fait ? Ce n'est pas là un paresseux, c'est un indépendant. Le vraiment paresseux, quel que soit le stimulant dont on se sert pour le faire agir, rien n'y fait, même la crainte de l'extrême misère, ceci *se vérifie tous les jours.* Convenons qu'entraver la liberté individuelle de ce dernier monsieur en l'obligeant, en travaillant, à se suffire, n'est pas un grand crime. La so-

(1) Toute la critique qui suit est tirée de ces deux ouvrages d'*Economie sociale.*

ciété actuelle lui ouvre bien la prison pour cause souvent de vol calculé, et là elle le fait travailler non pas obligatoirement comme tout le monde, mais *forcément*. Qu'y a-t-il de changé. Nous réglons mieux, voilà tout, et le fainéant n'est plus une charge, il est une honte pour tous. Quant à la liberté individuelle soit disant attaquée, hélas! toutes les lois en sont là, et les lois obligatoires sont encore les plus justes. Pas de lois serait la perfection; mais vous n'êtes pas anarchiste. J'ai dit ce que je pensais de l'anarchie, nous n'y reviendrons pas.

Il ne faut pas appeler paresseux ceux chez lesquels on constate plutôt un désordre de l'esprit que de la paresse, car on les voit se donner beaucoup plus de peine pour s'exempter du travail que pour le faire. Exemple les mendiants de profession, qu'il ne faut pas confondre avec les vagabonds; les parasites également de profession qui pullulent autour du riche, les voleurs vulgaires, les joueurs, etc., ne sont-ce pas tous des gens peinant énormément ? Ils sont encouragés très souvent dans cette voie par un gain beaucoup plus élevé que celui qu'ils trouveraient dans des professions plus honnêtes et plus utiles; ces natures, et elles sont nombreuses, ne sont point paresseuses, elles sont dévoyées, et ont tout simplement une fausse idée de la liberté dont elles sont généralement assoiffées. Vous conviendrez que la société actuelle semble faite exprès pour le développement de ces natures parasites, dans lequel je confonds tous les hommes pris de l'enrichissez-vous à outrance, dont le principe est de s'affranchir eux et les leurs de la corvée toujours ennuyeuse, fatiguante et froissante.

Ces paresseux-là qui, sous le régime actuel, sont des *cancres* sociaux; dans notre organisation, après avoir payé leur dette au travail obligatoire chercheront évidemment à en sortir le plus tôt possible, par amour du gain; c'est pour eux que j'ai imaginé le travail libre, mais ils ne parviendront à la fortune que par un produit de leur intelligence, qui, tout en les honorant, leur donnera ce qu'ils cherchent, *leur indépendance*. N'y réussiraient-ils pas, que quelque années suffiraient pour les affranchir et cela en travaillant quatre heures par jours; voilà dans notre organisation ce que seront et feront ce genre de paresseux plutôt roublards.

Voilà pourquoi nous ne promettons pas l'obligation au repos parce que nous ne pourrions pas tenir notre promesse, mais nous donnons plus de loisirs et plus de liberté aux sacrifiés de votre société (beaucoup honnêtes) qui n'ont pour perspective qu'un travail obligé par misère et encore très aléatoire.

88. *L'Economiste.* — L'homme ne travaille énergiquement que lorsqu'il est libre, c'est-à-dire que lorsqu'il travaille pour lui-même et non pour les autres.

R. — Voilà qui est bien dit et qui condamne le patronat, et si je n'étais persuadé que vous n'êtes pas anarchiste, je vous renverrais à Bondareff, à Tolstoï, qui, plus conséquents, « ne veulent même pas manger le pain récolté par un autre ».

Le Patronat est donc mauvais pour deux raisons: parce qu'il tyrannise, et aussi parce qu'il paralyse l'énergie, voilà un point d'acquit. Donc le petit patronat devenant de plus en plus rare, écrasé par le gros, la révolte du travail contre le capital s'explique, et les associations, les coopérations partielles ainsi que les grèves se justifient.

89. *Tous.* — Oui ! Oui ! Oui !

R. — Il ne s'agit plus que de s'entendre sur le plus ou moins d'extension à donner à *ce principe d'association et de coopération* pour l'intérêt général.

90. *Un Radical.* — Je vous vois venir : mais l'association libre respecte l'individualisme; n'ayant pas l'inconvénient du patronat, elle conserve le nerf de la concurrence que votre étatisme détruit radicalement.

R. — On a beaucoup vanté la concurrence comme étant le stimulant poussant au progrès, et nous avons vu (*Mal social*) (1) ce que l'individualisme à outrance mis à l'essai depuis un siècle a donné: Beaucoup de produits mauvais, malsains, quand ils ne sont pas empoisonnés, une profusion de produits inutiles nécessitant

(1) Première partie. *Progrès.*

un outillage dont l'alimentation et l'entretien sont ruineux ; un abaissement complet de l'état moral des esprits, la dépopulation par la misère, enfin des suicides très fréquents et souvent par familles entières.

Il arrivera aux associations ce qui est arrivé pour les patrons dans votre société, les petites seront écrasées par les grosses et laisseront sur le pavé végéter des milliers de besogneux, il n'y aura rien de changé.

Les grandes associations commerciales, industrielles ne sont-elles pas en guerre ouverte avec les moyennes et les moyennes avec les petites qui, à leur tour, écrasent le petit patronat. C'est une guerre à mort.

Et pendant ce temps est-ce qu'on se préoccupe de la misère qu'elles laissent autour d'elles? Se préoccupe-t-on aussi des sans travail (comme en Amérique), nation soi-disant libre où l'on voit 30,000 prolétaires réclamant du pain au sein de l'abondance du produit.

Non, ce n'est pas encore là (la solidarité) la preuve : Que font les Etats en face de ces revendications légitimes de la faim.

Ecoutez ce que répond la nation la plus libre de la terre : *Nous considérons ces bandes comme des vagabonds, et nous userons de la force de la loi pour réprimer, s'il y a lieu, le moindre signe de révolte.* Des vagabonds... Vous entendez.

Le canon, toujours le canon. Voilà le remède ! dans la grande Amérique, les associations ouvrières vaudront-elles mieux? seront-elles animées d'un esprit moins égoïste ? Se préoccuperont-elles des intérêts de la nation et avec elle l'Etat peuple sera-t-il souverain ? Allons donc !... Ce quatrième Etat qui en ce moment s'annonce par les grèves, devenu capitaliste, fusionnera avec les trois autres, et le peuple, encore une fois dupé, rentrera dans un esclavage antique — l'esclavage en masse broyé par la machine.

91. *Un Ouvrier.* — C'est déjà ce qui est !...

R. — Pendant que nous tenons le suffrage universel, agissons donc sans retard, comme en 1789, trouvons la formule de nos justes revendications, et réclamons de nos députés, en face des Parlements, la même énergie de Mirabeau en face du Roi ; Mon vœu ! mon vœu ! (1)

92. *L'Opportuniste.* — Très bien dit. Mais une formule comme celle que vous demandez, déduite des études du peuple, ne peut être acceptée et posée qu'après débats fort longs : où viendront se placer des autorités comme Jules Simon, Thiers, Gambetta, etc, armés d'une logique très savante, attaquant votre système dans ses bases, ce ne sera plus à de petites critiques de détails comme en peuvent faire les ouvriers, vous vous trouverez face à face avec l'érudition, avec la science et il faudra bien répondre.

R. — Vous me décontenanceriez, si je ne m'y étais préparé.

Quels sont donc ces arguments si extraordinaires auxquels il faut répondre ?

93. *L'Erudit* (Ouvre son livre) (2). — Citoyens : Ecoutons Jules-Simon, ce qu'il pense de l'étatisme : Sous ce régime pourrais-je refuser au maître, quel qu'il soit, que la constitution me donne, et aux règles quelles qu'elles soient qu'elle me prescrit ?

— *Pourrais-je chercher dans la liberté du foyer domestique un asile contre l'oppression du dehors?*

— *Que serais-je pour ma femme et mes enfants soustraits à mon autorité et à ma protection.*

— *La nature s'accommoderait-elle de cet Etat?*

— *Quoi ! la nature et la justice souffriront qu'on m'arrache à mon œuvre, à mon génie, à ma conviction politique et religieuse, à mes affections? Quoi ! il faudra me reposer sur ce maître quel qu'il soit non seulement de ma destinée mais après moi de ma femme et de mes enfants ?*

Nota.— Je crois, citoyens, qu'on ne peut rien dire de plus serré contre la liberté et la propriété privée (3) ; et pourtant c'est lui qui va me fournir mes meilleurs arguments.

(1) Voir ce vœu à la fin du volume.

(2) Baudrillard, Jules Simon, Thiers.

(3) Chose incroyable. C'est Jules Simon qui introduisit le premier le principe des lois obligatoires avec la conviction qu'elles entreraient dans les mœurs (Discours de J. Simon a la chambre des députés (1849).

R. — En général, tous ceux qui combattent le collectivisme veulent quand même l'accuser d'attaquer absolument la liberté et la propriété indivividuelles. Ils ne voient pas que l'individualisme et le collectivisme ont toujours marché à côté l'un de l'autre dans n'importe quelle organisation sociale, et plus que jamais dans la société actuelle où ils se rencontrent continuellement.

Voici ce que dit : Jules Simon à ce sujet :

La propriété est naturelle dans son principe, et artificielle dans ses applications.

Et bien, qu'est-ce que cela veut dire? si ce n'est qu'il faut que l'homme sépare l'absolu quand il rentre dans la pratique des faits, or si la propriété doit être artificielle dans la pratique, pourquoi ne pourrait-on pas mieux, et plus raisonnablement, la régler qu'elle ne l'est par la législation actuelle ? Par exemple, par nos lois obligatoires.

Jules Simon ne s'explique pas sur ce point, il dit encore :

Il faut que des lois empêchent le gain illicite ou excessif assurant la vie de chacun. C'est ce que je fais avec la valeur temporaire de l'or, mais lui ne donne pas le moyen.

Pourquoi s'est-il arrêté en si belle route.

Peut-être s'il avait lu mon Plan social, n'aurait-il pas combattu l'étatisme avec tant d'acharnement, il se serait rappelé que c'est lui-même, qui, en France, a ouvert l'ère de ces lois, l'instruction obligatoire pour tous, puis vint après le service obligatoire.

Voyons ce qu'a de si effrayant l'étatisme.

Jules Simon parait se plaindre de la perte complète de sa liberté individuelle, par la large application que donne notre système à la liberté collective.

Mais il y a erreur. C'est qu'il ne tient aucun compte de la liberté morale que la collectivité ne peut atteindre d'abord, et du temps relativement court demandé par *l'impôt travail.*

Il dit encore : « *La vraie égalité est celle des droits et des devoirs.* »

Eh bien, nous n'en demandons pas d'autres, et si l'on

est disposé à les remplir, je ne vois pas où il y a contrainte (1). Lorsque l'on sonde la pensée de Jules Simon, on est tenté de le croire anarchiste. Il veut pouvoir se refuser d'obéir à un maître, quel qu'il soit, à une règle quelconque, mais l'anarchiste ne parle pas autrement et agit de même. Ni Dieu ni Maître. Ces contradictions que l'on rencontre dans les paroles d'un homme comme Jules Simon, montrent bien qu'il faut abandonner les extrêmes en sociologie, et c'est à cela que je me suis surtout attaché dans mon Plan social.

Parlant du foyer domestique... Jules Simon dit encore :

— « *Où serait ma liberté, où trouverais-je un asile contre l'oppression du dehors?*

— « Que devient mon autorité, ma protection sur ma femme et mes enfants ? »

Il faut convenir que ces droits insensés du père, croyant à une autorité absolue sur ses enfants est au xxe siècle au moins extraordinaire. Où trouver ce droit dans la nature ? La mort n'anéantit-elle pas ces orgueilleuses prétentions ? D'ailleurs, dans l'organisation sociale actuelle, n'est-ce pas à l'Etat que le riche demande protection pour garantir sa fortune, et le pauvre ne tient-il pas lui-même sa sécurité de la paix dans l'Etat ? Il n'y a donc pas à en sortir, on ne peut se passer de l'Etat, et si le problème est qu'il y en ait le moins possible, eh bien ! c'est d'être l'Etat nous-même. Le collectivisme, dans notre système, remplit ce but, il ne s'agit pas de la sécurité de un ou de quelques-uns : *mais de tous*, nous l'avons déjà dit, *l'Etat c'est nous.* Nous devons être plus fort que l'individu et les collectivités partielles d'individus. C'est pour cela que nous combattons les lois qui livrent la masse du peuple aux plus forts ou aux plus chanceux, pas de féodalités, pas d'oligarchies, le mal dont nous souffrons est là : il n'est pas ailleurs.

— La nature, dites-vous, s'accommodera-t-elle de cet Etat peuple ?

(1) D'ailleurs, la vraie liberté ne consiste-t-elle pas à pouvoir obéir à une loi qu'on peut enfreindre (Bossuet).

— Et pourquoi pas ? Pascal que je me plais à citer quelquefois à cause de sa puissante logique dit : « Chacun tend à soi, cela est contre tout ordre. Il faut tendre au général, la pente vers soi est le commencement de tout désordre, en guerre, en police, en économie. »

— Et il ajoute encore : « si les membres des communautés civiles, la famille au premier degré du principe communiste, tendent au bien du corps, les communautés elles-mêmes doivent tendre à un autre corps général : C'est l'humanité. »

C'est bien là notre pensée et c'est là où je ne comprends plus Jules Simon, il n'ose être franchement anarchiste, et il veut continuer l'évolution sociale, en s'appuyant sur des lois répressives, ayant peut-être eu leur raison d'être à l'origine des sociétés, mais qui tombent fatalement devant la civilisation, la science et la morale.

Il ne tient aucun compte des progrès de la philosophie moderne qui a découvert à l'homme le côté moral de son être (1) et qui, d'accord avec le fond de toutes les religions, rejette l'égoïsme et les lois qui forment son cortège. Lois sauvages et barbares, qui ont toujours été jusqu'alors les bases de l'édifice social. Je veux dire : *La loi du plus fort et du plus chanceux.*

Et la preuve que la nature ne s'accommode pas de ce système, c'est qu'en Amérique, nous l'avons vu, ces droits laissent des milliers de sans-travail, sans pain, et l'on n'a à leur offrir que du plomb. Convenez avec moi qu'il est difficile, à ces malheureux, de s'accommoder de ce système.

Ce triste fait est plus éloquent que la crainte de J. Simon. « Croyez-vous que la nature s'accommodera de votre étatisme ? » Nous, au moins, nous ne recevons pas, au milieu de l'abondance, les affamés à coups de canon, nous

(1) Je dis philosophie moderne, parce que Jésus-Christ, ce philosophe toujours jeune est encore aujourd'hui *l'esprit nouveau*, car qu'on l'observe bien : ce n'est pas son esprit qui a dominé les sociétés jusqu'à nos jours, c'est toujours *l'esprit ancien*. J'ai donc raison de dire qu'il est toujours jeune, et le sera probablement longtemps encore.

leur donnons le *Droit de vivre*. Il me semble que c'est plus humain, si ce n'est pas plus naturel.

Voyons, Monsieur l'érudit, les progrès de l'homme ne changent rien aux lois naturelles, mais ils appliquent ces lois aux transformations que subissent les êtres susceptibles d'évolution. C'est ainsi que la lutte pour l'existence est individuelle et familiale dans son principe à l'origine des sociétés ; de nos jours, elle est associée et collective dans beaucoup de cas, elle sera bientôt de nation à nation, jusqu'au moment, comme le dit Pascal, où elle constituera un corps général qui sera l'humanité affranchie.

Ce jour-là, l'homme ne sera plus en guerre avec l'homme. Confirmant ces paroles de l'Ecriture (Le règne de paix) (1), c'est-à-dire le triomphe définitif de l'esprit sur la matière. Il ne restera plus que des luttes morales, les seules vraiment dignes de l'homme et suffisantes pour son édification.

Eh bien, où voit-on, dans mon Plan social, que j'arrache à l'homme son œuvre, son génie, sa conviction politique et religieuse, ses affections ? Le malheur peut atteindre tout le monde. Trop heureux, M. Jules Simon, s'il vous fût arrivé, comme à tant d'autres, de perdre votre fortune, de trouver une organisation sociale qui mît à l'abri de la misère noire, votre femme et vos enfants, affranchis ainsi de la tyrannie du sabre et de l'or, plus sûrement et plus dignement que par la charité publique.

D'ailleurs, n'est-ce pas lui qui a dit : « Le droit de vivre n'est pas une objection contre le principe de la propriété, mais contre toute organisation de la propriété

(1) On a beaucoup dit sur ce mot. « Jésus dit que ce n'est pas la paix qu'il apporte *sur terre c'est la guerre* ». La paix, dit-il, est pour les hommes de bonne volonté ; et il sait combien il y en a peu et que ses préceptes ne feront que les irriter, mais il sait aussi que le triomphe de la vérité sur l'erreur doit arriver sur la terre. « Que votre règne arrive sur la terre comme au ciel ». Nous en approchons et c'est la guerre de plus en plus meurtrière qui amènera ce règne de paix prédit. C'est ainsi qu'il faut interpréter ces sages paroles du plus grand des prophètes.

qui ne le reconnaîtrait pas. » Quelles contradictions on trouve chez ces grands savants !

— Citoyens ! ce qu'il importe de faire, ce sont de bons citoyens. Pour moi, est bon citoyen celui qui, acceptant le droit de cité, se conforme aux lois votées par les majorités et travaillant sans cesse à leur perfection, sans ambition, a le seul désir d'être utile, non à soi, mais à tous. Celui encore qui contribue à l'amélioration du sort de chacun. Celui enfin qui, écartant tout esprit politique dans le but de sa conservation, se dévoue corps et âme au bien-être de tous.

Le vrai modèle du citoyen, c'est le *Christ*, son génie a traversé les siècles, il a montré comment on doit, sans perdre sa dignité, agir en face des lois humaines, quelles qu'elles soient. Ses principes reposent entièrement sur la liberté morale que rien ne peut atteindre et ses convictions sur un idéal absolu.

« Rendez à César ce qui appartient à César, et à Dieu ce qui appartient à Dieu. » C'est-à-dire, rendez aux hommes ce qui appartient aux hommes. Il détachait ainsi l'abstrait du concret. Jésus n'a pas peur, comme Jules Simon, qu'on lui arrache son génie, son œuvre, ses convictions, ses affections, l'autorité ne le gène pas, il s'y soumet volontiers. *Voilà le vrai citoyen*, l'avenir est au progrès. Agir autrement, c'est l'anarchie.

Ce qu'il importe, dans un Etat social, ce n'est pas un système qui laisse une entière liberté individuelle, chose impossible, mais bien celui qui laisse le plus de liberté individuelle possible, en accord avec la nature physiologique et psychologique de l'homme.

Or, la société actuelle ne s'en soucie aucunement, moi c'est ce qui me préoccupe le plus.

94. *L'Erudit.* — Gambetta, voilà un tribun malheureux, toute la fortune et l'infortune est dans ces deux phrases :

« L'ennemi c'est le cléricalisme. » « Il n'y a pas de question sociale ; il y a des questions sociales. » Mots funestes.

95. *Un Opportuniste.* — Il avait raison. Il n'y a pas à répondre aux critiques de Gambetta sur l'étatisme, il

n'en a jamais parlé, pourquoi le faire entrer dans cette polémique ?

R. — S'il n'en a jamais parlé, sa politique a entravé, et entrave encore, toute tentative un peu sérieuse de progrès, et à ce titre, je ne puis me taire, puisqu'on a prononcé ce nom.

On a marché et on marche encore avec cette forme politique, toujours la même, quoique changeant de nom. Opportunistes, possibilistes, progressistes, radicalistes, c'est-à-dire reculer l'étude de la question sociale par le peuple, et se renfermer *dans l'action politique pure et simple.* Je le demande, à quoi a abouti cette politique ?

Une Voix. — A sauver la République et à reculer les réformes.

Le Conférencier. — Cette politique de Gambetta, ce républicain bourgeois parvenu, convenait admirablement à la bourgeoisie enrichie sous les règnes de Louis-Philippe et de Napoléon III, ce fut son succès. Cette République opportuniste, conservatrice qu'il a fondée, a été la continuation de ces deux règnes, mais elle ne peut convenir aujourd'hui à ceux qui, dans la République, voient autre chose qu'un mot. Pour que le peuple prenne confiance, il faut lui prouver nettement ce que l'on veut et un moyen sûr d'y arriver. Jusqu'ici la République a beaucoup souffert de cette politique indécise, car à partir de ce moment, une scission funeste s'est faite dans tout le parti républicain. Profitant de cette scission, le parti conservateur s'est dit : Puisqu'il n'y a pas *de question sociale*, qu'il y a des questions sociales, nous pouvons tous être socialistes, et l'on vit les Rois, les Empereurs et même le Pape, devenir plus socialistes que le socialisme même. Le peuple se sentant joué perdit confiance, ce fut un véritable désarroi.

Puisqu'il n'y a pas de question sociale, se dit-on, c'est que « Tout est pour le mieux dans le meilleur des mondes possible » et puisqu'il n'y a rien de parfait ici-bas, quelques emplâtres opportuns suffiront, et c'est à ce moment qu'on vit apparaître la terreur anarchique. Un moment on sauta au son de la dynamite.

Depuis, la guillotine a bien abattu quelques têtes : Ravachol, Vaillant, Emile Henry, Caserio, etc., mais sans profit pour la République, au contraire.

Voilà où nous a conduit la politique opportuniste (1) qui veut dire : Ne combattre aucune doctrine, mais les amortir toutes.

96. *L'Erudit.* — Mais voici un adversaire, Thiers, autrement plus dificile à combattre que Gambetta ; comme Jules Simon, il critique l'étatisme, le droit au travail et toutes les utopies jacobines. Voici ce que dit M. Baudrillard, économiste.

R. — Si vous voulez me le permettre, avant cette discussion, je vais dire ce que je pense de ce grand petit homme politique, qui incarne la bourgeoisie parvenue, et qui connaissait les paroles prophétiques de Robespierre (2) puisqu'elles figurent dans sa Révolution française.

Il n'en continua pas moins à combattre le socialisme, bien qu'il fût persuadé que seul il pouvait faire arrêter le mouvement de décomposition où nous a conduit fatalement le capitalisme. Lorsque l'on songe au bien qu'il aurait pu faire, et au mal que sa politique qui a dominé et domine encore a fait à notre pays, on ne peut y croire.

(1) Cette formule qui eut tant de succès à ce moment était politiquement très adroite, mais ne convenait pas à un homme de principe, c'est ce qui perdit Gambetta.

Aujourd'hui, on ne dit plus : « Il n'y a pas de question sociale, mais il y a des réformes à faire, » et c'est au parlement qu'incombe le soin de les discuter, on pourrait dire de les étudier, car ils en ont tous une, au moins, dans leur portefeuille, de là le gâchis que nous connaissons, de là il ressort que l'opportuniste persiste à maintenir la méthode des emplâtres sociaux, et le radicalisme les palliatifs anodins.

Le socialisme seul attaque méthodiquement et par petites doses énergiques le virus. Il est seul scientifique, et voilà pourquoi il a tant d'hésitants parmi le peuple, tant de contradicteurs dans la classe instruite, et tant d'ennemis dans l'aristocratie. Cette dernière surtout (en possession de l'or), corruptrice et orgueilleuse, à tout prix ne veut rien changer à une organisation qui lui assure, avec de nouveaux titres, tous les privilèges que 1789 lui avait ôtés.

(2) Voir plus haut les Encyclopédistes.

Le temps n'est pas éloigné où le peuple, vraiment français, verra clair dans le jeu des politiciens qui se font suite depuis notre glorieuse Révolution, et il maudira ces hommes qui, pour arriver au faîte de leur ambition, louvoyant sur leur mandat, nous ont livré corps et âme dans les griffes des tyrans modernes. Sortis du peuple, devenus des flatteurs, ces hommes arrivés au pouvoir après nous avoir leurré de belles promesses, après avoir usé de tous les gouvernements et jeté la confusion dans les esprits, nous laissent quoi !... Trois révolutions politiques terribles, deux invasions *et un honteux pacte avec le Veau d'or* ; et finalement une anarchie dont ils ont préparé la voie par un individualisme outrancier et dont nul ne peut prévoir les conséquences. Voilà leur œuvre... Ennemis des Rois, ennemis de la République, ennemis du peuple, ces politiciens se plaisant dans le désordre, déchaînent les passions, tout en affectant hypocritement être les soutiens de l'ordre morale.

Écoutons donc ce petit homme et voyons comment il combat le socialisme. Nous verrons, quoique sortant de la plèbe, que cet homme appartient bien à la race des despotes et des aristocrates de tout acabit, qui placent, entre le peuple et eux, une barrière que notre temps, contre leur gré, les oblige à cacher sous le masque de l'hypocrisie.

Mais consolons-nous, la victoire n'est plus au canon ni à la bombe : elle est à l'argumentation ; et malgré tout ce que les ennemis du progrès pourront faire à l'aide du journal, du livre, etc., pour rendre les effets de l'instruction obligatoire nuls, jetant à plaisir la confusion et le désordre dans les idées, le triomphe est assuré.

Le prolétariat instruit augmente tous les jours, il sera bientôt à son tour légion ; et dans la bataille intellectuelle qui se prépare, s'il sait se rapprocher de l'ouvrier, qu'il sache s'unir à lui dans une même pensée, le succès est certain.

On se souviendra des cahiers de 1889 et par une formule simple le peuple dira ce qu'il veut.

« Oh ! peuple de France ! souviens toi ! on se remue pour te leurrer. Méfie-toi ! Ta liberté n'a jamais été plus en péril, la contre Révolution va tenter un dernier coup. »

L'Angleterre est aujourd'hui la métropole de l'or ; elle joue le rôle de croquemitaine, elle est le rendez-vous des capitalistes de toutes les nations. Ne te laisse pas détourner de ton but par des cris de guerre. Souviens toi que l'ennemi, le véritable ennemi *c'est le capitalisme* qui règne partout sur le monde, et que le socialisme seul peut vaincre à cause de son grand principe fondamental : la *solidarité humaine.*

97. *L'Erudit.* — Revenons à la discussion.

Vous êtes un utopiste : je vais le prouver.

Voici des objections contre le travail obligatoire que je trouve dans Baudrillard, et que Thiers lui-même a approuvées, qui renversent votre étatisme (1).

« Ces utopistes, dit Baudrillard, qui ont jeté le trouble dans une foule d'esprits, les uns s'adressant à la grossière ignorance et faisant appel à la base cupidité, les autres s'adressant à des intelligences souvent élevées et faisant appel à de nobles sentiments, ne sont point complètement morts ainsi qu'on le croit communément. »

Leurs partisans, il est vrai, ne forment plus de masses complètes, mais les principes sur lesquels sont fondés ces systèmes déplorables continuent de s'infiltrer dans toutes les classes de la société en corrompant les esprits, et en pervertissant les âmes, de là la *nécessité d'en discuter les principes et d'en montrer l'inanité.* »

R. — Très bien, messieurs les savants, vous reconnaissez au moins la nécessité de discuter nos principes ; nous sommes prêts : voyons ces fameux arguments.

98. *L'Erudit.* — N'avez-vous pas pour formule : *Tout*

(1) Je me suis approprié ce mot, parce qu'il répond entièrement à ma pensée qui est la même que celle de Fourier. L'Etat *c'est nous*, autrement dit, la collectivité aussi étendue que l'on voudra — Les critiques de Thiers que présente M. Baudrillard répondent aux idées générales des socialistes du temps de Thiers (1848) et sont encore de l'actualité.

à tous et le produit du travail de tous également réparti entre tous.

Une Voix. — Formule du communisme c'est possible, mais pas de l'Étatisme collectivisme qui est : *Chacun pour tous et tous pour chacun.*

R. — Permettez, citoyens, ceux qui ont lu mon Plan social savent que je rejette tout absolu de mes combinaisons. Or le communisme isolé est un système absolu, comme l'anarchie en est un autre (1). Je n'ai pas adopté la formule Tout à Tous, parce qu'elle n'est pas claire en elle-même. En effet, dans la société actuelle, Tout est aussi à Tous, c'est-à-dire à qui sera le plus habile, le plus fort, et le résultat est des milliers de malheureux. — Ma formule est, comme on vient de le dire, chacun pour tous, tous pour chacun — mais il n'est nullement question d'égalité de fortune, ce n'est plus une guerre à mort entre les individus, on n'affame plus. Voilà le grand point. Nous y reviendrons.

99. *L'Erudit.* — Vous avez beau dire collectivisme, étatisme ou communisme c'est la même balançoire.

Toutes ces formes du socialisme, en somme, n'en font qu'une. Mais toutes sont amenées par la logique à supprimer la propriété individuelle, à restreindre la liberté de chacun et à toucher à l'organisation de la famille.

R. — Voyons cette logique des faits, que désignent saint Paul et beaucoup d'autres saints collectivistes et communistes par principe, comme des destructeurs de la famille (2).

Bien que nous ne soyons pas aussi exclusif que ces vénérables saints, nous n'apercevons pas en quoi le

(1) Mais entre ces deux absolus se place la réalité qui est l'étatisme, c'est-à-dire l'entente de tous par la solidarité.

(2) Saint Paul demandait que le riche donne son superflu aux pauvres : « Contentez-vous, dit il, du logement, du vêtement et de la nourriture. » Evidemment ces dons répartis sur une vaste échelle obligent à une réglementation qui ne peut devenir autre qu'un Etat dans l'Etat (à moins que l'on ne regarde saint Paul comme anarchiste) et finalement l'Etat lui-même.

Saint Chrysostome est communiste égalitaire. Il vaudrait mieux, dit-il, que tous les biens fussent en commun.

communisme même par s'attaque à la propriété privée et à la famille ; nous voyons là, au contraire, un frein aux abus de la propriété privée, une aisance à tous donnant plus de liberté et permettant d'élever sa famille en contribuant, au contraire, à son développement ; je vais le prouver.

Pour cela, revenons à mon plan social où l'individualisme, le communisme et le collectivisme sont adoptés comme trois facteurs inhérents à toute société humaine.

D'abord, la dette sociale payée, on reste propriétaire de ce qui revient à chacun, c'est-à-dire la retraite obligatoire ; là au moins on n'est pas propriétaire aux dépens des autres comme dans le système actuel où on n'attaque pas soi-disant directement le droit de propriété, mais on le livre au hasard du jeu, comme on le ferait au hasard des batailles, ce qui met les individus en perpétuelle guerre *Homo homini lupus*.

Et comme ce système expérimenté depuis un siècle a donné pour résultat une oligarchie financière, association occulte protégée par l'Etat et liée par l'intérêt individuel : Que cette oligarchie est devenue tellement puissante et despotique que peuples et gouvernements sont à sa merci, il en est résulté que, par un retour des choses d'ici-bas, les peuples à leur tour n'entendant pas par droit de chance, pas plus que par droit de guerre, *être esclaves*, réclament à l'Etat qui est aujourd'hui *le peuple souverain* des lois qui les protègent contre la rapacité des uns et la brutalité des autres.

Ils ne veulent plus de prolétariat, c'est-à-dire de malheureux condamnés fatalement, par ce système, à une gêne perpétuelle et souvent à la plus affreuse détresse.

Toutes les raisons de respect du droit de liberté individuelle absolue et de droit de propriété également absolue est un mensonge social que l'expérience des siècles a confirmé.

100. *L'Anarchiste*. — Ce sont les conséquences de toutes luttes.

Une Voix. — Sauvage peut-être !...

R. — Ne confondons pas, ce n'est pas une lutte, c'est une guerre.

Que conclure : c'est que sociologiquement parlant, le droit du plus chanceux ne vaut pas mieux que le droit du plus fort ; et qu'un système basé sur ces principes est fatalement condamné l'expérience faite, par la justice et la morale.

Si l'étatisme touche à la propriété individuelle, c'est dans la juste mesure indiquée par Jules Simon, et il a l'avantage de régler au mieux l'intérêt de tous.

Quant à la liberté individuelle on peut prouver par mon organisation « qu'une somme de liberté beaucoup plus grande incombe à chaque citoyen. » Qu'est ce que c'est que quatre à six heures par jour de travail et dix à quinze ans dans la vie pour avoir sécurité pour soi et ses enfants ?

101. *L'Erudit* (En riant). — C'est beau sur le papier.

R. — Ce n'est pas un argument cela :

Mais voyons, vous qui me critiquez avec tant d'acharnement, quelles chances d'affranchissement offre le système actuel aux individus ?

— Le patronat me direz-vous ? Oui parlons-en, il n'est plus possible que pour quelques-uns.

— L'épargne ? — La baisse continuelle de la rente la rend dérisoire. Jugez : quel capital il faut même, pour s'assurer un morceau de pain.

L'héritage ? Vous l'accaparez par le viager, en forçant par gène le malheureux vieillard à déshériter ses propres enfants.

Voilà les chances de propriété du pauvre quand il ne laisse pas pour héritage *la misère noire.*

Voyons maintenant ce que devient la liberté individuelle dans votre organisation sociale.

L'expérience en est faite : Quelques individus, sous la protection d'un droit prétendu naturel, droit purement anarchique, deviennent les maitres de la terre en affamant les gens tout comme les conquérants en les tuant — Voilà la liberté individuelle.

Heureusement, ces vieux restes de sauvagerie et de barbarie s'usent et ne conviendront pas longtemps à notre civilisation moderne — Le temps est passé pour les spadassins, le temps passe aussi pour les roués et les agioteurs.

102. *Un Conservateur.* — Et vous croyez remédier à cela ?

R. — Certainement : Les lois préventives dont Jules Simon nous a fait entrevoir l'ère couperont court à ces abus en donnant à tous *le droit de vivre.* C'est ainsi seulement que l'on pourra conquérir *la liberté de ne plus crever de faim.*

Nous détruisons, dites-vous, la famille ? Je ne vois pas comment, puisque nous assurons à tous au moins le pain quotidien.

Mais remarquez, citoyens : Ce sont les riches qui crient le plus fort — vous détruisez la famille !... ; et ce sont ceux qui s'en soucient le moins, non seulement ils font peu d'enfants ; mais ils ne prouvent point non plus qu'il leur sont plus attachés, les internats en sont la preuve, ils se débarrassent plus facilement de leurs enfants que les pauvres, et le souci de la famille pour la majorité des riches passe en deuxième et souvent en troisième plan.

Les plaisirs mondains, la soif de l'or les absorbent bien davantage que le populo. Ils sont Saint-Simoniens par excellence, l'adultère est chez eux du meilleur goût, ils tiennent cela de leur alliance avec la noblesse Louis XV. Pour eux ce sont des plaisirs de Roi !... Qu'ils nous laissent donc tranquilles avec leur destruction de la famille, les pauvres leur montrent tous les jours l'exemple en élevant eux-mêmes leurs propres enfants.

En résumé, je ne détruis pas la propriété privée, je la règle : je ne détruis pas davantage la liberté individuelle, je la modère, je ne détruis pas la famille, je l'affranchis en donnant au peuple simple et honnête le moyen d'élever ses enfants, et en détruisant cette perpétuelle gêne, source de querelles, cause si souvent de rupture dans les meilleures unions de prolétaires.

Je sais bien que vous ne vous tenez pas pour battus. Vous allez vous ressaisir ailleurs.

103. *Le Conservateur.* — Mais puisque vous n'acceptez pas l'égalité des salaires, comment ferez-vous pour empêcher le retour des mêmes abus, car il ne suffit pas de décréter *l'abolition de la propriété*, il faut encore l'empêcher de renaître?

Or, pour atteindre ce but, il est nécessaire de *refondre* de fond en comble l'organisation sociale et de décréter une série de mesures monstrueuses en l'absence d'une seule desquelles tout votre système croulerait immédiatement?

R. — Vous y tenez : encore une fois, nous n'abolissons pas la propriété individuelle, nous l'étendons au contraire puisque tous deviennent propriétaires; si vous voulez dire que nous détruisons la propriété illimitée, oui! et c'est précisément pour empêcher le retour de ce monstrueux abus dont nous connaissons les conséquences que nous avons fait la loi de la valeur temporaire de l'or afin de limiter la thésaurisation.

Arrêter l'abus d'une chose n'est pas la détruire. Je ne vois donc pas ce qu'il y a *de monstrueux dans* ces mesures préventives

L'une oblige (1) comme tout impôt le citoyen et la citoyenne à payer sa dette à la société qui, en retour, lui assure le droit de vivre; l'autre (2) empêche outre mesure l'abus de l'enrichissez-vous tout en respectant l'initiative individuelle et la liberté du travail libre où chacun peut augmenter son avoir s'il lui plaît.

Donc pour atteindre le but que je me propose, il n'est pas nécessaire de tout refondre de fond en comble.

Il suffit de continuer les sages réformes déjà commencées dans cet esprit. Après l'instruction obligatoire, l'apprentissage, après l apprentissage, le travail voilà tout.

Du reste tout y tend, les grandes sociétés capitalistes, les associations ouvrières, les sociétés coopératives, les

(1) Voir *Mal social*, travail obligatoire, page 42.

(2) Voir *Mal social*, valeur temporaire de l'or, page 54.

assurances, etc. sont autant d'essais isolés dont les grandes collectivités qu'on appelle nations seront forcées de s'emparer pour pouvoir gouverner. — Les grèves ne sont que le commencement de ces justes revendications — c'est l'Etat peuple qui cherche à poindre dans un mouvement de solidarisation général.

104. *Le conservateur.* — Alors ! de quoi vous plaignez-vous, tout va bien, laissez faire, laissez passer !...

Une voix... On la connaît.

Alors, monsieur le Conférencier, dans votre système l'Etat est propriétaire de toute chose ?

R. — Non, Monsieur, pas de toutes choses, de *ce qui est utile à la collectivité pour le bien de tous*; mais il n'a aucun droit sur ce qui est personnel, moins certainement que le propriétaire actuel qui a tout pouvoir sur son locataire.

105. *Le Conservateur.* -- C'est l'Etat qui assigne à chacun sa fonction, son travail, sa tâche, qui met à sa disposition les capitaux nécessaires,c'est-à-dire les outils nécessaires au travail puis qui recueille tous les produits et enfin qui les distribue entre ceux qui ont contribué à les créer.

R. — Oui, et je ne vois pas quel inconvénient résulte de cet arrangement, le personnel organisateur ne fera jamais défaut ; et dans les conditions de quatre heures par jour, on ne manquera pas d'exécutants, surtout en vue d'une retraite assurée et garantie entièrement par *l'Etat même.*

106. *Le Conservateur.* — Vous avez dit que la diversité des professions était une condition nécessaire pour toute société qui veut vivre en dehors de la barbarie. C'est bien. « Mais, quoi que l'on fasse, la seule diversité des professions constituera nécessairement par elle-même une série d'inégalités. On n'empêchera pas que tel travail soit tenu en plus grande estime que tel autre. »

R. — Il n'est pas question, dans mon organisation, de toucher aux inégalités naturelles; celui qui est fort reste fort, celui qui est intelligent, génial même, reste intelligent et génial, on ne cherche pas à atrophier ni à hypertrophier les cerveaux (1) comme vous le faites, pour les intellects, ni les corps comme par vos travaux forcés à perpétuité, on ne force pas par misère un être faible à faire des travaux au-dessus de ses forces ; on ne fait pas courir un obèse, ni on ne force pas un étique à l'inaction ; on n'empoisonne pas le génie dans un bureau ou dans une mansarde, où il meurt d'anémie ou de consomption, non. Ce n'est plus un *travail forcé par misère*, c'est une dette de travail obligée par impôt, et quel que soit ce travail, il ne dure, nous l'avons dit, qu'une partie très limitée de la vie, et une partie très limitée aussi de la journée, chacun peut donc ainsi concourir au travail libre pour l'état qu'il préfère le plus. Mais il est juste au moins que l'on prouve qu'on est *capable pratiquement* de faire cet état.

107. *Le Conservateur*. — Vous aurez beau faire, l'esprit de l'homme est ainsi fait *qu'il honorera* toujours le travail du grand artiste, du grand écrivain, etc., et qu'il le mettra au-dessus du forgeron ou du simple manœuvre, quelque utile que soit celui-ci. Le travail que peu d'hommes peuvent faire sera toujours plus estimé que le travail qui ne réclame que des efforts musculaires.

R. — Personne ne nie cela, mais de même qu'un grand peintre ne fera pas le travail du forgeron fini, de même le forgeron ne fera pas la toile de l'artiste peintre.

Quant à honorer le travail (2), c'est un fait purement moral, chacun peut honorer extérieurement ou inté-

(1) C'est incalculable le nombre de malheureuses victimes de ces examens insensés que l'on exige pour la licence et l'agrégation.

(2) On sait que nous n'acceptons sociologiquement aucune noblesse. Mais les hommages rendus à la mémoire d'hommes que le peuple a reconnus, nous ne les empêchons pas : glorifier, honorer le travail a toujours été notre plus grand désir, c'est dans l'émulation que l'art et la poésie trouvent leur aliment, je ne suis pas non plus un ennemi de la reconnaissance, il ne faut pas confondre le fétichisme que je condamne avec la dette de reconnaissance des peuples.

rieurement toute supériorité, c'est son affaire. Quant à l'estimation intrinsèque, c'est-à-dire la valeur argent de l'homme, c'est autre chose, je me garde bien d'avilir de cette sorte l'homme de mérite : l'honneur, la vertu, le génie, le talent ne se vendent ni ne s'achètent ici. Il faut une organisation sociale corruptrice comme la société actuelle pour voir ces tristes choses : honte! à ceux qui font un trafic de ces dons de la nature, car ils se déshonorent. Honte ! et déchéance aussi à un système qui pousse à de telles corruptions.

108. *Le Conservateur*. — « De plus, à chaque profession correspondent des idées, des goûts, des besoins différents, mais le principe de l'égalité ne peut pas tenir compte de ces différences. Pour couper court à la difficulté, il n'y a évidemment qu'un remède et il est fort simple. Il consiste, comme le voulait Babeuf, à supprimer les arts et les sciences. »

R. — Quelle sottise vous répétez-là ; et quel est l'homme assez simple pour tomber dans ce panneau. D'abord, qui vous *parle d'égalité absolue*. Vous y tenez quand même.

Dans l'organisation sociale actuelle, les hommes de génie ignorés ont tout le temps de végéter, les exemples ne sont pas rares. Vous les confondez sans doute avec les roués, les hommes sacrifiant au succès, mais ces natures ne se ressemblent pas du tout.

Dans notre société, on ne laisse pas le génie mourir de faim, on ne le corrompt pas en attendant que ses idées soient mûres pour l'exploitation, c'est-à-dire pour faire la fortune des brasseurs d'affaires. Si notre société donne de grands avantages aux chercheurs heureux, elle ne laisse pas non plus mourir de faim les vaincus.

Quant aux idées, aux goûts et aux besoins, le travail obligatoire permet, dans les moments de liberté, de s'y livrer mieux que sous votre régime ; le mal de misère n'existant plus, au travail libre, chacun peut suivre ses goûts.

109. *Le Conservateur*. — Résumons : ainsi, nécessité du travail en commun pour prévenir la paresse. Nécessité de la consommation en commun pour prévenir

l'épargne. Egalité dans une demi barbarie pour échapper aux conséquences fatales des inégalités intellectuelles, telles sont les conditions nécessaires de l'établissement de votre étatisme.

R. — Ce n'est pas pour prévenir la paresse que nous faisons le travail obligatoire, puisque chaque individu travaillera moins, c'est pour régler le travail et ne pas le laisser au caprice de chacun, afin de prévenir cet abus de l'individualisme signalé (*Mal social*) (1). N'est-ce pas incroyable cette profusion de produits complètement inutiles, souvent nuisibles et quelquefois mortels ? Dans le système actuel l'individu forcé de travailler par misère s'éreinte pour suffire au luxe et à la paresse des autres. Avec l'étatisme, l'ensemble des individus travaille raisonnablement pour suffire au bien-être de tous et au luxe de la nation. Voilà la différence, non seulement c'est plus juste, mais aussi plus sain, moralement et physiquement.

Quant à la nécessité *de consommer en commun*, je ne vois pas où vous avez vu cela.

Lisez *Mal social*. On ne change rien à ce qui existe, les marchés sont pour tous, seulement, dans notre organisation, tout le monde a de quoi pour acheter, voilà peut-être ce qu'il y a de commun.

Il est vrai que dans la société actuelle, cette communauté n'existe même pas. Celui qui n'a pas d'argent n'entre pas dans le marché des heureux ; mais il a à côté *les arlequins pour le consoler*.

Pour l'épargne, ce n'est pas la consommation qui nous la donne, c'est la production, or, dans le système actuel, le travailleur produit beaucoup, consomme peu, épargne encore moins. Misère et souci : voilà son lot. Dans l'étatisme, la retraite obligatoire pour tous, après dette payée et la rente acquise par le travail libre donnent la sécurité (2) et le droit à tous de consommer

(1) Voir sociologie (*Progrès*).

(2) Messieurs les conservateurs veulent bien cette paix, cette sécurité pour eux et leurs enfants, auxquels ils la transmettent par héritage ; nous, nous la voulons pour tous parce que cette ri-

sans crainte de nuire à soi ni aux siens ; que de soucis de moins ! et quelle différence.

Je ne sais pas ce que vous appelez « cette demi barbarie obligée par la nouvelle organisation sociale ». Mais je vois très bien une barbarie entière, raffinée jusqu'aux ongles, en permanence dans la société actuelle.

Quant aux conséquences fatales des inégalités intellectuelles que vous mettez toujours en jeu, j'ai déjà répondu, les concours y suppléent à chacun selon ses œuvres. S'il se trouve des œuvres inestimables ce n'est pas un million, même un milliard qui pourrait les payer.

Dans l'ordre social, comme dans l'ordre de la nature, le génie doit être à tous gratuitement (1) parce que ce sont des dons donnés en dehors de l'acquit de chacun. Ces supériorités ont, dans l'étatisme, d'autres récompenses que souvent la société actuelle leur refuse.

La plus grande torture des hommes de génie, c'est de les condamner au silence, et dans *votre société on n'y manque pas*. Il leur faut subir les tortures de la nécessité pour que vous puissiez acheter leur œuvre pour une misère et les revendre pour le prix d'un château (2). Allons donc ! Millet ne demandait que le droit de vivre lui et sa famille, et il donnait son génie par surcroît. Voilà des hommes que vous n'avez jamais pu corrompre, qui vous ferment la bouche et qui protestent contre votre *stimulant de l'or*.

L'or est un fumier a dit Zola (dans l'argent). *Oui, mais un fumier qui brûle lorsqu'il n'est pas bien distribué.*

Ce fumier nous le distribuons largement ; et si nous en donnons un peu plus aux uns qu'aux autres, c'est en raison de l'assimilation, et non au hasard, nous ne donnons pas à des nullités des millions à gaspiller, et la misère aux hommes utiles. C'est ce que nous appelons *notre hygiène sociale.*

chesse, qui atteint souvent des millions pour la sécurité des riches, est due au travail collectif.

(1) On doit donner gratuitement ce qu'on a reçu gratuitement.

(2) Millet et son *Angelus*.

L'Economiste redemande la parole :

Je croyais que c'était fini, mais je le vois, la lutte recommence de plus belle.

110. *L'Economiste.* -- Mais enfin la mise en pratique de votre étatisme (du communisme enfin) entraîne certaines conséquences inévitables, soit dans l'ordre économique, soit dans l'ordre moral. D'abord il tue la production, en éteignant toute ardeur pour le travail.

Pour que l'homme soit excité au travail, surtout quand il exige des efforts pénibles, il faut qu'il ait en vue son bien-être et celui de ses enfants.

R. — Vous répétez avec d'autres tournures de phrases toujours la même chose.

Mais alors, quelle contradiction il existe dans votre organisation sociale. Quoi, les efforts pénibles, abrutissants, lassants, ennuyeux, sont les moins payés ; ceux qui les font sont les êtres les plus maltraités sous le rapport de la considération, et la majorité n'a de perspective que la misère ?

Ce n'est pas un travail obligé, c'est un travail forcé par misère que votre organisation offre aux malheureux. Ce serait vraiment singulier que cette multitude de prolétaires affamés rejetassent une combinaison qui leur donne le bien-être, un travail moins long, et une sécurité pour toute leur existence à eux et à leurs enfants ? Vous vous fourvoyez !...

Quant à l'ardeur dans le travail, il y a longtemps que la machine a tué tout zèle et tout goût, la division du travail et la monotonie qui en résulte, ont remplacé l'ouvrier par le manœuvre et c'est bien pour cela que chacun fuit l'atelier. Ne dites donc pas que *réglementer le travail* c'est tuer la production, au contraire, c'est rendre supportable un travail fastidieux nécessaire et c'est le régénérer en le débarrassant, comme nous l'avons montré (*Mal social*), de tous les produits inutiles, malsains et mauvais qui font la fortune de quelques individus et la ruine du plus grand nombre.

111. *L'Economiste.* — Vous dites encore : à chacun selon ses œuvres. Qui fera beaucoup aura beaucoup, qui fera rien n'aura rien.

R. — Je n'ai jamais dit cela : dans mon organisation étatiste, d'ailleurs, on ne peut pas ne rien faire ; ce n'est pas comme dans la vôtre, où celui qui travaille le plus est le moins rétribué. Cette critique n'a donc aucune portée ici.

Chez nous, au travail libre, chacun peut, à sa volonté, augmenter son avoir, et c'est bien juste ; là c'est le talent ou le service personnel que chacun paye comme il lui plaît. Au travail obligatoire, le mérite importe moins, on sait faire quelque chose d'utile, voilà le point. Le travail le plus infime est aussi utile que le travail le plus habile, le temps de l'un vaut celui de l'autre.

Mais, croit-on que notre système étatiste puisse jamais donner l'exemple d'un abus de propriété aussi grand que celui qu'on voit dans le système individualiste ? Ceci mérite un développement.

Imaginez une dizaine d'archi-milliardaires associés. D'après vos lois protectrices, ces nouveaux conquérants de l'or peuvent, par droit d'exploitation, régner en despotes, non seulement sur une nation, mais sur le monde entier. N'y a-t-il pas dans ce fait possible une monstruosité ? (1) Avec mon système, c'est impossible.

Voilà ce que nous combattons victorieusement, tout en conservant le droit de propriété naturelle, car il n'est pas naturel qu'un individu puisse posséder la terre et ses habitants.

« Or, si la propriété est naturelle dans son principe et artificielle dans ses applications, » comme le dit Jules Simon, et moi je suis parfaitement de cet avis, ce n'est pas le droit de propriété que nous contestons, que nous combattons, c'est la nature de la propriété, et l'artifice dont on fait l'application.

Le système individualiste protégé par des lois répressives a donc fait de l'or une arme aux capitalistes. Remettez cet or à la nation *et la rente à l'individu* et vous aurez ainsi rétabli le droit de propriété raisonnable et réduit la puissance du capitalisme, comme 1789 a réduit

(1) Zola dans l'argent fait cette même réflexion.

la puissance du militarisme, en organisant l'armée.

C'est alors que l'on pourra dire : « A chacun selon ses œuvres » et ces œuvres ne seront plus le hasard des combats meurtriers, ni la chance des roulettes et des jeux de Bourse, mais bien des œuvres et des services *sanctionnés et reconnus utiles à la collectivité.*

Comparez les deux systèmes et jugez.

112. *Le Conservateur.* — On n'empêchera jamais des aristocraties de s'établir ?

R. — Non ; mais on peut leur ôter le moyen de corrompre en leur enlevant l'arme qui les rend toutes puissantes.

Le Conservateur. — Rétribuer chacun également, sans avoir égard à la peine, au temps, à l'intelligence, n'est-ce pas une des inégalités la plus choquante ?

R. — Vous y tenez... Encore une fois, l'égalité des salaires n'est pas un principe absolu. Dans l'étatisme, il n'existe qu'au travail obligatoire, notre but est de mettre un frein aux abus de thésaurisation, et la loi qui fixe la durée de la valeur temporaire de l'or suffit en laissant au travail libre une large latitude aux esprits que le gain attire ; nous sommes conséquents avec nous-mêmes, nous ne comptons pas plus que vous sur une amélioration morale rapide de l'homme ; mais en attendant, au moins, nous prévenons l'abus, en en écartant les causes. Vous, au contraire, vous favorisez l'abus, vous le laissez croître librement et quand il atteint des limites intenables vous dites : « Après moi le déluge. » Votre morale de l'intérêt, vos lois élastiques (1) se prêtent aisément à l'impunité et vous en usez largement pour vos protégés, et en retour vous opprimez, vous punissez les déshérités qui se révoltent à la vue de tant d'injustices, et vous appelez cela respecter la liberté individuelle. Quelle dérision !

L'égalité des conditions est, je crois, *un beau rêve*, en tous cas, il est moral.

Je pense comme saint Paul, qu'il faut tendre le plus possible à l'égalité des conditions, et comme Pascal, que

(1) C'est pour cela que nous les avons écartées.

pour y arriver, ce qu'on ne peut obtenir de l'honnêteté et de la justice des hommes, il faut le réclamer de la force unie à la loi.

Les lois répressives et excessives n'ayant donné aucun résultat, la morale pure étant peu ou point écoutée, nous nous réclamons de lois préventives, convaincus qu'il faut assainir et ne pas attendre que le mal soit incurable.

La liberté est l'aspiration de tous, on a pu voir que nous la respectons sagement, mais nous pensons, pour arriver à ce but, qu'il n'est pas, sociologiquement parlant, plus admissible de tolérer les foyers démoralisants, que les foyers purulents. Ceux qui voient dans ces mesures d'hygiène sociale morales des atteintes à la liberté individuelle, ne peuvent être que des récalcitrants.

113. *Le Conservateur*. — Une société où le travail profite au travailleur et à ses enfants, c'est à peine s'il y a du pain pour tous, qu'en serait-il si aucun ne travaillait pour soi, mais pour l'universalité ? La société n'ayant plus devant elle le puissant mobile de l'intérêt qui développe la personnalité mourrait bientôt d'inanition ?

R. — En vérité, on ne peut mieux s'enferrer que vous ne le faites : Quoi ! vous dites qu'il n'y a pas de pain pour tous, en travaillant hommes et machines, comme il est fait en notre siècle. Mais si vraiment, il en était ainsi, vous seriez, les classes dirigeantes, archi-coupables de maintenir et soutenir un état de chose où l'un se gorge et l'autre meurt de faim.

C'est dans un cas semblable que le partage égal doit être rigoureusement fait, comme sur un vaisseau en détresse ou une place assiégée. C'est précisément cette raison qui obligeait en leur temps saint Simon, Babeuf. Fourier, au communisme absolu.

Un pareil langage leur paraissait impie, il accusait Dieu et la nature ! Heureusement depuis, les faits démentent ces honteuses assertions, triste éloquence d'une cause perdue.

La science elle-même proteste énergiquement et

n'accuse que le capitalisme dont les prodigalités et les calculs infâmes ont pour but, comme je l'ai déjà démontré, de maintenir quand même en permanence une bataille de jeu, où les vaincus deviennent esclaves. Pour juger de la richesse productive des nations, il suffit de jeter un coup d'œil sur l'abondance, dans nos marchés ; les mêmes effets s'étendent sur la production industrielle, les magasins regorgent de marchandises ; et le pauvre sans le sou, manquant de tout, ne peut rien acheter.

Si on examine la propriété mobilière, l'espace inoccupé par les riches, dans leurs maisons et leurs châteaux, est immense et cela pour ne rien produire, quant à côté, le prolétaire trouve à peine à se remuer dans des mansardes aux sixième et septième étages. Le produit manque, dites-vous ? Et un encombrement de marchandises est dans toutes les boutiques ; à côté de cela, le malheureux prolétaire ressemèle trois ou quatre fois ses chaussures, use ses effets jusqu'à la corde et rapièce pour ne pas aller en guenille. Et on entend dire : le commerce ne va pas ! *Quelle ironie !* Semez l'or et le commerce ira.

Allons, soyez franc, dites ! Il y a disette d'argent dans les poches du pauvre, parce que nous le voulons ainsi. Mais, ne parlez pas de disette du produit, quand sous les yeux de tous, on le voit abonder.

Si vraiment la France, ce pays si riche, qui trouve, sans trop en souffrir, des milliards pour payer les conséquences des invasions (cette bonne vache à lait comme l'appelait Louis XVIII), était pauvre comme vous voulez bien le dire, alors toute denrée vendue à l'étranger serait un crime. Un pays qui n'a pas de pain, de vin, de viande pour tous, doit bien se garder de l'envoyer au dehors. C'est pour avoir de l'or, dites-vous, *mais on ne mange pas de l'or...*

Allons, levez le masque, c'est pour pouvoir entasser des milliards dans un petit espace que vous soutenez ce système et n'avoir pas à vous préoccuper si les bons produits devenus rares par ce fait et par conséquent chers n'affament pas vos concitoyens, auxquels je sais, il reste le rebut, le frelaté et souvent par fraude, l'empoisonné. Par ce système, vous mettez aisément un milliard dans votre poche, vous ne pourriez y mettre un milliard de produit. C'est à ce système que nous nous en prenons, et non au droit de propriété.

On comprend qu'un pareil système fasse l'affaire des accapareurs, mais ça ne fait ni l'affaire de l'Etat, ni les affaires du peuple.

Quant au mobile de l'intérêt qui, selon vous, développe la personnalité et réduirait la nation à mourir d'inanition, nous ne nous laissons pas prendre à cette subtilité du langage ; l'intérêt personnel, nous le reconnaissons comme vous, est un mobile nécessaire, mais nous ne reconnaissons pas qu'il soit nécessaire d'affamer les gens pour cela. Ce n'est pas contre le travail qu'on se révolte, c'est contre un travail abrutissant et interminable, auquel le malheureux prolétaire se sent condamné à perpétuité ; et s'il est une société où l'on meurt d'inanition, c'est bien dans la vôtre : l'anémie, résultat des falsifications et du surmenage, plus encore que l'alcoolisme, en est la preuve.

Tout concourt donc à l'effondrement de vos théories. Vous ne savez que faire de tous ces désœuvrés qui attendent à la porte de vos administrations le travail qui doit les nourrir et leur permettre d'élever une famille ; votre pitoyable logique vous pousse fatalement à remettre en vigueur dans les esprits la loi de Malthus, et ce n'est pas en plein xxe siècle, au sein d'une abondance jusqu'alors inconnue et dont tout le monde est témoin que vous y parviendrez.

« Croissez et multipliez. » Voilà la loi morale et la loi naturelle, tout ce qui entrave cette marche est un crime social, auquel les honnêtes gens ne peuvent et ne voudront jamais s'associer.

L'érudit reprend la chaire :

114. — *L'Erudit.* — En vain le socialisme invoque le beau mobile de la fraternité et du dévouement, c'est une pure chimère. Il est insensé, dit Baudrillard (1),

(1) Economiste français.

d'exiger que l'homme laboure, fabrique, etc., avec le perpétuel enthousiasme que les occupations les plus hautes de la pensée et de la religion même ne trouvent pas toujours ?

R. — Mais précisément, c'est parce que nous savons l'homme capable de ne pas faire son devoir que nous l'obligeons, l'anarchiste seul pourrait s'en plaindre.

Mais vous n'êtes pas anarchiste. Vous usez de lois excessives sur vos victimes.

C'est vous qui écrivez sur vos murailles, fraternité, et qui appelez le dévouement militaire pour soutenir votre État despotique.

Nous savons très bien que pour labourer un champ, pour conduire une machine, il n'y a pas besoin d'enthousiasme, il suffit de donner son temps, sa force et un peu de son intelligence, les ouvriers connaissent cela, dans ce genre de travaux, il faut du calme et du sang-froid, mais pas d'enthousiasme. Baudrillard se fourvoie donc, lorsqu'il croit que nous comptons *sur l'enthousiasme* pour les corvées que les autres ne veulent pas faire, ou songe à s'en acquitter au plus vite, pour se livrer au travail libre, à des travaux qui plaisent. Voilà la liberté. Votre système ne laisse ce privilège qu'aux fortunés et on sait comment ils en usent. L'étatisme le donne largement à tous. La liberté n'est plus un vain mot, c'est un fait, ce n'est plus un leurre, c'est une vérité.

115. *L'Erudit.* — Ecoutons M. Thiers : « Moi, je ne nie pas les plus nobles mobiles (1), mais je dis que vous les employez mal. Je crois moi, que si vous dites à l'ouvrier : Travail beaucoup et tu n'auras ni plus ni moins de traitement ; mais la France, dans vingt ou trente ans, sera plus riche, et toi tu auras ton bien-être assuré ; l'ouvrier haussera les épaules. »

R. — Hélas, monsieur Thiers que l'on reconnaît bien en vous l'homme qui ne croyait pas au chemin de fer et à la transformation sociale qui en devait être la conséquence ; ou plutôt, vous le voyiez très bien, mais votre

(1) Fraternité et dévouement.

esprit politique *conservateur* n'y trouvait pas son compte. Aussi, peut-on répondre aujourd'hui victorieusement à cette argumentation, ayant sa valeur au temps des Babeuf, des Fourier, des Cabet, des Proudhon, même de Louis Blanc, etc., mais la machine a tout changé, l'utopie d'hier est pratique aujourd'hui, et au lieu de dire à l'ouvrier : *Travail beaucoup tu ne seras pas plus payé, mais tu enrichiras la France*, nous lui disons : *Travail beaucoup moins, et moins longtemps, tu seras payé davantage*, tu auras la sécurité comme le rentier et le retraité. Je doute qu'il refuse le marché.

116. *L'Erudit* (*suivant son idée*). — Ah oui, comme dit encore M. Thiers : si vous dites à l'ouvrier, meurt pour que la France soit sauvée, il vous écoutera peut-être, et si vous avez su, par de nobles institutions militaires, élever son cœur, y développer le sentiment de la gloire (flatter la concupiscence) il mourra à Austerlitz, à Eylau, ou sur les murs de Paris.

R. — Ces temps sont passés, les effets de l'hypnotisme sont connus, et on ne se laisse plus aussi facilement suggérer.

Le Français a payé trop cher cette gloriole d'un moment pour recommencer. On s'est trop servi de l'arme sacrée de la Patrie contre la Patrie, et le pauvre peuple qui aujourd'hui forme le gros de l'armée, trop de fois trompé, n'a plus tant d'amour pour le fusil. Il commence à connaître la portée de son bulletin de vote. 1870-1871 a éclairé les esprits ; et si la Patrie était vraiment en danger, qu'il s'agît non pas d'une guerre de potentats ne sachant quoi faire de leurs peuples affamés ; mais de la vraie défense des conquêtes sociales, des libertés du territoire, de la défense de la République ce serait différent. Vous verriez renaître cet esprit qui animait les Kléber, les Marceau, les Hoche, les Cambronne. Le vraie génie militaire reprendrait et avec lui le courage de nos armées de la première République.

Quant *à la gloire dont vous parlez, elle est morte avec le chauvinisme.* Elle ne ressuscitera que sous un souffle éclatant de *justice et de vérité.*

Non (monsieur Thiers), ce n'est plus avec ce stimulant

qu'on fait marcher aujourd'hui le peuple, vous avez pu vous en rendre compte par la résistance de Paris contre Versailles. Fraternité et dévouement sont de beaux mots mais qui demandent l'exemple de ceux qui les proclament. Le prolétaire déshérité auquel incombent fatalement les travaux vulgaires et quotidiens qu'exigent les besoins de la société, ne comprend plus la raison pour laquelle fatalement il serait condamné à faire seul la corvée des autres. C'est donc une folle utopie de compter sur son dévouement. Moi-même, je n'y compte pas, parce qu'il a été trop longtemps dupé. On a tué chez lui toute émulation en opposant la machine à sa force, à son adresse. Si on ne règle pas les abus qui en résultent, il se révoltera contre la machine.

Cependant, sans compter sur les dévouements, sentiments comme beaucoup d'autres que votre système social égoïste et tyrannique a étouffés ; je compte voir se rendre devant l'évidence ceux qui voudront comparer les deux systèmes. Le premier *donnant l'opulence à outrance à quelques-uns, la gêne au plus grand nombre et la misère au fin fond de la société : Et l'autre le bien-être et la sécurité pour tous.*

117. *L'Erudit.* — « Vous ne comptez pas dans votre société sur ce fait : C'est que l'homme est plus paresseux que lâche et que pour chaque effort il lui faut des stimulants différents, pour l'exciter au travail il faut lui montrer l'appât de la fortune, pour l'exciter au dévouement il faut lui montrer la gloire. »

R. — Parfaitement, si toutes ces belles choses étaient vraies, si c'était au mérite, à la vertu, au vrai courage qu'incombent ces honneurs, mais le peuple en a trop vu, aujourd'hui il est fixé, il sait à quoi s'en tenir là-dessus.

Dans l'organisation actuelle, la fortune est une loterie, encore faut-il aimer le jeu, savoir jouer, puis, pour un qui gagne, mille perdent.

Quand il s'agit de faire vivre soi et les siens il faut autre chose que la garantie d'une loterie. Quant à la gloire, demandez aux opulents ce qu'ils en pensent, ils savent très bien qu'elle est réfugiée dans le sac, et que plus on a d'argent, plus on est sûr d'en avoir. Le peuple est plus modeste, ce qu'il veut, c'est la sécurité. Vous avez beau dire, le peuple s'éclaire tous les jours, et on ne le dupe plus facilement.

Demandez aux riches pourquoi plus ils ont d'or, plus ils en veulent encore? Pourquoi ils font des placements dans toutes les nations du monde? C'est afin de se complaire dans une entière sécurité, voilà la vraie raison de la majorité, la gloire c'est l'accessoire.

Eh bien! c'est cette sécurité garantie par l'Etat, que nous donnons à tous, quant au Temple de la gloire, nous n'en fermons la porte à personne.

Est-ce clair? — Est-ce raisonnable?

Le peuple veut, comme le richissisme, être à l'abri des éventualités du sort, seulement moins égoïste, plus patriote, en attendant l'union universelle, il place cette sécurité dans la Nation, et plus juste, il demande que tous y contribuent.

— « Vous dites, l'homme est enclin à la paresse? »

D'accord, c'est pour cela que nous ne lui donnons pas une longue et trop pénible tâche : quatre à six heures par jour; je vous l'ai déjà dit, en l'accablant, vous l'avez écœuré, et voilà la raison des grèves.

Que demandent tous ceux qui peinent? Se reposer dans l'âge mûr après avoir raisonnablement travaillé; eh bien! c'est ce que nous leur assurons sans aléa. Mais vous, que leur dites-vous? Tirez-vous vous-mêmes, associez-vous. Mais vous savez très bien que pour quelques associations qui réussiront, la masse restera sur le carreau; n'en avons-nous pas l'exemple sous nos yeux, est-ce que les gros ne mangent pas les petits?

— Vous dites encore au travailleur : travaille beaucoup, et épargne beaucoup? Mais à ce jeu, il sent qu'il se tue, qu'il ne jouira pas de ses économies, il voit tout augmenter autour de lui, et l'intérêt de l'argent diminuer.

Nous, nous lui disons : *paye ta dette*, que nous rendons la moins lourde possible, en la divisant entre tous, et tu *auras ta liberté et ton bien-être au plus beau moment de la vie* 30 à 40 ans. N'est-ce pas le rêve de tout le monde : *devenir rentier?*

Dans la société actuelle, comme ce cas est très rare pour l'ouvrier et le petit employé, beaucoup quittent la terre, l'atelier ou le bureau pour *servir le riche.* Ils se font domestiques, parce qu'ils ont remarqué qu'il est plus lucratif d'aider le riche à dépenser son argent qu'à le gagner. Ils ont là toutes sortes de petits profits que ne connaît pas l'ouvrier, ils arrondissent ainsi leur bourse, sans se soucier des malheureux martyrs qui peinent pour les nourrir, les entretenir, et les vêtir par des produits de première utilité. Ces braves gens, beaucoup inconscients s'affranchissent ainsi du travail abrutissant comme leurs maîtres, conscients eux pour le coup.

D'autres cherchent dans un petit commerce le moyen de s'affranchir, ils distribuent des alcools c'est à ce métier qu'ils réussissent le mieux. Voilà aussi, pourquoi il y a tant de cabaretiers. Sont-ce les cabarets qui font les alcooliques, ou les alcooliques qui font les cabarets? Pour le savoir, il faudrait supprimer les cabarets. Or, si l'homme est enclin à la paresse, comme vous le dites, il faut avouer que votre organisation est bien faite pour développer ce vice. Un fait certain c'est que quand il y avait moins de cabarets, il y avait moins d'ivrognes. Aujourd'hui, il y a des alcooliques; mais cela tient à l'abrutissement dans lequel on tient les esprits.

148. *L'Erudit.* — Mais que ferez-vous de tous ces commerçants jetés sur le pavé?

R. — Nous les ferons travailler, ils ont presque tous des métiers faciles, ce sont les plus utiles.

Mais c'est égal, il faut que la nation soit bien riche, pour nourrir tant de gens à ne rien faire d'utile, et combien d'autres professions identiques on pourrait encore ajouter!... Ce qui m'a fait dire (*Mal social*, Introduction, page 11) qu'un dixième de la population suffit pour nourrir et entretenir l'autre.

Mais revenons à notre sujet : Vous demandez où est notre stimulant?

— Notre stimulant n'est pas de dire : travaille beaucoup pour gagner beaucoup, mais au contraire, travaille peu pour gagner plus encore, cela satisfera, je crois, les paresseux, et comme il y en a beaucoup, nous aurons la majorité, voilà un point acquis.

Quant au dévouement aux professions, nous n'y comptons pas, depuis la mécanique c'est très rare ceux qui payent de zèle, et cela se comprend. Pour le dévouement à la famille, c'est autre chose. Le père, la mère, se dévouent tous les jours pour leurs enfants, sans exiger en retour autre chose que le moyen d'élever leur famille, et c'est précisément dans votre société pleine d'aléas ce que vous leur refusez.

Ainsi : La veuve perdant son protecteur, dans votre organisation reste sans ressources pour élever ses enfants. Dans la nôtre, elle a ce qu'il lui faut pour continuer son œuvre, et ne tombe pas à la charge publique. D'ailleurs, le travail aujourd'hui n'est plus ce qu'il était jadis. L'ouvrier, autrefois, mettait son honneur à raboter deux ou trois planches de plus dans une journée que son voisin, à faire une pièce de fer mieux forgée, mieux limée. Mais aujourd'hui on ne peut plus compter là-dessus, on a trop abruti le travailleur avec les machines, la division du travail a tué les métiers. Cet artisan n'existe pour ainsi dire plus, l'ouvrier est remplacé par le manœuvre, et se voit condamné à mourir de faim s'il ne consent pas à se faire *l'esclave de la machine*. Où est son stimulant? l'argent, me direz-vous? Il a donc bien raison de se mettre en grève, malgré tous les désordres économiques, si préjudiciables, que ce système engendre. Dans notre système, il sait que sa dette payée il est libre et retraité. Quelle différence!... Là il sait qu'il travaille pour lui.

— Mais, je vois que vous n'avez pas connu le temps où les métiers étaient de vrais métiers; dans ces temps, pour vaincre les grandes difficultés du travail manuel, il fallait être un ouvrier fini, il fallait de l'enthousiasme, l'honneur, l'amour-propre : ces stimulants dont vous parlez existaient chez l'artisan avec presque autant de puissance que chez l'artiste, et son dévouement était souvent récompensé.

Mais ces temps ne sont plus; aujourd'hui, l'ouvrier a

intérêt à travailler *peu de temps, et à gagner beaucoup*. Précisément parce qu'il n'a plus de planches à raboter, de pièce à limer, puisque la machine en a tout le mérite. Donc, je dis la vérité. Le mécanisme ôte tout amour-propre dans les métiers, l'argent seul est resté le stimulant, et les ouvriers, en raison de cet abrutissement, n'espèrent plus qu'à une diminution d'heures de travail, et une augmentation de salaire. Or, l'étatisme leur offre cela sans aléa, et bien plus largement que vous ne pourrez jamais le faire (à cause de la concurrence de l'étranger), tout cela sans rechigner, puisque le bien-être de tous est au bout.

119. *Le Conservateur.* — Mais, c'est la pire des tyrannies que votre système ?

Comment, j'ai du génie, j'ai du talent, je suis adroit, habile, roué même ; je demande à gagner selon mes mérites, il me semble que c'est tant mieux pour moi si ces mérites me font gagner des milliards ?

R. — Je vous réponds sur le même ton : vous m'abrutissez, vous exposez sans cesse ma vie avec vos engins, eh bien ! je veux gagner beaucoup, parce que je risque beaucoup ; ma vie, après tout, vaut autant que la vôtre, je la défendrai après tout.

Quant à vos prétendus mérites, vous les ferez valoir au travail libre. En attendant, je veux comme vous *mon droit de vivre*, et votre mérite, quel qu'il soit, ne peut m'en priver, *sociologiquement parlant*, sans une criante injustice, et si vous n'êtes pas satisfait de ma réponse, je vous dirai alors : soyez franchement anarchiste, pas de lois ni de force armée pour protéger vos propriétés inutiles pour tous les miséreux, puisqu'ils n'en ont pas. Voici l'impasse, vous n'en sortirez jamais. Dans votre sein, vous nourrissez l'Anarchie...

120. *Le Conservateur.* — Ce n'est pas tout, votre étatisme ne se contente pas de tuer le travail et de réduire la production à un minimum sans cesse décroissant. Il anéantit autant qu'il est en son pouvoir l'homme lui-même, car il le détruit *comme être moral*, c'est-à-dire, comme être libre et responsable ?

R. — C'est vous qui l'anéantissez, puisque la masse

reste pour toute la vie l'esclave de la machine. Nous, nous ne prenons à chacun qu'une *très faible partie de son temps ;* et encore il est relevé souvent à de courts intervalles, selon les degrés d'abrutissement et de fatigue des métiers ; et je ne sais pas comment, par ce moyen, la production diminue. Comment osez-vous avancer que nous détruisons l'homme comme être moral, c'est-à-dire libre et responsable ? Quoi ! cette armée de fonctionnaires que votre organisation sociale entretient, militaires, prêtres, professeurs, etc. etc., sont donc des esclaves ? Ils ne sont donc plus ni libres, ni responsables ? Ce sont donc des brutes ? Quoi ! parce qu'ils obéissent à une organisation supérieure, *socialisme d'Etat*, parce qu'ils se sont débarrassés du patron, ou du souci de le devenir, qu'ils n'exploitent pas les autres comme ils ont été exploités, ils ont aliéné leur liberté ?

En vérité si cela était vrai, vos fils de bourgeois enrichis ne seraient pas en si grand nombre à la porte de vos Ministères pour y postuler comme fonctionnaires une position sociale. Il faut croire qu'on y est pas si esclave que cela car la concurrence est grande, et il faut beaucoup de faveur pour y entrer. Hélas ! que n'a-t-on pas dit du fonctionnarisme. Vous ressemblez, leur dit-on, au chien de la fable, on ne voit pas votre collier, mais on voit bien votre servitude. Les gens qui parlent de cette sorte avec leurs grands mots (d'Etre moral) sont eux-mêmes la plupart fonctionnaires (présidents, ministres, députés, préfets, etc.) Voyez la logique ce sont ces gens-là qui guillotinent les anarchistes (ces sans colliers) sous prétexte qu'ils prêchent une doctrine funeste, la Liberté. En vérité, qui donc croient-ils tromper ?

Je ne suis pas anarchiste, j'ai dit pourquoi ; mais je n'aime pas l'hypocrisie, méfions-nous donc de ce beau langage où l'on nous dissimule les barreaux de notre cage. On parle de liberté, de responsabilité, chacun dans sa conscience peut se juger, et il n'est pas nécessaire pour acquérir une grande vertu, de drames sanglants comme il s'en passe tous les jours dans la lutte pour l'existence. Les luttes simples, naturelles de la vie civilisée suffisent et l'exercice modeste des petites vertus vaut mieux pour mériter en religion le titre de saints et en droit civil, *celui de bon Citoyen* que tout ce tra la la...

Tout ce qui sort de cette ligne de conduite est une surexcitation du système nerveux calculée par les ennemis du peuple dans le but de régner despotiquement sur les masses, afin de les corrompre, de les fanatiser, de les exalter, de les annihiler.

Une bonne sociologie ne *se laissera jamais prendre à ce piège.*

121. *Le Conservateur.* — Mais enfin, où est, dites-moi, la liberté de l'homme, lorsque l'Etat lui impose telle ou telle fonction, lui commande tel ou tel travail, lui assigne sa tâche quotidienne, l'oblige au travail en commun et le presse de toute part dans une servitude dont n'approchent ni l'esclavage antique ni celui des noirs d'Amériques ?

R. — On a raison de dire que lorsque l'on veut trop prouver on ne prouve rien ? Quoi tous les fonctionnaires dont je viens de parler depuis le plus grand jusqu'au plus modeste sont plus esclaves que les noirs d'Amérique ? Ça ne passe plus ! . . . .

122. *Un Fonctionnaire.* — Il y a collier et collier.

R. — Oui, il y a *le collier de misère* pour l'ouvrier sous le système actuel ; je comprends, citoyen fonctionnaire que vous fassiez la différence, c'est ce que l'ouvrier commence à voir.

Voilà le bouquet ! . . . .

123. *L'Erudit.* — A cette sécurité que vous voulez assurer à tous voici ce que M. Thiers répond : Quoi ! de peur que je ne me trompe, que je n'échoue dans mes combinaisons, que je ne sois ce que vous appelez riche ou pauvre, que je ne souffre le froid, la faim, la misère, vous allez m'enfermer dans une ruche, me tracer ma tâche, me nourrir, me vêtir à votre goût. mesurer ma force, mon appétit, mon génie me placer ici où là m'assigner telle étude ou telle autre :

Et lorsque vous craignez que je ne me trompe et que pour éviter ce danger, vous prétendez décider tout pour moi, vous ne craignez *pas législateur infatué* de vous tromper vous-même ; de peur que je ne tombe vous m'avez rabaissé, de peur que je ne m'égare vous m'avez fait esclave, de peur que je ne souffre vous m'avez ôté la vie. Car en supprimant les accidents vous avez supprimé ma vie elle-même?

R. — Oh! oh! En voilà du tapage de mots... Je ne vois pas que le travail obligatoire vous enferme dans une ruche (dans une boîte comme disent les ouvriers) plus que les patrons, et les administrations ne le font aujourd'hui, et si niche il y a, il n'y reste toujours pas aussi longtemps?

Je ne vois pas davantage que l'on y soit tyrannisé pour la nourriture, pour le vêtement, pour le logement, pour sa force, pour son appétit, pour son génie.

En résumé, voici notre système (1) : Réglementation dans la production, mais la liberté entière dans la consommation, l'argent ne manquant pas dans les poches, à chacun le souci de le dépenser comme cela lui plaît.

Quant aux travaux intellectuels après la dette payée du travail obligatoire (4 à 6 heures par jour) chacun peut, à loisir, s'occuper librement à des travaux d'agrément, à la conception d'œuvre de génie soumise à l'examen d'hommes compétents d'abord et au contre-examen de tous en dernier lieu. Où voit-on *le génie emprisonné et les accidents supprimés?*

On a pu voir (*Mal social*), travail libre, essor de l'intelligence) les avantages que notre système offre à tous ceux qui veulent, en dehors du travail obligatoire et de leur retraite, augmenter leur bien-être, on sait aussi que le travail obligatoire met son outillage, ses ouvriers, son capital au service des inventeurs, des artistes, des poètes, de toutes les intelligences enfin susceptibles de doter le pays de quelque chose d'utile. On sait comment, dans la société actuelle, sont traités ces chercheurs; ils meurent très souvent de faim et sont obligés contre tout sen-

(1) Dernièrement — 1901 — M. Frédéric Passy faisait une conférence au Havre répétant ces bourdes avec un sérieux incroyable. C'est le cas de répondre à M. de Mun : que dans notre société au moins, *l'ouvrier a le temps de penser* et M. de Mun, dans son *socialisme chrétien* ne nous a jamais dit comment il pense y arriver.

timent patriotique de porter leurs recherches à l'Etranger, ce qui prouve que si vous ne supprimez pas les accidents vous supprimez la vie. Nous, nous ne supprimons pas les accidents de la vie, mais les pièges, et surtout l'arme d'affamement sous laquelle succombent fatalement les bons.

Conclusion. — Je ne vois pas comment, dans notre société, le paresseux aurait à se plaindre, le fantaisiste aurait à réclamer, et ce que le génie même pourrait trouver de mieux pour son complet essor.

Tous ces tempéraments, au contraire, trouvent dans notre organisation tout ce qui leur convient. En est-il de même dans la vôtre? Le paresseux devient forcément vicieux, et non seulement inutile mais nuisible; s'il est riche, avec son argent il corrompt facilement les miséreux, s'il est pauvre, il devient voleur ou mendiant.

Le fantaisiste nécessairement prodigue jette un trouble dans la société par ses excentricités (1) entraînant avec lui un grand nombre de parasites qui se jettent dans une molle indolence sans profit pour tous, et autour de ces désordres le génie pauvre généralement meurt littéralement de désespoir, ne pouvant parvenir à se faire *un nom.* Et vous appelez cela un milieu où se *développe l'être moral!* Quelle moquerie! . . . .

Oui! on se développe dans ce milieu à peu près comme un cygne dans un bourbier, auquel on persuaderait que sa blancheur le ternirait, que sa valeur réelle redeviendrait nulle, s'il était dans une eau claire et limpide.

Ah! Vous croyez que l'homme ne saura jamais distinguer; les luttes que lui donne la nature pour l'évolution de son être, d'avec la tyrannie séculaire monstrueuse établie dans la société des hommes depuis des siècles?

Grave erreur!... Et les hommes qui se respectent (à moins que comme le cygne vous les forciez) ne se vautreront pas dans votre bourbier social, et protesteront énergiquement contre vos prétendus droits de nature

(1) Max Lebaudy.

qui ne sont que des droits de sauvagerie et de barbarie; droits despotiques que vous vous efforcez de cacher sous des dehors flatteurs. — Droits que la morale et la civilisation rejettent à cause des fruits monstrueux qu'ils ont donnés. Toute votre éloquence, M. Thiers, s'effondre devant ces faits.

124. *Le Conservateur.* — N'y a-t-il pas de la fatuité à concevoir d'une seule pièce une réforme semblable?

R. — Je crois qu'il n'y a pas tant de fatuité que vous voulez bien le dire, à essayer le contraire de ce qui existe, quand ce nouveau a pour but des résultats contraires.

125. *Le Conservateur.* — Vous voulez aller trop vite. Les choses bien bâties sont celles qui se bâtissent lentement et en silence : La nature procède lentement, suivons cet exemple — tout ce qui se fait avec précipitation risque nécessairement d'être imparfait.

R. — Voilà un argument très accrédité et qui semble fait exprès pour ceux qui ne veulent pas avancer du tout.

Si ceci était vrai, il y a longtemps que la société serait parfaite car depuis que les sociétés sont (la science se perd dans ce calcul), elles ont eu le temps de se développer lentement, ce raisonnement pourrait avoir quelquelque raison d'être si les bases originelles sociales étaient bonnes, mais nous savons le contraire, on a toujours bâti en l'air, c'est-à-dire étayé et tout ce qu'on a pu faire et fera dans ce genre *sera manqué et mauvais* tant qu'on n'aura pas refait de bonnes bases (1).

Voilà pourquoi je propose un plan reprenant en sous-œuvre ce qui existe. Les bases faites, alors on bâtira lentement mais hardiment parce que sur de bonnes fondations on peut toujours travailler sûrement.

On connaît notre formule « chacun pour tous et tous pour chacun. »

Jusqu'à présent la base a été *chacun pour soi*. Tout est là — avec le chacun pour soi il ne peut y avoir de solidarité. C'est par conséquent la désagrégation. Or la

(1) Voir, *Mal social*, notre comparaison Pyramide renversée, transformée en sous-œuvre en parallélipipède.

solidarité n'est niée *aujourd'hui par personne*, on sait qu'elle est notre principale base. Nous n'allons donc pas trop vite, et nous savons où nous allons :

126. — *Le Conservateur.* — Vous êtes, je crois, de bonne foi, mais les politiciens de votre cause n'ont d'autre but que de satisfaire leur ambition, beaucoup leur fortune et votre dévouement sert au piège qui nous rendraient tous esclaves s'ils parvenaient au pouvoir ?

R. — Triste argument qui ressemble à une défaite, je ne le crois pas, leur parole plus éloquente que la mienne respire, quand ils touchent aux principes, autant de sincérité, autant de conviction. D'ailleurs les lois préventives que je propose leur ôtent, comme à tous, toute arme préjudiciable. Comme moi, ils n'ôtent pas charitablement la vie de peur que l'on souffre, ils l'assurent, au contraire, pour qu'avec un corps sain se trouve un esprit sain, ils veulent comme moi que la misère, l'ignorance, le manque de travail ne soit plus l'excuse du crime, en un mot, ils demandent que nul ne puisse accuser la société d'être une marâtre. Ils ne veulent plus que la gêne perpétuelle soit le lot des humbles, des timides, et disons-le carrément des plus honnêtes.

127. *Le Conservateur.* — Mais comme le dit M. Thiers, ne craignez-vous pas de vous tromper ?

R. — En tout cas, je réclame la sanction du suffrage universel (1) ; mais ce qu'il y a de certain, c'est que je suis sûr de ne pas me tromper sur l'organisation sociale actuelle, si bien jugée et prophétisée par Robespierre ; ce qui prouve que l'on peut très bien juger un système *a priori* lorsqu'on en connaît *les bases*.

Une société qui ne peut garantir l'existence à tous lorsque la minorité est dans l'abondance ; à laquelle il faut des esclaves par misère pour satisfaire les caprices de cette minorité, est une société barbare au dernier chef et qui tombe d'elle-même devant le grand courant civilisateur.

128. *L'Économiste.* — « Vous voulez que chacun travaille pour le bien commun sans songer à son bien

(1) Voir mon Vœu à la fin du volume.

propre : il y a là ignorance complète de la psychologie de l'homme ? (1)

R. — N'exagérons pas. Je ne crois pas qu'un homme qui travaille dans le but de devenir milliardaire : travaille pour son bien propre. Je crois plutôt qu'il travaille dans le but de s'approprier le bien des autres, et en fait, l'expérience le prouve. *Car il n'est jamais rassasié*, ce n'est plus une sécurité naturelle qu'il cherche, c'est un désir de régner ; c'est l'orgueil de posséder une arme dominatrice qui le fait *l'égal d'un roi.*

C'est cet abus sans limite que la société actuelle encourage et que nous voulons détruire par des lois efficaces. Nous n'avons jamais dit qu'il *ne fallait pas s'occuper de son bien propre, le défendre même au besoin*, et je soutiens qu'il est plus défendu par nos lois préventives que par vos lois répressives, qui sont tournées et violées facilement par les puissants et dont se moquent les voleurs et les assassins de bas étage.

129. *L'Economiste.* — C'est se faire une grande illusion que de croire qu'un mobile aussi désintéressé que celui que vous offrez aurait beaucoup de prise sur la plupart des hommes ?

R. — Si vous trouvez les hommes si peu raisonnables, raison de plus pour les obliger à faire leur devoir car enfin nul ne peut avoir la prétention de se passer de tout le monde.

Quoi ! les hommes en général sont, dites-vous, par nature, égoïstes, paresseux et méchants (2) et vous leur laissez l'entière liberté de s'exploiter les uns les autres ? C'est la guerre en permanence !...

Convenez qu'il peut paraître au moins singulier à des âmes droites et honnêtes que, pour le salut d'hommes enclins à la corruption, le moyen le plus sûr de les rendre meilleurs est de les mettre sans cesse en face du péril qu'ils devraient éviter.

Or dans votre Etat social, vous faites mieux, vous suggérez le mal en n'assignant aucune limite aux abus (3) ;

(1) *Précis d'Economie politique*, Cauwès, agrégé.
(2) Bourdeau, *Economie politique.*
(3) C'est même cette corruption qui est votre moteur social.

et en cela vous êtes d'accord avec votre théorie. Votre société ne peut, en effet, exister que sous la condition que ces abus s'étalent en plein jour, seul moyen que vous ayez trouvé pour faire sortir des poches du riche l'or qui ne pourrait circuler sans cela. C'est triste à dire; mais dans votre société, même à la mamelle, l'enfant suce déjà le virus qui doit le corrompre.

Singulier système qui compte sur le vice et la corruption comme stimulant pour que des hommes moraux atteignent au droit de vivre. En effet, sans les roublards, les agioteurs, les voleurs, les assassins, comment vivraient les honnêtes gens : juges, avocats, policiers, etc., les supprimer, les diminuer même serait jeter une perturbation épouvantable dans votre société. C'est comme les prostituées ? A elles seules, elles font sortir des poches du riche l'or à profusion, et alimentent une quantité de braves gens. Commerçants, boutiquiers, etc. (qui ne voudraient pas manger de ce pain-là) mais qui, tout en méprisant ces malheureuses, en mangent tout de même. Ne font-elles pas aller le commerce ? Vous voyez, vous êtes obligés de garder les prostituées, les charlatans, ils font la fortune des nations, les supprimer serait la ruine immédiate de tout le gros commerce, de toute la grosse industrie, et par suite jeter des milliers d'employés et d'ouvriers honnêtes sur le pavé (1), etc., etc.

Voilà, peint d'après nature, le tableau de votre œuvre morale, sociale.

Allons, prolétaires, hommes et femmes, de quoi vous plaignez-vous ?

On vient de vous instruire. Faites comme ces agioteurs, ces prostituées, ces charlatans, tous ceux qui osent enfin : l'occasion ne vous manquera pas ; mais de la vertu, du courage, de l'héroïsme, du désintéressement, allons donc ! il n'y a que les imbéciles pour être aussi bêtes. Regardez autour de vous, et jugez :

Peut-on voir une société en contradiction plus flagrante avec la morale et la science ?

(1) Vous méprisez les charlatans, disait un industriel à un artiste qui vivait de la publicité, ce sont eux qui vous donnent un morceau de pain (*sic*). 60 *ans de la Vie d'un Prolétaire*.

Allons, messieurs les conservateurs, levez le masque ! Et dites tout simplement que la morale, la conscience, la vérité, la justice n'est qu'une pure blague, ne servant absolument à rien dans la conduite de ce monde, et que la politique seule est le seul moyen pratique pour diriger les hommes ; mais ajoutez : parce qu'il nous faut des plaisirs de roi, qu'il nous faut satisfaire nos ambitions, notre orgueil, nos passions, disons plus nos folies et pour avoir une bribe du gâteau, il faut que nos serviteurs trouvent tout cela charmant (1). Je vous le répète, votre société est corruptrice, un autre milieu entraînerait les masses dans un courant meilleur.

130. *L'Economiste* (énervé cherchant un argument décisif). — Mais enfin il faut en finir.

« Quelle autorité humaine aurait assez de sagacité pour assigner à chacun sa place dans la ruche industrielle ?

Croit-on qu'il puisse exister pour cette fin un guide plus sûr que l'intérêt personnel ?

R.— Certainement ! Il ne serait pas difficile de prouver que le jeune homme ne sait guère quel métier choisir, et cela se comprend, les métiers ont perdu leur caractère propre, la machine ayant tout spécialisé, l'ouvrier n'est plus qu'un surveillant, c'est la machine qui fait le travail, où voulez-vous trouver les aptitudes pour ce genre d'occupation ? Interrogez les jeunes gens ; ils vous répondront volontiers : Moi je veux un métier où l'on gagne beaucoup d'argent, et où on ne fatigue pas trop.

Le métier de rentier leur conviendrait bien, pour un goût particulier ils n'en ont aucun, ceci, cela, ça leur est bien égal. Les maîtres d'écoles, les professeurs les connaissent bien mieux que leurs pères et mères, et sûrement mieux qu'ils ne se connaissent eux-mêmes. Ce sont les professeurs qui pourraient indiquer le parti à tirer de toutes ces petites intelligences, et les préparer

(1) Saint Paul dit : « Contentez-vous du nécessaire : la nourriture, le vêtement et le logement ; débarrassez-vous du superflu, si nécessaire aux pauvres, et vous vous trouverez bien de corps et d'esprit. » Hélas ! les riches n'ont pas plus écouté saint Paul que la morale et la science.

aux écoles d'apprentissage. Dans l'Etat social actuel, bon nombre ne pouvant faire un apprentissage, se font journaliers, c'est-à-dire bons à tout faire, voilà comment l'individualisme distribue les capacités et les aptitudes, aussi que de gens ne font aucun métier, ou des métiers contraires à leur tempérament et à leur goût (1). L'étatisme ne peut tomber dans ce désordre : l'instruction obligatoire renseigne sur l'intelligence, le tempérament, le caractère, la dextérité, le goût et l'aptitude de l'enfant. L'apprentissage obligatoire, à son tour, complète les renseignements par les mêmes moyens mettant à l'essai quelque temps les aptitudes que l'on croit reconnaître. D'ailleurs ce choix dans les aptitudes n'a de sérieuse valeur que pour les premiers ouvriers et les contre-maîtres, le concours y pourvoit.

Je ne vois donc pas « quelle sagacité, quelle autorité extraordinaire il faut déployer pour cela ». Est-ce qu'un enfant de 14 à 15 ans sait faire usage de son intérêt personnel ?

Est-ce qu'on ne voit pas, tous les jours, des enfants détournés de leurs véritables aptitudes par l'intérêt personnel des parents ?

Que dites-vous donc ? C'est donc contre vous que se retourne votre argument. En effet, dans votre société, où est la puissance de l'intérêt personnel ? Vous entendez dire aux malheureux qui ont rarement le choix, tous les métiers sont bons là où l'on gagne de l'argent, les demi fortunés pouvant un peu attendre, cherchent à cumuler sur leur fortune personnelle une fonction douce et agréable ; en sorte que l'on voit ce singulier contraste d'hommes taillés pour traîner la charrue, traîner leur gros ventre dans les bureaux étouffant de pléthore, et à côté des êtres faibles et chétifs épuisés par l'anémie bûcher comme des nègres.

Je meurs de trop de santé dit le pléthorique à son médecin : « Cassez du bois lui répond celui-ci. »

(1) De Sismondi dit : La machine tente à faire disparaître l'ouvrier, devenu de moins en moins nécessaire, pour lui laisser le rôle de surveillant.

Je meurs de fatigue, je n'ai plus de force dit l'anémique. « Il ne faut pas vous surmener dit encore le médecin. »

131. *L'Economiste* (ne sachant plus ou se raccrocher...) Mais il faut bien que les médecins, les pharmaciens, les gardes-malades, les croques-morts vivent, etc., ce sont d'honnêtes gens qui *ont droit à l'existence.* Je ne vous comprends pas, vous voulez tout bouleverser?

R. — Voilà de la franchise il faut que tout le monde vive. Eh bien, tout le monde vit dans notre société étatiste, tandis que dans la votre on végète plus qu'on ne vit. Dans l'étatisme on n'est pas intéressé à user jusqu'à extinction, une catégorie d'hommes que le sort a fait naître pauvres, comme on le fait sans vergogne avec le système de *l'intérêt personnel.* Il y a au contraire, intérêt pour tous à avoir des travailleurs sains, vigoureux et dans la plénitude de leurs forces physiques et intellectuelles, les concours sont là pour établir ces différents rapports. C'est tout au moins vous en conviendrez une organisation plus intelligente que la vôtre et moins barbare. On n'est plus en face d'un prolétariat qui sue sang et eau pour enrichir quelques tyrans, ce sont des travailleurs qui contribuent *à leur propre sécurité* en augmentant celle de tous. Voilà, il me semble, une ruche bien organisée et *sans efforts surhumains.*

132. *L'Economiste.* — Plus calme, je vous accorde encore cela. *Mais l'un des vices les plus irrémédiables d'une production à laquelle manquerait le stimulant de l'intérêt personnel, ce serait la nécessité de spécialiser le travail. C'est qu'en effet un travail commandé et fait par obéissance exige une surveillance constante.*

R. — On sait cela ; aussi les patrons ont ils imaginé toutes sortes de moyens: le marchandage, la participation aux bénéfices, l'association, etc., en un mot (sans l'accepter bien entendu) ils font du collectivisme déguisé.

On a marché avec cela depuis 40 ans, et on sait ce que cela a donné, mais ce dont beaucoup ne se doutent pas : c'est que ce sont les patrons eux-mêmes qui ont préparé les bases du socialisme collectiviste, qu'ils combattent à outrance aujourd'hui, et que ce sont eux encore qui préparent, entraînés malgré eux sur la pente où ils se sont placés, l'étatisme (1).

« Le collectivisme, dit Drumont (2), est l'expression logique de la situation économique et sociale du pays, l'anarchie est l'expression non moins logique de la situation morale.

« Avec les grands magasins, les sociétés par actions, etc., nous vivons en plein collectivisme et la propriété individuelle, telle qu'on l'entendait autrefois, tend de plus en plus à disparaître ».

C'est très exact ?

133. *L'Economiste* (A bout d'argument). — Voici ce que Lamennais a écrit sur l'utopie de l'organisation socialiste : *Mais voilà tous ces gens à l'œuvre ; qui les dirigera ? Qui les surveillera ? Qui saura de quelle manière chacun d'eux remplit sa tâche ? Qui recueillera les produits, qui les échangera, qui les vendra ? Car une partie devra passer par le commerce étranger.*

(Notre Plan social (3) développe et expose dans ses dix points toutes ces questions ; nous y répondrons plus amplement à leur ordre, dans la troisième conférence.)

R. — A l'époque où Lamennais a écrit ces lignes, la machine était encore à l'état d'enfance, aujourd'hui il penserait probablement autrement.

Vous dites : Qui les dirigera, qui les surveillera ?

La difficulté de la surveillance, les industriels le savent bien, elle est résolue par la machine même, qui oblige à travailler et à la conduire. Quant au personnel surveillant le travail, il est facile à trouver. D'abord dans notre organisation il n'y a plus de grands voleurs, c'est l'occasion qui fait le larron. Or l'occasion des grands vols supprimés par défaut réduira cette surveillance à de simples agents comme dans nos petites villes.

(1) Qu'ils voudraient bien transformer en socialisme d'Etat comme Bismarck. Voir *Mal social*, la différence de ces deux réformes.

(2) Drumont, *La Plume* (1892) : Chose bizarre, c'est l'intérêt personnel des patrons qu'invoque l'économiste qui a jeté les bases du collectivisme qu'ils combattent à outrance aujourd'hui.

(3) Notre Plan social.

Il reste donc une légion de surveillants pour le travail — dût-on même en ajouter encore d'autres, ils seraient, pour le pays, une richesse et non une ruine, puisqu'ils aident par leur surveillance à l'accomplissement plus rapide du travail, c'est-à-dire de la richesse de tous.

Si l'on songe, maintenant, que dans l'état actuel on peut, sans craindre d'être démenti, affirmer qu'un travailleur manuel en nourrit neuf à rien faire, ou occupés de travaux complètement inutiles, on comprend que, par une sage organisation, on ne sera pas en peine de trouver des surveillants sans préjudice des travailleurs nécessaires.

Dans la société actuelle, l'Etat se fait quelquefois patron : et, comme le patron-individu, il exploite le travailleur selon son degré de misère. On sait que ce n'est pas cette forme étatisme que je préconise, ceci est toujours le pitoyable système *de l'offre et de la demande* qui place le travailleur sous l'alternative de crever de faim s'il n'accepte pas le triste marché du despote de l'or (1).

« C'est toujours un homme donnant sa force, son talent, son activité, son intelligence en échange d'une sécurité dérisoire. »

Et l'on ose soutenir que notre mobile ne vaut pas celui de ce travail forcé par misère et presque toujours à perpétuité ?

Allons donc ! Partisans intéressés au maintien de ce qui existe, s'il fallait que vous subissiez le sort de ces milliers *d'êtres humains* placés, sans pouvoir en sortir, sous ce joug qui abrège l'existence, quand il ne tue pas, vous auriez bientôt trouvé des arguments pour vous tirer de cet esclavage.

Or, sachez-le bien, lorsque, sortis du joug corrupteur sous lequel vous tenez les misérables, ces hommes se trouveront dirigés *par des lois égales pour tous*, vous verrez renaître sensiblement l'être moral étouffé par *l'égoïsme personnel* qui fait la base de votre système (2).

(1) Grève des allumettiers. Voilà du socialisme d'Etat.

(2) Qui vous dit que l'homme, replacé dans un milieu sain et

Il peut paraître surprenant qu'un homme comme Lamennais, chrétien convaincu, n'ait pas aperçu le grand problème de l'humanité à travers précisément la critique qu'il fait du socialisme collectiviste.

134. *L'Economiste* (réduit *à quia*). — Enfin, il est une observation qui a son prix. L'un des systèmes d'organisation sociale, fût-il l'idéal au point de vue théorique, et ne fût-il pas hérissé d'impossibilités pratiques, la société civilisée aurait à hésiter avant d'abandonner le certain pour l'incertain.

Il y a plus, on ne pourrait remettre l'industrie sous le joug, sans une révolution terrible ; « mais disons encore, avec Lamennais, de toutes les choses impossibles, c'est la plus impossible, grâce à Dieu ».

R. — Ainsi *grâce à Dieu*, c'est Lamennais qui le dit, « ce qui rapproche le plus près de la vérité, de la perfection, est impossible ».

Dans la bouche d'un chrétien, c'est raide.

Mais passons, quand l'argumentation en est là on est réduit *à quia*.

Et puisque vous êtes arrivé à conclure par un certain et un incertain, je considère avoir gagné la bataille, et je vais me servir de votre argumentation pour conclusion.

Quand le *certain* est arrivé à ce point qu'il *n'est plus possible*, il faut bien songer *à l'incertain*, et cet incertain doit être d'autant plus radical que la racine du mal est profonde (1793), conséquence fatale d'une classe dirigeante n'ayant cédé qu'hypocritement à la force populaire, ne songeant, au fond, qu'à reprendre ses droits sous une autre forme; je confirme entièrement.

Car, comme le prédisait Robespierre, si les mesures avaient été bien prises, nous ne serions pas aujourd'hui, selon son expression,« au pouvoir des fripons adroits ».

Or, qui pourra détruire, de cette fois, cette Féodalité de l'argent ?

Une révolution sanglante ; j'entends dire : prenons y

pur, ne retrouverait pas sa grandeur, sa noblesse; les cléricaux répondent: l'homme est déchu; moi je réponds: déchu ou sauvage, il se rachète.

garde, les moyens hypocrites, jésuitiques, qu'emploient depuis si longtemps nos politiciens de toutes nuances pour n'aboutir à rien, n'apparaissent pas facilement aux masses ; elles ne voient pas que cette politique a pour but de les fatiguer par un piétinement sur place, de les décourager, et de les pousser à s'endormir dans leur égoïsme.

Il y a à craindre, que lorsque, subissant une pression impossible, ces masses prolétariennes voudront se remuer, elles s'aperçoivent de leurs chaînes, et se voient forcées de subir la tyrannie capitaliste, solidement organisée.

C'est à ce moment (trop tard) qu'elles s'apercevront que la République est sérieusement en danger, que le suffrage universel, sa seule force, est compromis et que sous l'apparence de tous ces subtils mots, opportunistes, possibilistes, progressistes, radicalistes,etc.,se cachaient des intérêts personnels, des faiblesses coupables, de lâches trahisons.

Puissent les peuples s'éclairer, comprendre qu'ils sont l'enjeu de tous ces roués travestis, qu'ils paient toujours de leur sang leurs velléités de guerre, *toujours fatales à la Patrie*, et qu'ils n'auront la paix que lorsque vraiment souverains ils feront leurs affaires eux-mêmes.

Réfléchissons bien que trois Révolutions de parti se sont succédés à vingt ans d'intervalle, monarchie, empire, république, et que c'est sous la protection de ces gouvernements, tombés au pouvoir des capitalistes, que s'est développée cette féodalité qui nous écrase et est aujourd'hui presque invincible.

Honte à ces souverains, à ces ministres, à ces députés qui, pour leur ambition personnelle, ont jeté la France dans les griffes de cette oligarchie financière dont l'Angleterre paraît être la métropole.

Honte ! à tous ces mauvais Français qui, vendus au Veau d'or, ont mis, comme au temps de Jeanne la Pucelle, la France, en 1880, à deux doigts de sa perte, et qui nous préparent des événements terribles dont je n'ose envisager les conséquences.

135. *Le Conservateur*. — Oh ! oh ! Ceci ne tient pas à l'argent, ce que vous signalez a de tout temps existé, c'est commun à toutes les nations, il n'y a pas que la France malade de ce mal, et l'Angleterre que vous paraissez viser l'est tout autant que nous.

R. — Je le crois bien, le virus infectant s'est répandu partout et c'est une preuve de plus que j'ai raison lorsque je dis plus haut : « qu'une tyrannie solidairement organisée enchaîne les peuples. »

Le mal est dans la thésaurisation de l'or à outrance, le pays qui s'en délivrera le premier sauvera le monde en montrant l'exemple.

136. *Le Conservateur*. — Mais de tout temps il y a eu de l'or, et de tout temps on a thésaurisé, soit avec de l'argent, soit avec des produits, c'est la sécurité de chacun.

R. — Mais l'épée aussi était la sécurité de tous et lorsque, par l'abus, l'épée est tombée au pouvoir d'une caste plus forte que les rois, les rois l'ont combattue à outrance. Aujourd'hui, le peuple souverain combat avec la même raison l'argent devenu une arme d'affamement pour le soumettre.

Le peuple s'affranchira de la tyrannie de l'or, comme il s'est affranchi de la tyrannie de l'épée, et nous l'avons déjà dit : il ne peut y arriver sûrement que par *l'Etude* en masse de la question sociale. Je me plais à répéter ce que Zola a dit ici : dans l'*Argent*.

« Quelques capitalistes associés pourront un jour posséder la terre. » Ces paroles devraient bien éclairer les peuples, car elles sont plus qu'évidentes. En effet :

Où en sont déjà les petits propriétaires? le petit rentier? les petits retraités? et que deviendront ces petits commerçants, ces petits industriels, ces petits agriculteurs écrasés par les gros, ils se débattront, se rueront les uns contre les autres, à la grande satisfaction des despotes de l'or qui, pour les calmer, leur jetteront quelques os à ronger.

Quand on en sera là, et il y en a beaucoup qui disent nous y sommes, je crois que devant *ce certain qu'on invoquait tout à l'heure, on n'hésitera plus à se jeter dans notre incertain.* On accuse, et ce n'est pas sans raison, tous les hommes politiques de ce siècle, d'avoir préparé l'avènement de l'anarchie. En effet, lorsqu'on réfléchit aux arguments que l'on nous oppose, on sent que bien des esprits découragés ne voient que dans la violence la fin de leurs souffrances.

137. *L'Anarchiste* (monte à la tribune). — J'ai écouté avec beaucoup d'attention la dispute acharnée des politiciens de toutes nuances contre l'étatiste.

J'avoue que le conférencier s'est bien défendu et voici ma conclusion :

La cause du mal sur la terre vient précisément des lois des hommes qui entravent continuellement la liberté,ôtent à l'homme le vrai mérite de ses œuvres,de là, le découragement, l'insignifiance des uns, la tendance des autres à vouloir, par tous les moyens, se soustraire aux lois pour retrouver l'indépendance de l'être qui se noie dans la monotonie d'une vie remplie de devoirs et d'exigences sociales continuelles ; tyrannie latente qui engendre cette veulerie dont les générations présentes, ayant peu conscience de leur valeur, sont atteintes.

La morale, cette garantie d'infaillibilité pour les uns, insuffisante pour les autres, est pour nous un moyen trop lent.

C'est par la liberté individuelle absolue, remettant en vigueur la loi naturelle de réciprocité, donnant libre cours aux vengeances individuelles, qu'on arrivera à l'harmonie universelle.

Toute intervention, quelle qu'elle soit, Dieu, roi ou peuple roi, est non seulement injuste, parce que je ne reconnais, à aucune puissance, le droit de me juger, mais encore, parce qu'elle ramollit les caractères, et prépare des générations d'esclaves.

Il n'y a qu'une arme pour arrêter le despotisme. Toutes vos théories collectivistes, altruistes, etc., quel que soit le système, ont pour base l'esclavage, l'affranchi ne peut reconnaître de maître.

Voilà pourquoi les natures libres au milieu du système actuel s'affranchissent par la ruse ou par la force.

Les conservateurs rusent, les anarchistes emploient la force, parce que nous sommes plus francs et plus braves.

Je vous ai bien écoutés et la difficulté dans laquelle le conférencier est de se résumer me confirme dans ma conviction.

Le Conférencier. — Je vais vous répondre :

138. *L'Anarchiste* (continuant). — Entre nous, la lutte est bien caractérisée. D'un côté, je vois des hommes sans être précisément contents de leur situation, qui espèrent tout de la protection des puissants, de l'autre, des miséreux que je reconnais sincères et dévoués à la cause de l'humanité, qui voudraient empêcher les pièges, les violences, les corruptions dont ils souffrent eux-mêmes, ces derniers, dignes du nom d'apôtres, se battent sans succès, contre la sottise des foules, qu'ils voudraient sauver avec eux de la tyrannie de leurs bourreaux ; mais à quoi cela aboutit-il ? toujours à la même comédie humaine ! Anarchistes convaincus, nous ; nous sommes plus sérieux que cela.

Ni Dieu, ni maître, nous ne comptons sur aucune protection, nous comptons *sur nous-mêmes.*

— Vive l'anarchie ! Vive la liberté !

Ni Dieu, — puisque sa soi-disant Providence est inefficace et laisse, en plein soleil, triompher le mal sur le bien.

Ni Maître, — puisque l'histoire prouve que loin d'être une Providence pour les faibles, ils en sont les corrupteurs.

Donc, vive la loi de réciprocité. « Œil pour œil, dent pour dent. » Et, comme le dit Arthur Desjardins :

Il faut laisser à la liberté le soin de corriger les maux de la liberté.

Le Conférencier. — Après cette tirade, à laquelle je ne m'attendais pas, je demande une minute de réflexion.

Je ne crois pas que l'on puisse mieux définir le fond du caractère de l'anarchiste épris d'absolu, le silence de toute la salle, pendant cette chaleureuse discussion, me fit voir que j'avais affaire à un rude adversaire.

Je prends la parole :

R. — Citoyens. De toutes les politiques scientifiques, économiques et sociales, qui ont été mises en jeu ici, j'étais loin de m'attendre que ce serait M. Arthur Desjardins, conservateur acharné, qui fournirait le plus puissant argument à l'anarchiste pour défendre sa cause. Comme cet économiste n'a pas encore paru dans nos débats, je demande au citoyen anarchiste où il a puisé ce précieux document. — Dans un dernier travail de M. Arthur Desjardins, me dit-il. — Je vais le lire : Voilà le titre. Grand argument qui conclut à l'absurde, toute idée d'étatisme et même de collectivisme partiel, c'est-à-dire de concentrer la production entre un certain nombre d'associations ouvrières. Ecoutons :

ASSOCIATIONS ET COOPÉRATIONS

Il ne faut pas attendre d'elles ni cette vigilance infatigable, ni cette prévoyance minutieuse que suscite l'intérêt personnel et que l'unité de direction tient en éveil.

D'ailleurs, *on nè fait que déplacer non supprimer la concurrence et ses effets*, à moins que les associations ne s'entendissent entre elles pour limiter la production.

Alors, nous touchons à l'absurde, parce que nul n'est assez éclairé pour dire tout à coup, en connaissance de cause, assez de fer, assez de drap, assez de vêtements, assez de logements. Nul n'est assez sûr de lui-même et du lendemain pour décréter que le prix des choses n'est plus en rapport avec les utilités réelles, et pour en déterminer la hausse factice qui peut sembler intolérable aux consommateurs, il faudra donc aussi, le cas échéant, décrétér la baisse.

Ce n'est pas impunément qu'on commence à détourner le naturel des choses, le plus simple et le plus sage est de laisser à la liberté le soin de corriger les maux de la liberté.

Citoyen anarchiste, me permettez-vous, avant de vous

répondre, de répondre d'abord à M. Arthur Desjardins, ce grand défenseur du patron, et aussi de l'anarchie, sans s'en douter.

139. *L'Anarchiste.* — Volontiers !

R. — Je pense qu'il n'y a pas à revenir sur ce que valent, comme qualité, les produits de l'individualisme à outrance, nous nous sommes suffisamment étendus (1) pour prouver les pitoyables résultats dus à l'initiative individuelle livrée à elle-même. En cela, je tombe d'accord avec M. Arthur Desjardins, que ce ne sont pas les associations ouvrières qui guériront cet abus, parce que, devenus capitalistes à leur tour, elles feront chorus, et rien ne sera changé, puisque l'Etat reste toujours *Eux et non Nous !* Il ne faut pas plus d'oligarchie dans la bataille des affaires, que dans la bataille à coups de canon, là où il y a des vainqueurs et vaincus, les vaincus sont toujours les esclaves des vainqueurs. M. Arthur Desjardins le sent bien, c'est pour cela qu'il ajoute : « à moins que les associations ne s'entendent entre elles, pour limiter la production. » Mais, dit-il, alors nous touchons à l'absurde parce que nul n'est assez éclairé pour dire tout à coup, en connaissance de cause, assez de fer, assez de draps, assez de vêtements, assez de maisons, etc.

Mais cette critique, très grave en effet — étant donnée l'organisation actuelle — n'a aucune valeur dans notre étatisme. Nous n'avons pas à craindre ces crises fatales inévitables dans votre organisation, qui mettent des milliers de travailleurs en même temps sur le pavé. Pour corriger ce système désastreux, vous dites bien : pour calmer les esprits, la production dépassant la consommation, on a tout à bon marché. Oui ! malheureusement, l'argent manque dans les poches quand on ne travaille pas. *Voilà votre impasse.*

Il faut le temps que le commerce écoule pour produire de nouveau. Alors, vous vous rejetez sur les colonies pour activer le commerce et l'industrie — et vous portez les regards sur les nations mercantiles. — Voyez

(1) Voir *Mal social, Sociologie, Progrès*, page 20.

l'Angleterre ! Voyez l'Amérique !... Et en Amérique, le pays des archi-milliardaires, nous l'avons vu, 30.000 sans travail sont aux portes de Chicago, réclamant le pain quotidien. N'est-ce pas suffisant pour juger ce système basé sur l'individualisme à outrance, puisque dans tous les pays du monde, et sous toutes les formes gouvernementales, il donne les mêmes résultats ?

Je ne vois pas que l'Etatisme puisse jamais laisser jour à de semblables malheurs ?

Nous, nous ne craignons pas la production, serait-elle aussi abondante que l'on voudra, l'écoulement s'en fait naturellement dans le pays, et si l'on a du surcroît, on l'écoule à l'étranger si l'on a besoin de l'or étranger, et qu'il faille se débarrasser des meilleurs produits ; au moins ce n'est plus l'individu qui le met dans sa poche, c'est la Nation, c'est nous autrement dit :

Je crois que la différence est sensible ?

Qu'il survienne des complications extérieures, la guerre par exemple. Dans l'organisation actuelle, l'or des gros capitalistes file à l'étranger quand il n'y est déjà — l'Etat ne paie plus la rente et le pays reste avec son produit, rançonné par l'ennemi du peu d'or qui reste. La guerre terminée, le cousu d'or rentre au pays, pose ses conditions et le peuple découragé les accepte. C'est l'histoire de 1870-1871 que nous a donnée la Constitution de malheur, qui, depuis 26 ans, pèse sur notre pays, le mettant sans cesse à deux doigts de sa perte.

Drumont dit quelque part : « En réalité, les rentiers, ne possèdent rien que le 3 % que leur sert l'Etat ; s'ils persistaient à vouloir toucher régulièrement leurs rentes après une guerre difficile, on leur rirait au nez et le pays aurait autre chose à faire que de payer l'intérêt d'une dette de 37 milliards. Quant au remboursement, cela lui serait difficile. Si les dépositaires de la caisse d'épargne réclamaient tous leurs fonds, demain l'Etat ferait banqueroute en pleine paix, chacun évite d'envisager ces évidences pour ne pas troubler sa quiétude. »

Je ne sais pas si cela est. Mais c'est ce qui ne peut arriver dans notre Etatisme parce que l'or est dans les coffres de la Nation. Il est évident avec le système actuel que si l'Etat ne peut pas payer régulièrement la rente dans le cas d'une invasion (1), il serait dans l'impossibilité d'en rembourser le capital.

— C'est que cet argent n'est plus en sa possession.

Où donc est-il ?

Dans les mains des gros capitalistes, des financiers qui se centralisent chez une puissance neutre, attendant la fin des hostilités, qui n'est jamais longue dans notre siècle d'engins destructeurs.

Vous conviendrez que la richesse *or national* serait mieux placée dans les coffres de l'Etat que dans les poches de ces cosmopolites, de ces Sans-Patrie, qui, comme je le dis plus haut, après la guerre, reviennent en maîtres poser leurs conditions, conditions — remarquez-le bien — plus funestes cent fois que celles de l'ennemi qui se contente de quelques milliards et disparaît. Mais pour ces conquérants despotes de nouvelle allure, leur rêve c'est de régner sur les puissances, d'abaisser le sentiment de la patrie jusqu'au jour où les nations, ruinées et vaincues par force brutale ou famine, deviennent leur proie définitive.

Voilà ce qui se trame dans le monde entier, par ces nouveaux tyrans de l'or, et voilà pourquoi il faut que les peuples détruisent ce système financier devenu universel, qui les rend si puissants.

140. *L'Anarchiste.* — Nous nous écartons un peu du sujet ?

R. — Oui, je comprends ce rappel à la discussion. Le fait est que vous devriez, avec le conservateur, être les meilleurs amis du monde, vos raisonnements sont absolument les mêmes. On conviendra seulement qu'il est au moins étrange que ces mêmes conservateurs soient précisément ceux qui vous combattent à outrance jusqu'à la mort.

141. *L'Anarchiste.* — Ah ! C'est qu'il y a chez nous une entière franchise ; nous, nous voulons l'Anarchie

(1) Et le fait est vrai, tous ceux qui ont passé 1870 et 71 le savent bien. On ne payait plus la rente.

pour tous et messieurs les conservateurs seulement pour eux.

Des voix. — Bravo ! Bravo !

R. — Oui, bravo ! sur ce point nous sommes d'accord, ces messieurs veulent tout : luxe et liberté pour eux, et ce qui ne leur plaît pas, ils le laissent aux autres.

142. *L'Economiste.* — Allons, vous voulez que l'on vous dise que votre système est parfait ?

R. — C'est de l'ironie ! Rien n'est parfait en ce monde. — Mais n'aurions-nous que *le Droit de vivre* sans risquer d'être empoisonné que ce serait un grand point d'acquis.

143. *L'Economiste.* — Très bien ! mais pour arriver à cela ?

144. *Le Clérical.* — La morale seule est efficace !...

145. *L'Anarchiste.* — Les despotes ne connaissent pas la morale, l'histoire n'en offre aucun exemple, le despotisme ne sait user que de la force brutale et ne se rend que vaincu par une force brutale supérieure, la bombe seule en aura raison. — Vive la bombe ! ! !

Ecoutons Emile Henry : « Ce qui fait la force des despotes, ce sont les faibles, c'est cette bourgeoisie qui veut à tout prix et quand même vivre en paix quand tout est en guerre. C'est pour eux la bombe ! et voilà pourquoi toute spéculation ayant pour but de consolider ce vieil édifice vermoulu, pourri jusqu'à la moelle, est non seulement peine perdue mais encore criminelle parce qu'elle arrête les résolutions énergiques auxquelles il faudra, vous aurez beau faire, fatalement arriver. Voilà pourquoi nous opposons à la tyrannie, la tyrannie ; à la peine de mort, l'assassinat ; au canon, la bombe ; après l'expiation nous aurons ainsi donné naissance à une nouvelle harmonie avec les lois de la nature qui doit régénérer le vieux monde et enfanter une humanité heureuse (1). »

R. — Ainsi, comme tous les bienfaiteurs de l'humanité, l'anarchiste (même criminel) vise au même but, l'humanité heureuse, et ne diffère que par les moyens.

(1) Pris dans *La Déclaration.*

Il veut l'humanité heureuse, *le règne de paix* comme Jésus-Christ, comme Socrate; et ce qui le décide à prendre les moyens violents, c'est la violence même de ceux qui l'oppriment : œil pour œil, dent pour dent.

Réfléchissez, messieurs les conservateurs, au pouvoir. — Interrogez vos consciences et ne vous débarrassez pas si facilement du poids de vos responsabilités.

Et toi prolétaire! si tu ne veux être enchaîné sous peu, ne sois plus indifférent aux intérêts généraux aussi précieux, sinon plus précieux, que tes propres intérêts; étudie avec soin *la question sociale*, cherche tes mandataires dans tes rangs et sois prêt s'il le fallait, à édifier sur les ruines du nihilisme et de l'anarchie par le fait.

N'attends pas, comme ces doctrinaires de la destruction, que *la liberté corrige les abus de la liberté.*

Ne dis pas non plus comme la théorie révolutionnaire allemande : *Il faut être fou pour demander ce que sera l'organisation sociale dans le futur état socialiste.*

— Et parbleu, elle sera ce que le peuple souverain voudra la faire, mais avant il faut s'entendre au moins sur les bases du futur édifice social.

En pleine science, au XXe siècle, la sagesse est d'éclairer le chemin où l'on va, la folie c'est de marcher à tâtons. — *Plus de laisser faire, plus de laisser passer.*

146. *L'Anarchiste.* — Vous n'avez toujours pas encore répondu à l'argumentation que j'ai posée plus haut et qui fait la base de toute la théorie anarchiste : « Respect absolu de la loi naturelle de réciprocité, ce qui ne peut exister qu'en l'absence de toute loi humaine. »

R. — Cette théorie n'est pas niable, elle peut être considérée comme la finale de l'évolution sociale. Elle suppose les hommes devenus parfaits, c'est-à-dire n'ayant plus besoin de se venger parce qu'ils ne s'offenseront plus, obéissant sans contrainte à ce qui est juste et utile pour le bien de tous, réalisant par la raison ce que les petites républiques animales réalisent par l'instinct. Si l'anarchiste peut me prouver physiologiquement et psychologiquement que l'homme moral en est arrivé là, je suis avec lui.

147. *L'Anarchiste.* — Je ne veux rien prouver parce que je ne crois ni à votre morale qui n'est qu'un mot, ni même à votre science qui n'est qu'ignorance.

Le Clérical rit dans sa barbe.

R. — Vous m'opposez là le dogme de l'incrédulité.

148. *L'Anarchiste.* — Je ne suis pas dogmatique. Je ne vous oppose rien.

R. — Croyez à Dieu ou au diable, à rien du tout même si vous voulez. La sociologie est une science toute pratique qui n'a rien à voir à cela. Boire, manger, dormir en paix et en pleine sécurité, voilà le vœu de tout le monde.

La preuve c'est que nos moines communistes, gens encore plus pratiques que nos prêtres, n'ont point écarté cela de leurs règlements.

Quant aux anarchistes, je ne les vois pas bien disposés au jeûne. Ils croient trouver dans l'anarchie un bien-être qu'ils ne voient pas possible dans une société organisée ; ce sont des hommes découragés (1).

Pour moi, j'ai mon temps pour les rêves, mais quand il s'agit de la question sociale, je reviens terre à terre. On sait que j'ai promis de ne pas m'écarter du principe de René Worms (2).

Je demande à ce que l'on veuille bien me laisser achever mes conférences sur ce terrain.

Plusieurs. — Oui ! oui ! vous êtes dans le vrai.

DEUXIÈME QUESTION. — Le travail libre et la valeur temporaire de l'or.

Le Président. — La parole est au Radical.

149. *Le Radical.* — La loi régulatrice concernant la valeur temporaire de l'argent, loi qui, tout en limitant

(1) Emile Henry (déclaration) avoue qu'il veut paraître au banquet de la vie et la société lui en ôte les moyens.

(2) La sociologie ne peut s'isoler des sciences sociales particulières dont la règle est l'observation patiente et analytique des faits.

la thésaurisation, doit cependant laisser dans le système assez de jeu pour qu'on ne crie pas à la suppression totale de la propriété, est plus que tout le reste pleine d'attirance et de séduction et je me demande si cette loi seule ne suffirait pas à régler les abus du capitalisme ?

R. — J'y ai longtemps réfléchi. Mais elle se lie trop intimement au travail obligatoire pour qu'il soit possible de l'isoler parce que, avant de recevoir son exécution, il faut d'abord assurer le droit de vivre à tous sans aléa.

Son effet agit sur le travail libre en lui donnant une direction plus morale, et très souvent plus utile pour tous.

C'est évidemment la mort des financiers, des usuriers, des proxénètes, des cabaretiers, des exploiteurs de la bêtise humaine, sous toutes ses formes, c'est la mort des professions louches en général, mais n'est-ce pas précisément le but du socialisme de faire une épuration, d'assainir, de prévenir en un mot ?

150. *Le Radical.* — Vous aurez fort à faire ?

R. — Pas autant que vous croyez, il suffit d'ôter l'occasion, et les deux lois que je propose suffiront à cette tâche.

151. *L'Economiste.* — Mais revenons au sujet :

Cette loi de la valeur temporaire de l'or n'est pas une mauvaise idée, je le veux bien, elle n'est pas absolument neuve, on en voit des traces dans la législation juive sous une autre forme ?

R. — Oui, mais à notre époque, elle est beaucoup plus pratique ; avec les ressources de l'imprimerie, on peut donner à cette loi une grande élasticité, et je crois volontiers à de très bons effets.

152. *L'Economiste.* — L'usage de l'argent et le système financier sur lequel il repose en ce moment, étant adopté par toutes les nations, vous ne pouvez le rejeter (du moins pour les transactions extérieures) ; or, les moyens que vous proposez sont peut-être ingénieux pour arrêter les abus de la thésaurisation dans le pays ; mais je ne saisis pas très bien, avec les bons et tickets,

comment vous arriverez pratiquement à l'harmonie qui doit régner dans les rapports de l'Etat avec les individus nationaux et internationaux ?

R. — De la même manière que cela existe avec le sytème actuel, seulement ce ne sont plus des banquiers, des commerçants, des industriels. C'est l'Etat lui-même, voilà tout.

153. *L'Economiste.* — Et vous croyez que les commerçants, financiers, propriétaires, grands et petits, vont se laisser déposséder de cette prérogative, sans protester, sans se révolter ?

R. — N'allons pas si vite !

D'abord ces réformes ne sont pas si brutales que vous voulez bien le dire puisque avant tout nous donnons quatre ans (1) et plus, si c'est nécessaire à la Nation pour se prononcer. Evidemment les études qui auront été faites pendant ce temps auront réveillé l'apathie qui règne en ce moment, et on apercevra bientôt que le système existant mène sans compensation à cette même dépossession : en effet, si on examine les ruines individuelles qui se font chaque jour parmi les petits, il est facile de voir que les gros seront bientôt en possession de la majorité du capital, or évidemment cela fera réfléchir ; et alors il se formera une majorité qui posera carrément en peu de mots ce qu'elle veut ; ce sera la volonté du pays. Je ne vois là rien que de légitime.

154. *L'Economiste.* — Vous voyez ça comme cela ?

R. — Mais, raisonnons un peu !

Il n'y a de propriété réelle dans la société actuelle que la valeur en argent que représentent les choses.

Or cette propriété des choses est souvent factice ; tel qui croit être propriétaire par suite d'hypothèques ou de prêts n'est pas propriétaire seulement du quart de ce que représente sa propriété, ce n'est donc pas sérieusement une propriété individuelle.

Celui qui possède un million de rentes sur l'Etat ou sur des sociétés financières n'est propriétaire que de chiffons de papiers que le moindre aléa peut détruire.

(1) Voir mon *Vœu*, fin du volume.

L'Etat lui-même à la merci de l'impôt (nous l'avons déjà dit) peut-il garantir sa dette?

Où sont donc les propriétaires? je vous le demande, et où est la sécurité?

Votre institution de la propriété individuelle n'est qu'un mot qui ne se soutient que par la force brutale dont dispose la nation sous le titre d'armée, gare à qui bouge. Ce sont quelques gros capitalistes fédérés qui sont les maîtres des nations; et à quel titre, je vous le demande.

C'est pour détruire cette nouvelle féodalité plus puissante que celle des nobles et des seigneurs que je demande l'étude de la question sociale pour tous.

Elle ferait apparaître clairement l'issue fatale du système actuel. La guerre! Et après l'esclavage.

Alors chacun réfléchirait, on serait évidemment amené à reconnaître que cet état permanent de guerre à coups de sac, et à coups de canon, n'est bon pour personne et qu'il faut trouver une autre organisation qui ne puisse conduire à un pareil abus.

155. *Un Progressiste.* — Eh bien! c'est cela, nous y sommes, c'est pourquoi nous demandons des réformes graduelles?

R. — Sans doute, graduelles, mais faut-il encore qu'elles attaquent le mal dans sa racine. Celles que je propose sont aussi graduelles, et cela ne peut être autrement puisque nous rejetons l'absolu, la différence c'est que les vôtres frisent à peine l'abus, et nous, nous le frappons au cœur.

156. *Un ouvrier.* — C'est ce qu'il faut!

R. — Oui! l'institution de la propriété individuelle est une vraie duperie; on ne peut considérer comme propriété individuelle que l'usufruit c'est-à-dire ce que l'on use, ce qui se consomme. En effet, puisque le produit s'use et ne peut se conserver, pourquoi l'or qui le représente jouirait-il de l'immutabilité?

C'est bien là le vice capital de votre système financier; quand il sera aperçu de tout le monde, ce système ne tiendra plus debout.

C'est sur l'usufruit seul, dans l'étatisme que repose la

propriété individuelle, les bons et les tickets servent uniquement à l'échange dans l'intérieur, l'or et l'argent restent dans les coffres de l'Etat pour servir aux transactions avec l'étranger et pour les besoins de la guerre en cas de conflits nationaux.

Ne dites donc plus que nous détruisons la propriété individuelle, nous en faisons une application différente de la vôtre. Voilà tout! comme nous l'avons dit plus haut : « La propriété est naturelle dans son principe et artificielle dans ses applications. (J. Simon.)

Or, c'est à l'application que vous faites de la propriété que nous nous attaquons, et non à la propriété; ne confondons pas.

157. *L'Economiste.* — Rien ne prouve que cette nouvelle combinaison soit meilleure que celle que vous voulez remplacer, je vois les mêmes abus se faire avec le produit ? On thésaurisera avec les objets.

— Vraiment, c'est de la subtilité et en l'admettant je ne vois pas jusqu'où pourrait aller, sans qu'on s'en aperçût, cet abus ; on ne mettra toujours pas un million de produits dans un espace invisible comme on peut le faire pour un million de banknotes ou même en or, c'est donc pour le plaisir de critiquer. N'oublions pas que ce ne sont pas les faits que rien ne peut empêcher, ce sont les abus de ces faits, que nous voulons *freiner*.

D'ailleurs, où pourrait se produire cet abus ; au travail libre!

Je vois bien en effet au travail libre des échanges de travaux individuels se faire. J'ai parfaitement prévu ce cas, mais cette thésaurisation, au lieu de nuire, simplifiera considérablement ce qui se passe dans votre système d'échange individuel que je comprends ne pouvoir empêcher.

Il ramènera ces travaux originaux et intéressants des anciennes familles, qui ont un si haut prix dans nos musées rétrospectifs, et je ne vois pas ce qu'on perdra au change. La camelote disparaîtra et, avec, le surmenage ouvrier (1).

(1) Voir *Mal social. Progrès.*

158. — *L'Economiste.* — Cette camelote, comme vous l'appelez, c'est notre fortune à l'étranger ?

R. — Oh ! nous pouvons la laisser subsister pour tous ceux qui l'aiment même dans l'intérieur, et s'il y a nécessité de battre monnaie au dehors, le travail obligatoire en fabriquera tant que l'on voudra ; on fera tout ce qu'il faut pour plaire au commerce de l'étranger, nous resterons, *nationalement pratiques*, mais nous préférons fabriquer de très beaux et de très bons produits pour nous d'abord et l'étranger si cela lui plait.

L'Anarchiste. — C'est de l'égoïsme national.

R. — Oui, en attendant, avec vous, l'Harmonie universelle !...

159. *L'Economiste.* — Croyez-vous que la France soit actuellement assez riche pour donner à tous le *Droit de vivre* que vous promettez ? Elle est pauvre, au contraire, si l'on compare ses ressources au nombre des hommes. En dépit des progrès réalisés, la masse d'argent à partager serait petite pour la multitude des copartageants ?

R. — Il ne s'agit pas de partager, il s'agit de régler les abus de la thésaurisation, je n'ai jamais *parlé de partager les biens, d'égaliser les fortunes*, etc. Mais pour répondre à votre objection, je ne suis pas en peine :

Croyez-vous la France assez riche, dites-vous ? D'argent, peut-être non. Mais de produits oui ; faut-il d'abord constater qu'il n'existe aucun rapport d'égalité entre l'argent et le produit.

Voici ce que dit M. Beauregard sur ce sujet : En France, où la richesse nationale est estimée à 200 milliards environ et où la population dépasse 37.000.000 d'habitants, la richesse par tête atteint à peu près 5.880. Qu'est-ce que cela ? à 3 0/0 176,40 par an et par tête.

Parlant du produit, le même économiste dit : La France bien exploitée pourrait se suffire à elle-même et au delà, jusqu'à une population de 90 à 100 millions.

Cela me suffit pour réduire à sa valeur votre argument, et pour prouver qu'au XXe siècle, d'après les conditions de notre agriculture, malgré qu'elles soient mauvaises, il n'y a pas même actuellement disette de produits, car partout l'abondance est. S'il y a disette, c'est d'argent dans les poches des prolétaires. Voilà tout.

Ah! au Moyen Age où la machine n'existait pour ainsi dire pas, c'était différent. Il y avait vraiment disette de produits de toutes sortes, et on le voyait, aurait-on eu de l'argent plein les poches, on ne trouvait rien à acheter. Aujourd'hui, c'est tout le contraire. Le temps des famines est passé; et s'il en existe encore en certains endroits sur la terre, c'est dû à l'imprévoyance et surtout à la rapacité de certaines nations capitalistes.

On a raison de dire que les extrêmes se touchent. Chose curieuse! Voici deux Féodalités, la Féodalité terrienne et la Féodalité de l'argent intéressées à avoir des esclaves pour les servir, qui ont employé des moyens contraires, et qui sont arrivées au même résultat.

La première : la Féodalité seigneuriale, par mépris du travail, et par imprévoyance.

La deuxième : la Féodalité capitaliste bourgeoise, par un travail abrutissant qu'elle fait faire aux autres et une cupidité insatiable.

Toutes deux, par égoïsme ; heureuses de faire appel à la théorie de Malthus pour dire : Il y a trop de monde ; si cela continue, on s'entre-dévorera. Et il y a nombre de gens qui *gobent cela ;* mais le piège est grossier : Au Moyen Age, on pouvait s'y tromper, et apercevoir une contradiction, avec l'Evangile qui dit : « Croissez et multipliez. » Mais la Foi soutenait cela ; quelques esprits éclairés protestaient bien contre l'égoïsme et l'ignorance des nobles. Mais enfin, comme on ne voyait aucune réserve dans les magasins, c'était au moins une demi éloquence. Mais aujourd'hui, les magasins regorgent de marchandises, qui servent à la prodigalité de ceux qui étalent impunément leur luxe, entretiennent et nourrissent des milliers de milliers de valets, de prostituées, de mendiants, de parasites de toutes sortes, et au milieu de cette fainéantise, chose lamentable! l'honnête homme trouve difficilement de l'ouvrage, a de la peine à se caser sérieusement, en un mot, a bien du mal à vivre heureux lorsqu'il ne meurt pas d'anémie ou de faim.

Eh bien! tout compte fait, et pour montrer l'erreur de calcul de M. Beauregard, qu'il donne comme concluant, je retourne son problème, et, au lieu de diviser 200 milliards par 37 millions qui donnent, d'après son calcul, 5.880 francs de capital à chacun ou 176 fr. 40 de rente à 3 0/0, je multiplie ce qu'il faut à chacun pour ne pas mourir de faim, de froid, ne pas coucher à la belle étoile ; mettons, l'un dans l'autre, pour chacun, grand ou petit, maigre ou gros, fainéant ou travailleur, riche ou pauvre, 400 fr. à 3 0/0, ce qui donne un capital à chacun de 12,000 francs, soit un peu plus du double.

Je crois que, pour maintenir l'existence de chacun étant donné la valeur de la monnaie à notre siècle, ce chiffre de 400 fr. par tête n'est pas élevé, eh bien ! je trouve 518 milliards pour la richesse nationale, au lieu de deux cents. N'est-il pas clair, qu'entre le produit et l'argent, il n'y a aucune proportion? Ce n'est donc pas l'or qu'il faut partager, c'est le produit ; et puisque, comme le dit le même économiste M. Beauregard, par l'application des progrès acquis de la science on peut arriver à nourrir 100 millions d'habitants, nous ne sommes donc pas en peine, à ce moment il y aura tellement abondance que quand même, tout le monde aura son droit de vivre. Mais retenez bien ceci : à ce moment, si le système actuel est toujours en vigueur, les milliardaires deviendront archi-milliardaires, et sur les cent millions d'habitants, 50 millions crèveront littéralement de faim malgré l'abondance. En voici la preuve (1) :

Cette petite dissertation jette un jour fort intéressant

(1) Molinari, dans une statistique américaine, a trouvé sur un total de 80.250 habitants possédant au minimum 191 milliards, c'est-à-dire les 3/5 de la richesse nationale évaluée à un peu plus de 300 milliards de francs, que 12 millions d'habitants ensemble ne possédaient pas plus que 81.000 milliardaires et millionnaires. On voit d'ici l'effrayante misère des peuples d'Amérique et on comprend les 30.000 sans travail de Chicago demandant du pain autour de l'abondance. Voilà l'avenir capitaliste ! Méfiez-vous de ceux qui disent : dans peu de temps, tout sera tellement bon marché, qu'on aura tout pour rien. C'est un leurre. Ils accapareront l'argent, et vos poches étant toujours vides, vous continuerez à misérer.

sur ce qui se passe en Europe, entre les nations, je veux dire la politique internationale, si difficile à équilibrer; et ceci explique aussi pourquoi la France, cette bonne vache à lait, comme l'appelait Louis XVIII, est l'objet de la convoitise de certaines nations voisines, qui depuis si longtemps ne pouvant la vaincre, l'exploitent et la sucent jusqu'à extinction. (Permettez-moi ici de jeter un coup d'œil sur la *Puissance de l'or*). On a deviné que je parle de l'Angleterre, qui est et sera toujours au fond notre implacable ennemie. Et pourquoi? On le sait : sa situation géographique et son sol producteur, peu en rapport avec sa situation, l'y obligent. On conçoit qu'une race orgueilleuse n'aurait pu s'assujettir à être la vassale des autres puissances, elle a préféré en être la suzeraine, et il y en a qui croient qu'elle touche à ses fins. Espérons que non! Mais dans tous les cas, défions-nous : ce réveil depuis quelques années de Jeanne-la-Pucelle en France, ayant pour but de réveiller le sentiment de la patrie et un peu plus tard l'affaire Dreyfus, ne serait-il pas une ruse, un leurre jeté aux foules par les capitalistes de tout acabit, juifs et chrétiens français, pour détourner le but du socialisme, qui est l'affranchissement des peuples?

C'est beau de réveiller le sentiment de la patrie, je l'approuve, mais il faut connaître l'arme de ses ennemis, si l'on ne veut pas être pris au dépourvu. Rappelons-nous ce mot de Bismarck : « L'argent voilà le nerf de la guerre. » Eh bien! croit-on prudent, quand tout l'or de la nation est dans les mains de quelques capitalistes tous prêts à filer à l'Etranger, de se lancer dans une nouvelle guerre? Soyons prudents.

On ne pense généralement pas à cette nouvelle forme de trahison, pire cent fois que la félonie des grands seigneurs du royaume de Charles VII. — C'est pourtant ce qui se trame.

N'est-ce pas qu'il serait bon, à ce moment critique, que l'argent français ne passe pas à l'étranger? et que, pour réveiller le sentiment de la patrie, il vaudrait mieux que cet or fût dans les *coffres de l'Etat*. On saurait au moins, dans ce siècle d'argent, où le dévouement est *une chimère sociale* (1), que c'est pour sa propre fortune que l'on se bat, que l'on se fait tuer.

Oh ! vous avez beau faire, politiciens, savants, hommes de lettres, artistes, etc., égoïstes de toutes nuances, qui mettez l'argent au-dessus de tout, le peuple, corrompu par vos paroles, par votre pitoyable exemple, au moment du danger, tournera du côté du plus fort, et restera sourd à tous vos grands mots de patrie, de famille, de fortune. Ma patrie, dira celui-ci, c'est moi ! Je n'ai pas de famille, dira celui-là, ils m'ont ravi l'honneur de mes filles, et mes fils meurent sous la bouche de leurs canons ! Ma fortune, dira encore cet autre, j'avais des terres, je n'ai plus d'argent pour les fertiliser ; je travaille pour l'usurier. Mon capital ! diront les rentiers, ils l'ont transporté à l'étranger, ils ne m'ont rien laissé que *des chiffons de papier*. Ma patrie ! diront les spoliés, mais où voulez-vous que je la trouve, suis-je bien sûr moi-même de m'appartenir, et ils se jetteront dans les bras du premier tyran venu.

Voilà l'œuvre ! Voilà ce que le capitaliste prépare envers et contre notre belle et grande Révolution.

O ! France, ouvre les yeux. Tu peux encore te sauver de l'esclavage, montre l'exemple aux autres nations, en écrasant la contre-Révolution ; autrement, point de salut. Vaincue par la trahison, tu seras, comme la Pologne, appelée à disparaître de la carte géographique d'Europe.

Ce qui me console, c'est que si tu dois être écrasée, tu ne seras jamais vaincue. Les peuples se fonderont dans ton génie, *et les despotes, qui auront cru vaincre la Révolution française, n'auront qu'assuré son triomphe définitif sur le monde entier.*

160. *Un vrai Républicain.* — C'est vrai ! Mais c'est pousser le pessimisme un peu loin. Je ne crois pas que les principes de 1789 soient violés à ce point. La liberté individuelle et le respect du droit de citoyen, qui en est le fondement, n'ont point encore reçu une pleine et entière sanction, mais nous y marchons.

(1) Baudrillard, économiste.

R. — Je le souhaite, mais n'oublions pas ce qu'a voulu la Révolution française. Plus de féodalités, plus d'oligarchies, et vous savez qu'elles existent encore sous une autre forme, et avec les mêmes abus, les mêmes privilèges.

161. *L'Economiste.* — On a cependant observé les lois ?

R. — On les a tournées. Aussi, l'Etatisme ne touche pas aux formules que nous a laissées la Révolution française, il ne fait qu'établir des lois qu'on ne puisse ni violer, ni tourner. Un siècle d'expérience, de liberté à outrance confirme le vieil adage que, malgré une liberté individuelle, inconnue jusqu'à ce jour, qui aurait dû faire ressortir la sagesse de l'homme, *l'homme est resté un loup pour l'homme* (*homo homini lupus*).

On ne doit donc pas faire, des formules subjectives de la Révolution française un dogme absolu ; mais à ces formules, il faut y ajouter des lois égales pour tous; ce qu'on a déjà fait pour arrêter les abus toujours croissants que des formules abstraites laissent toujours devant elles.

Ecoutons ce que dit Proudhon à ce sujet :

« Quelle est, dit-il, cette idée princesse, à la fois objective et subjective, réelle et formelle, de nature et d'humanité, de spéculation et de sentiment, de logique et d'art, de politique et d'économie, qui régit à la fois le monde de la création et le monde de la philosophie, et sur laquelle ils construisent l'un et l'autre ; idée, enfin, qui, dualiste par sa formule, exclut néanmoins toute extériorité et toute supériorité, et embrasse dans ce système *le réel et l'idéal. C'est l'idée du droit et de la justice.* »

Or, tout le monde sait ce qu'on peut attendre du droit et de la justice dans votre société.

Eh bien ! C'est à plus de respect du droit et plus de justice qu'il faut arriver ; et, je le répète encore une fois, un siècle d'expérience de lois répressives sous votre système individualiste n'a abouti, comme l'avait prédit Robespierre (1), qu'à une société devenue le *patrimoine des fripons adroits.* Votre système est donc jugé.

(1) Voir *Robespierre, prophète*, 1re partie.

Mais voyons un peu le nôtre et comment quelques-uns le jugent *a priori*.

Dans un numéro de la *Revue Philosophique*, je lis, page 186 :

« Or, des deux branches du socialisme, voilà bien celle qui, chez nous (en France) et hors de chez nous, est en voie de triompher, et c'est justice, car de tous les socialistes vrais, les socialistes d'Etat et à un moindre degré les socialistes de la chaire, leurs théoriciens incomplets et timides sont les moins inconséquents ou, plutôt, ils sont parvenus à éviter entièrement la contradiction qu'implique d'ordinaire le socialisme. L'égalité qu'ils rêvent ou espèrent, ils la veulent, avec raison, fondée sur l'adhésion du plus grand nombre et à la satisfaction de ses besoins (besoins d'égalité temporairement compris), en attendant qu'ils aient substitué à une inégalité qui les gêne (féodalité territoriale, féodalité financière), par exemple une autre inégalité selon leur cœur, la féodalité électorale.

« Cette dernière peut être prédite dès maintenant, avec plus d'assurance que ne pourrait l'être l'ère des grands vassaux financiers par la sagacité de Fourier au commencement de ce siècle. »

On le voit, ici on prédit sur les débris des féodalités passées et présentes une autre féodalité, *la féodalité électorale*.

Nous avons montré (*Mal social*) (1) que nous touchions à la fin de ces puissances despotiques, parce qu'elles allaient dans leurs allures et dans leur politique toujours en s'affaiblissant.

Il est facile de s'en rendre compte. En admettant que les peuples du xxe siècle se laissassent encore prendre, après la bataille gagnée, à une nouvelle politique, tendue par le machiavélisme de ces hommes qui savent si bien dissimuler leurs moyens pour tromper le peuple et l'asservir, ils seront forcément obligés d'être encore plus raffinés qu'ils ne le sont pour cacher ce nouveau servage.

(1) *Les Féodalités.*

Du reste, nous nous y attendons bien.

Nous savons que si la morale n'a pu changer les hommes, si la crainte du Dieu des religions n'a pu obtenir davantage, si les lois répressives, allant de la torture à la mort, n'ont rien fait, ce ne sont pas sur ces moyens qu'il faut compter, et nous n'y comptons pas.

Mais nous comptons sur l'épuisement des ruses politiques, sur la faiblesse de l'argumentation et sur les ressources affaiblies du despotisme latent; l'histoire le prouve par le passage de l'esclavage antique au servage, et du servage au prolétariat.

Enfin, j'accepte que nous entrions en lutte avec la crainte de nouveaux abus où le favoritisme déjà si grand dans le système actuel pourrait devenir intolérable, à un moment donné, dans la nôtre.

On saît que les féodalités ne s'élèvent pas d'emblée. En plus, nous sommes prévenus, et si le malheur voulait que, malgré les bienfaits de l'instruction obligatoire et du travail obligatoire, le peuple se laissât encore prendre, il y aurait toujours un grand pas de fait, car, malgré l'abus du favoritisme aussi grand, peut-on le concevoir, *le droit de vivre* pour chacun, sans aléa, n'en serait pas moins acquis.

TROISIÈME QUESTION. — Retraite obligatoire

Il n'y a pas à s'entendre sur la retraite obligatoire, il est évident que, dès lors que l'Etat réclame des citoyens un temps de leur existence au profit de tous, cette *Dette sociale* payée demande réciprocité.

Dans l'Étatisme, dix années, quinze au plus, selon la *dureté des carrières*, suffisent pour les besoins du travail.

En sorte que, citoyens et *citoyennes*, à 30 ou 35 ans, sont affranchis et jouissent en sécurité de leur pleine et entière liberté.

Quelle différence avec ce qui a lieu dans votre organisation individualiste.

Il faut 60 ans d'âge et 30 ans de travail pour avoir quoi ! (Je parle des petits fonctionnaires, s'il s'agit des retraites de l'Etat, et des ouvriers s'il s'agit des administrations, etc., etc.) A peine de quoi vivre, et les veuves souvent rien, si le mari meurt avant l'âge de la retraite.

Dans notre système, on n'a pas une retraite, parce qu'on *n'est plus propre à rien*, mais parce qu'on a payé une dette ingrate, utile à tous. Cette organisation offre donc une complète sécurité puisque *c'est l'Etat même*, c'est-à-dire, nous, qui sommes assureurs. Avantage très grand qu'offre notre système étatiste au point de vue de la sécurité générale. Il n'a, jusqu'à présent, donné lieu à aucune contradiction. Cependant, si quelqu'un demandait la parole, je suis prêt à me défendre.

162. *La Majorité.* — Très bien ! très bien !...

R. — Eh bien, citoyens ! marchons en avant.

Je dis *en avant* parce que depuis quelque temps (janvier 1901), le parti politique réactionnaire et clérical, parfaitement dessiné, jette la division et braque sa lorgnette en arrière.

Ces ennemis mortels de notre Révolution ont eu beau se cacher sous un masque républicain, ils n'ont pas réussi à tromper le peuple, leurs conspirations avouées (1) achèvent de les écraser.

Voici leur pierre d'achoppement :

La première encyclique du pape Léon XIII n'écartait pas le socialisme. Voici ce que disait le pape à ce moment, 1895. Interwievé par M. Vigné d'Octon, qui lui demandait : « que pensez-vous du socialisme ? » Il a répondu :

« Si par socialisme vous entendez les tentatives qui sont faites pour améliorer d'une façon progressive, *sage et raisonnée*, la situation des classes malheureuses, si vous appliquez ce mot à tous les efforts accomplis pour réaliser dans le gouvernement des hommes plus de justice sociale, je vous répondrai qu'on ne pourrait poursuivre un plus noble but. » *Bravo !... Bravo !... Bravo !...*

(1) Aveux, déroutes de Marcel Habert, Guérin, etc.

« S'ocuper de la question sociale avec la conscience des graves responsabilités qui pèsent sur tous ceux qui tiennent un peu de la richesse ou de l'autorité, c'est continuer l'œuvre du divin maître, et, pour ma part, c'est ce que je n'ai cessé de faire depuis mon avènement au pontificat. » *Très bien !... Très bien !...*

C'est clair, le pape est socialiste, les encycliques de ce moment, d'un bout à l'autre, le prouvent.

Aussi, à ce moment, le comte de Mun était *socialiste chrétien*; ce n'est que quelque temps après, au moment des bombes anarchistes, qu'il prononça sa fameuse phrase : *Le socialisme et l'anarchisme sont les deux versants d'une même idée...* patatras !... C'était, à ce moment, une promiscuité gênante, il s'en tira en s'annonçant désormais *Réformateur chrétien...* C'était la ruse qui devait nous conduire aux nouvelles encycliques qui viennent de paraître (1). Le Pape met le socialisme à l'index, et renie même le socialisme chrétien. Il n'accepte même pas, comme en 1895, qu'il puisse y avoir « un bon socialisme ». Attendez encore, on va plus loin. Le principal organe de ce parti « conseille de cesser toute polémique à ce sujet et de se renfermer dans ce que la foi conseille » : *Ne pas raisonner.* Eh bien, ceux qui n'ont pas la foi très solide feront appel à leur bon sens et se rappelleront ces paroles de Mgr d'Ireland (question actuelle, tome XXI). Les grands théologiens de l'Eglise, un Thomas d'Aquin, un Suarez, jettent, dans leurs ouvrages, des fondations solides pour la démocratie politique, qui prend, dans le siècle présent, sa forme la plus complète.

« Ils affirment, ils prouvent que tout *pouvoir politique* vient de Dieu par l'intermédiaire du peuple, dont les rois et les princes sont les délégués, et que le peuple possède *un droit inaliénable de révolte* quand ces chefs deviennent des tyrans. »

Ainsi, voilà qui est clair pour les catholiques libéraux comme pour les vrais républicains. Le peuple est le vrai souverain, et 1789 et même 1793 sont justifiés

(1) Voir *La Croix*, 1901.

de leur révolte contre la tyrannie des chefs, qu'ils soient des rois ou des tribuns. La révolution française a donc eu sa légitimité, sa raison d'être. Peut-on en dire autant de l'Inquisition ? Le cléricalisme aux abois a voulu l'essayer. Mais l'Inquisition, quelle qu'elle fût, fanatique ou politique, n'a pu passer pour une révolte du peuple. Ses tribunaux ne jugeaient pas en plein jour et les cris torturants arrachés à ses victimes n'arrivaient jamais à son oreille. La Révolution au contraire, pour faire cesser guillotinait ses victimes en plein jour et tout le peuple n'avait qu'à protester. Il ne l'a pas fait. C'est une grande faute que nous expions depuis un siècle par la tyrannie capitaliste. Juste retour des choses d'ici-bas, les peuples, comme les individus, ont leur châtiment.

Mais l'expiation est faite ! La France populaire du XXe siècle, plus éclairée qu'au XVIIIe, écartera toute Révolution sanglante et pacifiquement... faisant appel à la Raison, fera ce que la Révolution de 1789, faute d'éléments, n'a pu faire.

Mais bien fanatiques, ou bien criminels, sont ceux qui opposent à la Révolution la *contre-révolution*, c'est-à-dire veulent revenir en deçà de 1789, en faisant appel à la superstition, à la haine et à la torche révolutionnaire.

163. *Le clérical.* — Je refuse toute polémique avec vous. Il n'y a plus moyen de s'entendre.

R. — Je le comprends, c'est plus prudent de votre part et plus politique, surtout ; mais cela ne me tourmente pas, vous n'êtes pas encore parti. (On rit.) . .

Citoyens ! Je ferme cette deuxième conférence avec l'espoir qu'elle jettera une lumière sur l'acharnement des adversaires de l'Etatisme en particulier et du socialisme en général.

Pour ce qui me concerne particulièrement, je crois avoir bien défendu jusqu'ici les deux bases princiaples de mon système : « Le travail obligatoire pour tous et la valeur temporaire de l'or. »

Les assauts n'ont point manqué ; mais je le sais, citoyens, mes plus rudes adversaires ne s'avouent pas vaincus. Ils se réservent pour les conclusions.

Je les attends de pied ferme.

FIN DE LA DEUXIÈME CONFÉRENCE

TROISIÈME CONFÉRENCE

3e, 4e, jusqu'au 10e point.

ORDRE DES QUESTIONS

3o *Propriété, héritage.*
4o *Famille, communautés.*
5o *Essor de l'intelligence. L'enseignement à l'Etat. La presse, le livre, le journal.*
6o *Assemblées.*
7o *Morale, religion, justice.*
8o *Tout à l'Etat.*
9o *Etrangers.*
10o *Militarisme.*

AU LECTEUR

Troisième et quatrième points : Voici deux points qui ont suscité, parmi nous, bien de la contradiction, le quatrième, surtout, à cause du mariage libre.

Au premier abord, il nous semblait à tous qu'ils attaquaient en plein la famille dans son orgueil, dans ses joies de la paternité, et, bien que notre vieux prolétaire répondit, très catégoriquement, à Jules Simon (deuxième conférence n° 93), nous l'obligeâmes à s'expliquer de nouveau, surtout en ce qui concerne le mariage libre.

Aussi, il faut bien le comprendre : voilà pourquoi je me permets quelques explications avant cette lecture.

Par mariage libre, il entend se marier comme il plaît, mais n'impose aucune forme : à l'église, officiellement, familialement, en un mot librement, mais n'entend aucunement user de cette liberté, pour mieux se livrer au libertinage.

Ce n'est pas le mariage civil, ni religieux qui fait la fidélité. Nos Rois, très catholiques, et leur Cour ne nous en ont guère donné la preuve, et tous les jours les riches éduqués et instruits étalent assez impunément leurs débauches pour nous édifier à ce sujet.

Mais il a pris pour principe de ne pas toucher à la liberté morale, qu'il regarde comme absolue. Et cette réforme, l'Union libre, qui paraît bouleverser toutes les idées reçues ; en somme, n'est que la conséquence du divorce, qui a pour ainsi dire, annihilé le mariage, qui, de ce fait, n'est plus au fond qu'une affaire de Code où l'embarras de l'héritage entre pour la plus grande part. Le troisième point va nous éclairer là-dessus.

PAUL MÉLÉE.

TROISIÈME CONFÉRENCE

DIALOGUE (Même bureau.)

Ordre du jour.

TROISIÈME POINT

PROPRIÉTÉ-HÉRITAGE (1)

L'économiste monte à la tribune.

164. *L'Economiste.* — Pourquoi l'héritage? puisque vous ne conservez pas le droit de propriété privée ; c'est une étrange contradiction avec vos principes.

R. — Vous y tenez : je ne suis pas absolutiste, et la propriété individuelle existe toujours ; mais elle ne nuit jamais au droit de vivre pour tous, qui doit passer avant tout. Permettez que je rappelle ce que dit Jules Simon : « Le droit de vivre n'est pas une objection contre le principe de la propriété, mais contre toute organisation qui ne le reconnaîtrait pas. » Nous le reconnaissons ce droit de propriété ; mais il ne nous gêne pas, puisqu'il ne peut aller au-delà d'une limite raisonnable ; il en est de même du droit d'héritage, puisqu'il se renferme dans les objets consacrés à la famille, ce n'est plus un cumul capable d'exciter la cupidité, l'avarice. Notre réglementation de la propriété et de l'héritage est

(1) Nous supposons toujours le lecteur en possession de *Mal social*, où se trouve le plan que l'on discute.

au contraire une tranquillité pour la vieillesse, la soif de l'or n'excite plus les héritiers. Elle évite toutes les captations, elle écarte les mauvaises pensées si communes en pareil cas : ces deux réformes sont donc essentiellement morales.

Qu'on ne dise donc plus que nous ne respectons pas la propriété individuelle.

165. *L'Economiste.* — Vous dites que vous respectez la propriété individuelle.

Mais comment ferez-vous pour ne pas dépouiller le propriétaire actuel, puisque vous lui enlevez ce qu'il possède légitimement ?

R. — Entendons-nous sur ce mot légitimement. La propriété individuelle peut-elle raisonnablement être illimitée ? Un seul individu peut-il par droit, de force ou de chance, ou par quelque moyen que vous vouliez, posséder à lui seul un royaume ? Tout est dans cette question... Répondez.

166. *L'Economiste.* — Quelle étrange question ! Elle est impossible, absolument.

R. — Peut-être. Mais elle *démontre l'énormité du principe* qui, poussé jusqu'au bout, peut faire que le tout peut rester au plus fort, au plus chanceux, et alors terre, hommes et choses peuvent lui appartenir de par un droit illimité de propriété soi-disant naturel. Il est, comme le dit Zola, le maître absolu de la terre, même de l'univers tout entier, de par le même droit. C'est un Dieu (1). Heureusement il y a un obstacle, c'est que l'homme isolé, quel que soit son génie, relève toujours d'une collectivité. Le conquérant doit ses succès à ses soldats. Le capitaliste au monde des affaires. Tous deux chancellent et tombent si l'union dans le corps constitué vient à manquer, et c'est ce qui arrive toujours lorsque la justice ne règne pas dans le corps associé.

Depuis que le monde est monde, cette justice n'a pu régner et la liberté à laquelle ont droit tous les citoyens jusqu'à présent a été un leurre ; de là ce cri des siècles : « A bas les Tyrans » !!!

(1) Voilà l'absurdité du principe.

167. *L'Economiste.* — Où voulez-vous en venir ?

R. — Je veux en venir à ceci : c'est que la vraie démocratie, l'Etat, peuple, en un mot, n'a jamais existé jusqu'à ce jour ; que les lois promulguées ont toujours permis à un seul homme ou à une association d'hommes le moyen de devenir les maîtres sous la protection de lois humaines calculées dans ce but, et que nous, *Etatiste collectiviste,* nous n'en voulons plus. En conséquence aujourd'hui les peuples étant assujettis à une organisation féodale capitaliste (ces tyrans d'une nouvelle espèce), nous entendons l'étouffer par des lois qui empêchent tout retour à l'alliance d'oligarchies quelles qu'elles soient qui existent ou tenteraient d'exister.

168. *L'Economiste.* — Vous n'y parviendrez jamais, l'aristocratie se produira sous une autre forme.

R. — Peut-être, l'absolu n'est pas de ce monde, mais elle ne dominera pas, d'abord parce que nous lui enlevons l'arme capitale d'oppression, puis, parce que ces abus qui ne se soutiennent que par *des lois répressives,* nous les remplaçons par des lois préventives et des lois régulatrices qui empêcheront aussi bien les excès de l'aristocratie que de la démocratie.

169. *Une voix.* — Il faudrait le pouvoir et le prouver.

R. — C'est bien simple : au xxe siècle, nous l'avons vu le bien être peut-être assuré pour tous. La science a prouvé que la terre est assez grande pour nourrir tous ses enfants. Eh bien ! que cela devienne un fait ; et le problème est résolu.

170. *L'Economiste.* — Et vous croyez pour cela avoir chassé la tyrannie ?

R. — Malheureusement non ; l'homme est trop méchant, trop vicieux, trop égoïste, trop orgueilleux pour que ce rêve que les moralistes poursuivent soit près de nous.

Mais nous assainissons, nous ne laissons point subsister les foyers pestilentiels où pullulent l'ignorance, la superstition, l'alcoolisme, la prostitution par misère, le vol, l'assassinat. Nous n'ouvrons point passage aux ambitions démesurées, aux tyrans orgueilleux ; nous écartons l'occasion, nous enlevons les armes qui rendent forts et puissants ces natures farouches, barbares, astucieuses et cruelles ; en un mot, nous leur enlevons l'arme avec laquelle ils tuent, affament, abrutissent, prostituent et corrompent. Voilà ce qui n'a encore jamais été fait.

La morale a bien ce but : mais deux mille ans d'essai n'ont rien donné, peut-être parce qu'elle n'était pas aidée par des lois en rapport avec l'état de conscience des collectivités. Les lois obligatoires en vigueur depuis seulement quelques années ont déjà élevé le niveau intellectuel des nations et prouvent avec Jules Simon que là est l'avenir des sociétés ; parce que c'est dans ces lois que se trouve le plus de *justice sociale*, la seule chose capable de calmer les esprits irrités par les choses révoltantes dont l'histoire est remplie, choses avérées aujourd'hui ; avoir pour cause l'ignorance des masses. La morale suivra.

171. *Une Voix.* — Vous êtes impitoyable pour notre pauvre espèce.

R. — Je sais qu'il ne faut accorder qu'un crédit limité à l'histoire des siècles. Mais je ne puis me laisser entraîner à un altruisme imprudent ; j'accepte une morale sociale aussi répandue que l'on voudra, mais je soutiens que si on veut avoir quelque chance d'être entendu des masses, il ne faut pas d'un côté que les auditeurs soient sous la terrible angoisse de la faim, ni même de l'inquiétude du lendemain (cette épée de Damoclès toujours suspendue sur la tête du prolétaire), et de l'autre côté que l'on n'ait que des repus que vous endormez naturellement par votre morale dont ils ne sentent pas la nécessité. *Souvenons-nous que si ventre affamé n'a pas d'oreille, ventre repu n'entend plus.*

Or, voilà depuis des siècles les éléments psychopathologiques de votre société. Etonnez-vous maintenant que la morale la plus pure n'ait jamais pu être entendue.

172. *Le Clérical.* — Il y a beaucoup de vrai dans ce que vous dites ; mais vous oubliez *la chute de l'homme, le péché originel.* C'est pourquoi les catholiques ouvrent aux justes après la mort les joies du paradis. Vous

aurez beau faire, il y aura toujours des malheureux. C'est donc une grande erreur d'ôter cet espoir dans les cœurs en abolissant la religion, et je ne comprends pas qu'un homme comme vous n'ait pas aperçu cela et que vous fassiez cause commune avec les francs-maçons! les libres-penseurs.

R. — Permettez : la Sociologie est une science purement pratique, et tout ce qui touche aux dogmes ou aux métaphysiques doit en être distingué; nous en sommes convenus en commençant.

C'est du reste la règle que j'ai adoptée, parce que ce ne sont pas sur des abstractions que peut se former une science positive.

173. *Le Clérical.* — La religion ne peut pas se séparer de la question sociale ?

R. — Je suis de votre avis, pas plus que la morale; mais vous confondez le culte extérieur avec la religion intérieure.

Je n'écarte pas cette dernière, la seule vraie, la seule naturelle; parce qu'elle laisse chacun libre de donner à l'auteur de l'œuvre de la nature ou même uniquement à l'œuvre son tribut de prière ou d'admiration. Chacun peut à son gré adorer, prier comme il lui plaît. C'est pour cela que je conserve les temples, les mosquées, les églises, les idoles mêmes des primitifs. J'ai le plus profond respect pour les usages en quelques pays où je me trouve, parce qu'ils prouvent la sanction d'une certaine majorité que l'on doit respecter même malgré ses erreurs. *C'est la liberté de conscience.* Les usages tombent pour être remplacés par d'autres, c'est la liberté morale : on sait que nous n'y touchons pas, pourvu qu'extérieurement ces usages et ces rites ne gênent pas la collectivité.

Mais que doit être la liberté individuelle ou collective en sociologie ? Voilà le point important, sur ce point je vais m'étendre : Les lois humaines ne pouvant être que sociales ne doivent s'appuyer que sur la morale sociale, et sur les sciences qui nous apprennent à vivre sobrement et sagement. Voilà pourquoi j'ai pris le Christ, en dehors de toute religion, comme le plus parfait modèle *de vie sociale.* Il symbolise dans son passage sur la

terre l'expression la plus haute de la dignité humaine et est un modèle parfait pour apprendre à supporter les monstrueuses iniquités qu'il nous faut subir. (Lire mon Christ social et l'Unité morale de direction dans les établissements universitaires (1).

174 *Un Conservateur*. — Ces questions sont très intéressantes, mais s'écartent tout à fait de notre sujet :

Vous ne nous avez pas encore dit comment vous ferez sans une révoltante injustice pour ne pas dépouiller le propriétaire de ce qu'il possède présentement.

R. — Oui, je sais, c'est là une grande difficulté pratique ; non à cause d'injustice, car il est bien plus injuste de voir les uns gorgés de tout et les autres continuellement dans l'anxiété du lendemain, mais parce que les droits de force ou de chance reconnus par les précédentes lois, quelque soit l'usage qu'on en ait fait, semblent légitimées par la succession des temps, auraient-ils les résultats les plus monstrueux.

C'est ce que nous enseigne l'histoire des révolutions terribles que les peuples ont été obligés de faire pour obtenir un peu plus d'égalité sociale, et, chose remarquable, à chaque succès, une réaction épouvantable s'est établie pour réagir immédiatement contre le progrès acquis.

175. *Le Conservateur*. — C'est heureux qu'il en soit ainsi ! La nature ne procède-t-elle pas lentement dans son œuvre d'évolution ? La science nous l'apprend, il est bon de ne rien brusquer et d'agir comme elle avec prudence.

R. — Que vous êtes heureux de trouver cela et d'avoir une galerie pour vous écouter, mais évoluer ne veut pas dire piétiner sur place et faire tout ce que l'on peut pour retourner en arrière.

Dans tous les cas, il me semble que ce n'est pas brusquer que de continuer les lois obligatoires pour tous déjà acceptées et en usage depuis plusieurs années. Mais arrivons au fait.

(1) *Soixante ans de la vie d'un Prolétaire*. Annexe, fin du livre.

Voici comment je procède, étant donné ce qui est et ce que chacun voudrait qui fût, c'est-à-dire arriver au *droit de vivre pour tous*, tout en respectant la propriété d'autrui.

176. *L'Economiste.* — Je vous écoute :

R. — Toute propriété immobilière ou mobilière a une valeur d'inventaire qui peut être calculée sur son rapport présent.

Eh bien, toutes les fois qu'il s'agira d'une expropriation *pour intérêt général* le taux du remboursement sera fixé sur cet inventaire; s'il y a contestation, une commission sera chargée de décider en dernier lieu.

Toute propriété mobilière ou immobilière sera convertie en argent : terre, maison, linge, meuble, tableaux, etc. Voilà le moyen que nous employons pour estimer la valeur de quelque chose.

Tout produit éphémère, c'est-à-dire qui se perd promptement, sera estimé de même en argent séance tenante et d'après *son abondance présente.*

Toutes les fois qu'une transaction pour une cause quelconque, obligée ou volontaire, se fera, c'est sur ces tarifs que l'achat en sera fait par l'Etat.

Tout le monde reste donc propriétaire de ce qu'il a. Libre à lui d'en continuer l'exploitation ou de s'en débarrasser. Dans le premier cas, l'Etat lui fournit les agents, les outils, le matériel et les hommes qu'il lui faut pour une bonne exploitation dans le genre. Il reste le directeur de son établissement, appointé par l'Etat, ou enfin il cède tout à l'Etat et il lui est payé la rente de son capital estimé au cours moyen. Je ne vois pas en quoi il est dépossédé.

177. *Une Voix.* — Mais enfin, il ne peut toujours pas faire de son terrain, de sa maison, de ses outils ce qui lui plaît.

R. — C'est pousser un peu loin le droit de liberté. Entendons-nous, n'exagérons pas : De tout ce qui sert à une grande exploitation, nul n'a le droit de gâcher ni de laisser improductif un capital quel qu'il soit, or, terre, outils selon son bon plaisir. L'avare, l'insouciant, l'inutile, l'incapable, le prodigue, le corrupteur, l'agioteur, le voleur, le trop pauvre, types dont la société actuelle fourmille, sont autant de gens funestes lorsqu'ils sont en puissance d'un capital quelconque, précisément parce qu'ils en font *ce qu'ils veulent*, et c'est bien ce qui existe dans votre organisation, de là, le triste spectacle qu'elle offre journellement.

Non seulement le produit est gâché, fraudé, mais encore il ne s'en produit pas assez pour le bien-être *de tous.*

D'un autre côté, l'individualisme permet des accaparements de toutes sortes (1). Il assume sur quelques têtes tout le travail et laisse le plus grand nombre végéter et chômer. Voilà son principe : « Faire dans le moins de temps possible le plus de travail possible, avec le moins de monde possible. » Tandis que le principe étatiste collectiviste est : Faire le plus de travail possible avec le plus de monde possible dans le moins de temps possible, » laissant ainsi le plus de temps et de liberté possible dans le jour, dans l'année et dans la vie.

Il me semble que la différence est grande au point de vue des résultats. Avec l'étatisme tout le monde travaille et gagne son droit de vivre ; avec l'individualisme quelques-uns travaillent avec un peu de sécurité et une quantité végètent dans une perpétuelle inquiétude du lendemain. Ceci est autrement plus grave (sociologiquement parlant) qu'un peu de liberté retirée à des roublards, à des fous, à des hommes légers ou inconscients. C'est là précisément ce qui montre que le principe anarchique est impossible, du moins, étant donné l'état des esprits à notre siècle.

178. *Une Voix.* — Vous n'empêcherez jamais cela.

R. — Absolument non, mais nous sommes certains de faire disparaître le principal abus : *l'accaparement si facile de l'or.*

179. *Un grincheux.* — Vous aurez d'autres abus pires peut-être que ceux que vous signalez.

(1) Les sucres Jaluzot, fabriques fermées laissant sur le pavé des milliers d'ouvriers.

R. — C'est juger précipitamment. Malgré toutes les iniquités dont tant souffrent, nul ne voudrait revenir à l'esclavage antique et je crois que les contre-révolutionnaires qui voudraient nous ramener au moyen âge perdraient leur temps.

D'ailleurs, les causes du mal social sont connues de tous, et comme j'attaque ces causes dans la racine, les maux funestes qui en découlent doivent disparaître, ou tout au moins diminuer.

Cette considération mérite, ce me semble, qu'on y pense sérieusement. Nous avons vu plus haut qu'*à priori* Robespierre avait prédit les abus de notre fin de siècle, ce qui prouve que quand on connaît les bases d'un système, on peut le juger très bien *à priori*. Que mon interrupteur se donne cette peine ; autrement c'est parler pour ne rien dire.

180. *Un Citoyen.* — Mais les possédants grands et petits ne voudront jamais de cet arrangement ; chacun a l'espoir de devenir riche, plus ou moins peut-être, mais de se tirer, et l'exemple prouve que beaucoup y arrivent.

R. — Ceci a pu être vrai il y a soixante ans, alors que les petites fortunes dominaient sur les grandes, mais aujourd'hui c'est le contraire, ce sont les grandes qui écrasent les petites. C'est précisément ce fait fatal qui démontre le vice capital de l'individualisme et son cercle vicieux. La vie des hommes en société ne peut être exposée comme celle d'un joueur sur un tapis vert, *au hasard*. Si encore il ne s'y glissait pas des escrocs et des voleurs, la seule chance amènerait peut-être plus d'équilibre, mais n'en serait pas moins pleine d'aléas.

Une société est autre chose que cela, elle ne doit pas être une guerre permanente à outrance entre les hommes, elle doit être une institution solidaire. La liberté pleine et entière des citoyens ne doit exister pour chacun qu'après que la dette de solidarité, qui conjure les hasards de la fortune, a été acquittée, parce que nul être en venant au monde n'a demandé l'existence, et surtout dans une société où on lui réclame quelque chose, autrement, il a le droit d'exiger en retour, *le droit de*

vivre ; or la société réclame au citoyen qu'il soit instruit, qu'il sache un métier, qu'il soit soldat, qu'il élève une famille. Et c'est dans la période de la jeunesse où l'esprit comme le corps sont plus propres à l'assimilation que j'ai choisie. N'est-ce pas l'âge des métiers? Evidemment tout ce bagage obligé à qui veut vivre socialement, doit être utile à *l'individu et à la collectivité d'individus,* à la société en un mot.

Eh bien ! qu'arrive-t-il dans votre société?

Les hommes instruits végètent par milliers faute d'emploi. Les hommes de métiers sont par centaines à la porte des ateliers, le militarisme est devenu le trop plein des déclassés, la caserne est le refuge des sans position, et chacun voit de plus en plus l'impossibilité de se tirer comme vous dites.

C'est dans ce gâchis des forces intellectuelles, morales et physiques que vous pataugez.

Evidemment, tous ces hommes arrivés à soixante ans sans position sociale, deviennent des ennemis de votre société, les uns révoltés, les autres asservis, rongeant leur frein.

181. *L'Anarchiste.* — Voilà qui prouve que j'ai raison. Proposez-vous mieux? Jusqu'à trente ans, vous nous faites esclaves.

R. — Le mot est dur, je l'accepte de la part d'un anarchiste, parce que son absolutisme l'oblige ; à lui seul je reconnais le droit de me faire cette objection.

Vous dites : jusqu'à trente ans, dans votre système, il faut être esclave. Il s'agit de s'entendre sur ce mot.

La liberté ne consiste pas, nous l'avons déjà dit, à faire tout ce qui passe par la tête, mais ce qu'il est raisonnable de faire pour ne pas opprimer autrui.

J'emprunte à mon ami Paul Mélée ces quelques lignes qui répondent parfaitement à l'anarchisme : « Dépendre de l'État quand cet Etat est le peuple, c'est un esclavage nécessaire, c'est l'esclavage social, utile, indispensable à la sécurité personnelle et générale, c'est la rançon inévitable de cette sécurité, car j'imagine que l'absolue liberté, l'indépendance pleine de périls, de risques et d'impuissance de l'homme isolé ne vaut pas

l'état de citoyen dans une société même très exigeante. »
Or, lorsque nous réduisons à son minimum le sacrifice de liberté et dans l'âge où il est plus facile de le faire, que nous élevons d'un autre côté, par un bien-être assuré, le maximum d'avantages, je dis qu'il ne peut y avoir que les tyrans et leurs acolytes heureux de dominer les foules par la terreur et par la faim, qui aient à se révolter contre nos lois préventives. (Préface de *Soixante ans de la vie d'un prolétaire*).

182. *L'Anarchiste.* — Vos lois ne peuvent être que transitoires, et alors c'est un perpétuel changement? Voilà pourquoi nous ne voulons pas de lois.

R. — C'est également l'objection des marxistes ; on ne peut, disent-ils, établir un plan préconçu ; le temps, les événements, les progrès président aux transformations, et c'est perdre son temps que d'arrêter un plan qui n'aurait peut-être qu'une durée éphémère.

183. *Un moraliste.* — C'e t juste, et vous n'obtiendrez aucun résultat sérieux tant que les esprits n'auront pas atteint la faculté de penser, de raisonner, et qu'ils ne seront pas arrivés à la hauteur de vue et à la moralité nécessaires pour concevoir un état aussi parfait que l'étatisme.

R. — S'il faut attendre ce degré psycho-pathologique de l'humanité pour viser à une organisation que l'on sent nécessaire pour arrêter des abus devenus intolérables, autant remettre cela aux calendes grecques. Ceux qui souffrent, et ils sont nombreux, ne peuvent se contenter de promesses aussi vagues, d'autant plus que les classes dirigeantes qui possèdent instruction, éducation, sont loin de prouver que le moyen soit efficace. Je m'en rapporte davantage *au bon sens* instinctif de tous, qui reprendra le dessus lorsque les moyens de corruption auront disparu, il vaut mieux prévenir que guérir.

184. *Une Voix.* — Tout cela est présentement bien vague.

R. — Le mal vient d'en haut, le bas ne se corrigera que lorsqu'il verra ceux qui ont la prétention de les moraliser, de les diriger, donner les premiers l'exemple.

185. *Un Aristocrate.* — Mais je croyais que vous ne vouliez ni haut ni bas ?

R. — Sans doute, du moins dans la mesure du possible, car rien n'est absolu, nos tendances visent à ce but, tandis que, dans la société actuelle, tout pousse à l'exorbitante inégalité des conditions, c'est-à-dire *à l'esclavage permanent.*

C'est ce qu'a très bien exprimé Zola quand il a dit : dans l'*Argent.* Nous marchons vers le moment où quelques financiers associés posséderont toute la terre.

186. *Une Voix.* — Ils sont déjà les maîtres du monde ?

R. — Cette prédiction s'accomplit.

C'est donc cette tyrannie qu'il faut abattre, et le vrai moyen, c'est la socialisation de tout travail qui demande à être fait collectivement, et je soutiens qu'il n'y a, dans mon plan, rien d'utopique ; qu'à ce point de vue, il est radicalement réalisable.

187. *Un vieillard de 84 ans.* — Et presque immédiatement.

Cette parole échappée d'un conseiller général éprouvé, qui n'a jamais failli à ses convictions républicaines et socialistes, produit sur l'assemblée un effet considérable.

R. — Oui, en effet, mais avant tout, il faut accorder à tous un temps ultérieurement fixé *pour l'étude de la question sociale par tous.*

188. — Oui ! oui ! les cahiers ! les cahiers !.....

R. — Oui, citoyens, les cahiers, ce sont eux, en 1789, qui ont tiré le Tiers-Etat de la tyrannie royaliste. Le prolétariat ne s'affranchira de la tyrannie parlementaire que par le même moyen ; demandons donc tous, pour première réforme, l'étude de la question sociale par tous, sous l'initiative du gouvernement (1).

(1) Fin du volume. Voir *Mon Vœu* (1895).

QUATRIÈME POINT

Famille. Communautés. Unions libres

On a beaucoup écrit sur ce sujet.

Le Conférencier. — Nous demandons non seulement l'union libre, mais la paternité libre, la maternité responsable seulement de l'identité de l'enfant.

189. *Le Clérical.* — Oh! Oh! l'union libre, voilà une question bien délicate et qui rencontrera bien des difficultés; d'abord, c'est immoral.

R. — Comment cela?

190. *Le Clérical.* — Vous bouleversez tous les usages reçus?

R. — Je ne comprends pas, surtout de votre part. L'Eglise déjà ne reconnaît pas le mariage civil; eh bien! elle a fait le pas. Le mariage religieux n'est autre qu'une union libre, puisqu'il n'est sanctionné par *aucune loi sociale.* Remarquez, je ne désapprouve pas le mariage divin... Je constate qu'il est une union libre.

191. *Le Clérical.* — Votre union libre est tout à fait immorale.

R. — L'Amour n'a rien d'immoral, l'immoralité est dans la violence, dans les pièges, dans la corruption, dans la séduction calculée, autrement dit, dans l'hypnotisme criminel.

L'immoralité est encore dans le mariage, lorsque la femme rapporte un fruit adultérin; il est alors plus qu'immoral, il est criminel parce que, d'après vos lois, non prouvé, il force l'homme à prendre cette charge. Voilà les unions approuvées par la loi, et que je désapprouve.

D'ailleurs, la condamnation du mariage est le divorce, et on a été obligé d'en arriver là.

192. *Le Clérical.* — Aussi l'Eglise ne reconnaît pas le divorce.

R. — Non, mais elle accepte l'enfer conjugal par l'indissolution du mariage. Moi, je dis que l'on doit être libre de s'unir et de se désunir sans aucune sanction de loi. Celui qui abuse de cette liberté a tort, voilà tout... comme ont tort ceux qui n'observent pas la fidélité dans le mariage civil ou religieux.

193. *Une voix.* — C'est presque toujours une affaire de caractère, de tempérament, que le mariage n'empêche pas.

Heureux ceux qui savent s'aimer et rester fidèles. Le libertinage est une immoralité condamnable dans tous les cas, mais qui a une gravité tout exceptionnelle dans le mariage légal.

Le Conférencier. — On n'empêchera jamais le libertinage, il souille même trop souvent la couche nuptiale ; s'il a lieu au dehors, c'est plus grave encore, à cause des maladies suspectes qui gâtent l'organisme et causent par atavisme les plus dangereuses défections.

Voilà des maux que nulle organisation sociale ne peut malheureusement empêcher. Il en est de même de la jalousie.

Ceci est du pur ressort de la morale, l'instruction n'y peut même rien ; ces tristes choses atteignent aussi bien les savants que les ignorants.

Tout ce que l'on peut faire de mieux, c'est d'écarter le péril ; l'occasion facile est la cause première de bien des défaillances.

Les lois répressives sont peu efficaces, ce ne sont pas elles qui ont jamais obligé les supérieurs à être de bons dirigeants, les pères à être de bons pères, les mères à aimer leurs enfants. Elles n'ont pas davantage d'effet sur les inférieurs, elles ne font point non plus les bons fils, les bons citoyens, les bons serviteurs.

Sur tout ce qui touche *à la liberté morale*, les lois répressives n'ont aucune prise.

Mais on peut prévenir, et c'est ce que je fais avec les lois préventives qui donnent le droit de vivre à tous, sans aléa.

Ainsi, on met à l'abri de la séduction tous ces malheureux et malheureuses névrosés que le dégoût d'une vie de privations continuelles décourage et pousse à avoir recours, pour s'étourdir, aux offres séduisantes des riches, qui leur permettent d'user de toutes sortes d'énervants : alcools, amants, maîtresses, bourse, jeu, etc.

D'un autre côté, les riches eux-mêmes, peut-être moins énervés mais plus vicieux, n'ayant plus l'occasion aussi facile, s'assagiront quelque peu.

Il ne restera que les natures à tempérament exceptionnel, que rien ne corrige ; mais leur promiscuité a moins d'inconvénients : « qui se ressemble, s'assemble. »

194. *L'Economiste.* — Très bien ! mais que faites-vous de la paternité ?

R. — Je ne change absolument rien à l'ordre des choses existantes : Est père, qui se le reconnaît ; est mère, qui veut se dévouer et élever ses enfants, mais nul n'y est forcé.

195. *Une voix.* — Comment cela ? et l'état-civil !

R. — Oh ! là c'est différent, nous rentrons dans le domaine pratique, il faut une loi.

La paternité étant impossible à affirmer, c'est la mère qui est responsable de l'enfant parce qu'elle ne peut le nier.

196. *L'Économiste* — Alors ! l'enfant ne portera plus le nom du père. Alors, que devient la famille ?

R. — Elle reste ce qu'elle est, si cela plaît aux deux conjoints. La reconnaissance de l'enfant est un fait purement personnel, il est un gage de confiance de la part de l'homme qui fait ainsi honneur à la femme.

Vous parlez de la famille : Je me garde bien de toucher à cette institution, je veux au contraire la relever par la confiance entre les époux *unis librement.* Je viens de le dire : je regarde comme monstrueux que, par autorité d'une loi sociale, le père soit forcé de reconnaître le fruit de l'adultère *non prouvé.*

197. *L'Economiste.* — C'est l'affranchissement complet de la femme que vous voulez ?

R. — Vous l'avez dit, et le travail obligatoire nous en fournit entièrement le moyen.

198. *L'Economiste.* — C'est vrai, vous m'y faites penser ! Comment la femme trouve-t-elle sa situation

dans votre organisation du travail obligatoire? Vous n'en avez pas parlé?

R. — J'en ai déjà dit quelques mots, cela va m'écarter un peu de mon sujet. Mais si vous avez besoin que je m'étende davantage, questionnez-moi? Je vous écoute.

199. *L'Economiste.* — Je trouve bien difficile d'accorder le mariage avec la dette sociale que vous réclamez à la femme.

R. — A l'apprentissage obligatoire, la femme trouve, comme les hommes, une occupation en rapport avec l'instruction qu'elle a pu assimiler à l'instruction obligatoire; le choix qu'elle aura fait sera naturellement ce qu'elle sera capable de mieux réussir; elle sera pour cela conseillée par ses professeurs de l'Enseignement, qui auront recueilli des notes sur le tempérament, l'intelligence et l'aptitude de chacune; son apprentissage sera dirigé en vue de payer sa dette. On a pu voir, (*Mal social*) la grande latitude que nous laissons aux occupations de la femme à laquelle aucune carrière n'est fermée.

200. *L'Economiste.* — C'est où l'on arrive déjà dans la société actuelle.

R. — Oui, mais quel gâchis! La femme et la jeune fille viennent faire concurrence à l'homme dans des travaux déjà bien encombrés; et, de ce désordre, qui en profite? Les capitalistes, peu soucieux de jeter le trouble dans les ménages.

Notre organisation ne présente aucun de ces inconvénients utilisant les forces et les aptitudes des femmes que l'expérience prouve être généralement l'économie du ménage, savoir: tenir la maison, élever les enfants, toutes choses, en un mot, qui ne viennent pas faire concurrence à l'homme, elles sont toutes préparées pour le ménage.

Unie librement, officiellement ou religieusement, ou même associée conventionnellement, sans autre rapport que l'amitié, ou même vivre en compagnie, la femme, lorsqu'elle est mère, et qu'elle se charge de son ou de ses enfants, est affranchie du travail obligatoire; elle reçoit pour chaque enfant à élever jusqu'à l'âge de 7 ans, en plus de sa retraite immédiate, une indemnité immédiate au-dessus de deux enfants.

J'ai dit qu'on était entièrement libre d'élever ses enfants, ou de ne pas les élever soi-même, en les confiant à l'Etat; mais il est bien entendu que, dans le cas où la femme s'en affranchit entièrement, elle reprend sa dette au travail obligatoire et qu'elle perd son indemnité, si elle ne reste qu'avec deux.

201. *L'Economiste.* — Ceci est bien compliqué et demandera bien de la surveillance.

R. — Sans doute, mais comme je l'ai dit plus haut, dans le personnel féminin, plus encore que dans le personnel masculin, les bras et les têtes ne manquent pas au travail obligatoire, et nous avons vu que cette surveillance n'est pas une charge pour l'Etat, au contraire, elle contribue à la population en même temps qu'à la richesse générale.

D'ailleurs, c'est déjà ce qui se passe dans la société actuelle avec les crèches, les écoles maternelles, les écoles religieuses, les pensionnats. Il n'y a donc rien de changé.

202. *L'Economiste.* — Oh! mais on peuplera comme des lapins.

R. — Il y en a qui disent le contraire, que l'aisance rendra les amours stériles; voyez les bourgeois, disent-ils? Ce ne sont pas eux qui peuplent.

Moi, j'en déduis un terme moyen, et je crois qu'un juste équilibre en résultera.

D'ailleurs, la terre est grande, et je crois au vieil adage: « Croissez et multipliez », le progrès se chargera du reste.

203. *Un Conservateur.* — Vous avez réponse à tout.

R. — Dame! vous n'en demandez pas tant à la société actuelle qui ne règle rien du tout et laisse, sans souci, se débattre, dans la misère, les victimes de votre imprévoyance sociale. Si on la soumettait à une critique aussi méticuleuse et souvent aussi taquinière que vous le faites pour moi: Hélas! il n'en resterait pas bribe de votre société, que tout le monde reconnaît pourrie et vermoulue. Ceci devrait vous faire réfléchir un peu, au moins, et vous animer du désir d'arriver à une entente.

204. *L'Economiste.* — Je me défie des systèmes bâtis *à priori.*

R. — Toujours le même butoir, la même subtilité, en arriver au *laisser faire, laisser passer*, ou marcher si lentement, que le résultat reste le même. Ce n'est pas répondre, cela; c'est s'échapper par la tangente.

205. *L'Economiste.* — Enfin, vous voulez qu'on accepte quand même toutes vos utopies?

206. *Une voix.* — Assez! Assez! Ce n'est pas discuter ça, c'est chicaner, passons à une autre question, ce que je vois de clair, moi, c'est que, si nous voulons des citoyens égaux devant la loi, il faut d'abord le droit de vivre pour tous assuré naturellement par le travail de chacun, et la liberté pour tous de pouvoir s'élever par l'instruction aussi haut qu'on le peut :

Et je ne vois que l'instruction et l'apprentissage obligatoires qui permettent cela!... tout le reste, c'est de la ruse politique pour retarder l'avènement.

Le conférencier a raison, le travail obligatoire et la valeur temporaire de l'or unie au travail libre, conséquence naturelle des deux premières réformes, déjà en voie d'application, est la seule route à suivre pour atteindre sérieusement les abus du capitalisme.

Tout ce qu'on propose en dehors de cela, sont des emplâtres sans portée, bons pour endormir le mal, en le laissant s'aggraver.

Bravo! Bravo!

R. — La solidarité humaine, dans la plus large acception du mot, ne perdra jamais de vue la formule « Tout pour chacun, chacun pour tous », la seule vraie, la seule juste.

207. *Un Inconnu.* — J'assiste aux débats depuis le commencement de ces conférences, j'ai tout écouté avec la plus grande attention; et je crois que personne ne me contredira. Le conférencier, jusqu'à présent, a répondu à des attaques plutôt spécieuses que vraiment sérieuses, bien faites pour décourager les plus vaillants;

il a toujours répondu ouvertement, ne s'écartant pas des bases sur lesquelles il a fondé son *Plan social.*

Or, comme vient de le dire l'ouvrier avisé qui a replacé la question sur son vrai terrain, ces bases ont été acceptées par la majorité, car, à l'exception de l'anarchiste qui les nie entièrement, et du clérical qui ne peut les nier, mais fait des réserves, nous sommes tous d'accord de les maintenir (*des Voix* : Oui ! Oui !) Je demande donc qu'on laisse l'auteur achever ces conférences qui touchent à la fin, de n'user que de critique sérieuse, pouvant éclairer les débats et d'écarter l'ironie et les subtilités.

Bravo ! Bravo !

Dans tous les cas, il y a un grand point acquis. Nous sommes tous fixés sur ce que veut l'Etatisme collectivisme :

« Régler les abus, que l'auteur sait très bien ne pouvoir empêcher afin de donner à tous le plus de justice possible, et, pour cela, il faut produire le plus de richesse possible avec le moins de peine possible, afin de jouir le plus possible. »

(Goupy, extrait de l'*Almanach des réformateurs* 1850.) (1)

Je ne sais si le conférencier connaît cette formule, mais elle peut être considérée comme le problème posé de ce qu'il a cherché à résoudre par son *Plan social*; laissons donc terminer sans interruption cette dernière conférence et attendons les conclusions finales.

208. *Tous.* Oui ! Oui !... continuez, continuez.

R. — Je remercie l'inconnu qui vient de prendre la parole, et rappeler que les discussions devraient être franches et toujours animées du désir de rechercher la vérité, et de s'appuyer sur son inséparable guide : la Justice.

Je remercie aussi l'Assemblée pour l'attention qu'elle a bien voulu m'accorder et pour la part qu'elle a prise aux débats, je ferai de mon mieux pour que mes con-

(1) Je ne connaissais pas cette formule lorsque j'ai fait mon *Plan* en 1875.

clusions donnent à tous, sinon satisfaction, ce serait être trop heureux, au moins le désir d'aboutir.

Je continue donc : lorsque j'ai conçu mon livre, je ne connaissais pas la formule si clairement exprimée que vous venez d'entendre, elle fait l'éloge des hommes de 1848.

La question à cette époque était loin d'être ce qu'elle est aujourd'hui, hérissée de difficultés pratiques; cette formule, si simple et si juste, paraissait à tout le monde utopique.

Les nouvelles découvertes de la science et ses nombreuses applications industrielles depuis l'ont posée définitivement. Aujourd'hui elle est un fait incontestable, partout il n'est question que de solidarité, de prévoyance, d'association, de coopération, de retraite, etc. Partout on réclame à l'Etat une part de protection, à la collectivité une grande part d'action et à l'individualité une juste entente de la liberté ; on n'est en contestation que sur les moyens et sur les mesures qu'il est raisonnable d'assigner à ces trois facteurs : Etatisme, Collectivisme, Individualisme, facteurs reconnus fatalement inhérents à toute société d'hommes.

Ceci est le résultat des études sociales faites depuis un siècle.

Le *Plan social* que j'ai l'honneur de vous soumettre paraît calqué sur cette formule et je suis heureux d'être associé! (sans le savoir) si intimement d'idées avec un socialiste de 1848.

On l'a vu ! je prends dans la vie et dans la journée de l'homme *le moins de temps possible pour obtenir le plus de richesse possible, avec le moins de peine possible.*

Eh bien ! Que cette formule soit donc le desideratum et la volonté inflexible de nos recherches.

M'en suis-je bien éloigné ?

209. *Des Voix.* — Non ! non !

R. — La liberté individuelle la plus large possible, nous l'avons au travail libre.

— La propriété individuelle, nous l'avons dans une large mesure sans porter préjudice au droit de propriété pour tous. Par la valeur temporaire de l'or : nous réglons les abus de la thésaurisation, nous ôtons l'arme puissante du capital à l'individu et à toute oligarchie quelle qu'elle soit qui tenterait d'usurper le pouvoir, que nous reconnaissons ne devoir appartenir qu'au peuple, c'est-à-dire à Tous !

210. *Le Clérical.* — Cependant vous acceptez, dites-vous, les communautés, les associations ayant un but scientifique, moral, humanitaire ; mais où trouverez-vous leur entretien ? il faudra bien un capital en dehors de l'Etat, et vous retombez dans ce qui existe.

R. — Ne confondons pas ; ce capital est fourni par les associés, c'est-à-dire les intéressés, ce sont les sous de tout le monde qui, dans votre société, retournent aux exploiteurs, capitalistes ; la différence, c'est que ces sous ne servent *à aucune exploitation capitaliste.*

211. *L'Economiste.* — Mais vous retombez dans les mêmes abus.

R. — Non, encore une fois, il ne peut plus y avoir là exploitation capitaliste puisque l'Etat se charge du travail ; il y a seulement distribution, alimentation, mais non fabrication.

212. *Le Clérical.* — Beaucoup moins peut-être, mais il s'en fera tout de même. Vous dites au mot charité : Il est fait appel à tous les dévouements sans distinction de sexe pour secourir d'une façon permanente les enfants abandonnés à l'Etat, les malades, les infirmes de corps et d'esprit, en un mot tous les affligés. J'approuve cet appel à la générosité, il me prouve que, malgré votre pessimisme, vous croyez encore à la vertu, au dévouement.

R. — Je n'ai jamais cessé d'y croire mais à une petite minorité. C'est pour cela qu'il est bon d'y faire appel ; on m'a objecté que c'est de *la charité officielle* sur une large base que j'organise et que nous en connaissons les abus, pour ne pas étendre cette institution davantage ; je ne saisis pas bien cette critique ; dans l'organisation actuelle, je comprends que des malins se font charitables pour eux-mêmes d'abord, et les autres après s'il en reste.

Mais comment pourrait-il en être ainsi dans mon organisation, ce n'est pas avec de l'argent qu'on secourt. Le travail obligatoire fournit tout, employés, produits, ces associations coopératives ne sont, comme je viens de le dire, que distributrices des objets, il n'est donc nullement question d'une spéculation particulière de charité officielle, mais bien d'une œuvre complètement désintéressée de charité individuelle où celui qui la pratique paye uniquement de sa personne. *C'est la vraie charité* qu'il ne faut pas confondre avec l'aumône dont on connaît le principe : « charité bien ordonnée commence par soi-même ».

Cette objection n'est donc nullement fondée.

213. *Une Voix.* — Je crois ce point épuisé, nous pourrions passer au cinquième point.

Plusieurs Voix. — Oui ! oui ! on passe au cinquième point.

Essor de l'intelligence (*Mal social,* page 66).

CINQUIÈME POINT

Essor de l'intelligence

214. On sait que le grand argument contre l'Etatisme c'est l'arrêt immédiat du progrès ; à entendre nos adversaires, on croirait qu'un voile noir s'étendrait tout d'un coup sur la terre entière.

L'argument est toujours le même :

« Où est votre stimulant, comptez-vous sur le dévouement, sur la résignation, sur la morale, sur la religion, etc ? Rien de tout cela ne *vaut le stimulant de l'or* (1).

R. — C'est toujours l'enrichissez-vous de Guizot, il faut convenir que c'est triste d'abaisser à ce point le génie, le talent ; ceci doit faire réfléchir nos altruistes

(1) On sait d'ailleurs qu'au travail libre nous laissons le stimulant du gain réglé par la valeur temporaire de l'or.

qui s'imaginent obtenir beaucoup de leurs prédications morales, scientifiques, sociologiques, etc., malheureusement c'est trop vrai : n'a-t-on pas tous les jours l'exemple que les classes érudites qui composent la classe dirigeante de notre époque sont précisément celles qui montrent le plus pitoyable exemple de l'immoralité, des abus du luxe et des moyens de corruption ; ne se servent-ils pas de leur or comme arme d'affamement ?

Qu'espère-t-on donc de mieux de la classe ouvrière instruite à vos leçons ? Est-ce de la résignation ? Vous regardez cette vertu comme une tiédeur, un aveuglement.

Vous tournez dans un cercle vicieux. Donnez ! donnez d'abord *le droit de vivre* et peut-être après trouverez-vous des oreilles pour vous entendre. On ne saurait trop le répeter.

Si ventre affamé n'a pas d'oreilles, ventre repu n'entend plus. C'est cet état morbide qu'il faut commencer à guérir; après, la morale aidant, il y a lieu d'espérer. Mais en attendant, esprits plus pratiques et plus positifs que vous, nous soignons d'abord le corps ; convaincus que l'essor de l'intelligence trouvera dans un corps sain plus de raison, plus de liberté que dans un corps énervé, névrosé. Loin d'arrêter le progrès, il sera mieux dirigé dans l'intérêt de tous (1).

215. *L'Économiste.* — Mais puisque vous reconnaissez l'individu foncièrement mauvais, comment espérez-vous avec des éléments mauvais obtenir un ensemble bon ?

R. — Cet argument est plus spécieux qu'il n'est fondé. Je suis de ceux qui pensent qu'il vaut mieux agir d'abord sur l'ensemble par des lois égales pour tous, prévoyantes, puis sur l'individu. L'égoïsme est la forme du caractère dominant des individus, nous comptons dessus et nous le faisons servir au bien de tous. C'est pour cela que nous avons imaginé les lois préventives ; parce que l'égoïsme de chacun y trouve son aliment, seulement il est endigué comme sont en-

(1) Voir *Mal social* (*Progrès*, page 20).

digués les flots de la mer — *Tu n'iras pas plus loin!* C'est donc à moi de retourner la question et de vous dire : Puisque vous reconnaissez l'humanité foncièrement bonne, pourquoi basez-vous votre organisation *sur des lois oppressives?* Soyez franchement anarchistes alors, et vous serez conséquents.

Dites ouvertement : *pas de contrainte,* alors je vous répondrai ce que je dis à l'anarchiste : Voilà un siècle d'essai d'individualisme à outrance, les milliardaires, les millionnaires, les enrichis sont-ils plus moraux, sont-ils plus humains, sont-ils moins égoïstes et savent-ils faire un meilleur usage de leur liberté parce qu'ils sont riches, indépendants et instruits?

Vous aurez beau faire et beau dire : comme je le dis (*Mal social,* page 91) :

« Les hommes en général ne valent rien : qu'ils commettent sciemment le mal ou que, par égoïsme, lâcheté, ignorance ou insouciance, « ils laissent faire, ils laissent passer ».

216. *Le Clérical.* — Mais enfin où voulez-vous en venir?

R. — A ce que, tous, nous apprenions à nous bien connaître : « Connais-toi toi-même », voilà la plus belle des études sociologiques.

Et pour cela il suffit d'apprendre *à vivre en paix les uns avec les autres.* C'est de cette étude que ressortira l'application de ces préceptes immuables, vieux comme le monde :

« Aimez-vous les uns les autres. Ne faites pas à autrui ce que vous ne voudriez pas que l'on vous fît » et réciproquement, etc.

Alors, à ce moment, le stimulant de l'or ne sera plus pour personne le mobile du progrès.

217. *L'Economiste.* — Cela heureusement n'arrivera pas demain?

R. — Moi je dis : Malheureusement pour ceux qui peinent et qui souffrent.

218. *Le Clérical* (sentencieusement). — Il y aura toujours des pauvres parmi vous.

Une Voix. — Et des imbéciles!

R. — Pauvre, ne veut pas dire *mourir de faim*, le temps où ces paroles ont été dictées, il y avait des pauvres mais pas des affamés, on ne voyait pas des malheureux marchant sur les routes demander du travail ou du pain, la mendicité était bien portée et même acceptée, *le riche donnait au pauvre.* On n'avait pas encore trouvé l'impitoyable loi soi-disant naturelle : « La lutte pour l'existence », qui condamne à périr fatalement quiconque n'est point armé pour la lutte. — Ils avaient compris à cette époque, puisqu'il y avait des lois pour punir le vol, il fallait en compensation user largement de charité. C'était une manière de solidarité.

Mais aujourd'hui rien pour le vagabond Jésus de Nazareth ! la prison voilà son lot. Pris dans ce sens, ah ! le pauvre (qui est celui de nos Provençaux), il y en aura toujours *des pauvres*, c'est-à-dire des affligés moins heureux que les autres à certaines heures, de même qu'il y aura toujours des avares et des prodigues, et c'est parce que nous savons qu'on ne peut rien changer aux coups du sort, ni aux nuances de caractère de chacun (chose bien vue, car ce serait une création stupide d'uniformité), que nous avons conçu des lois modératrices, bonnes à régler les abus ; c'est le régulateur dont je parle sans lequel nul système n'est possible.

Plusieurs Voix ! — Oui ! oui !...

R. — C'est donc entendu, l'essor de l'intelligence n'est nullement arrêté par notre système, au contraire, il est mieux dirigé.

D'autres Voix. — Non ! non !...

219. *L'Economiste.* — Ce n'est qu'à l'essai qu'on pourra juger cela.

Une Voix. — On essaiera...

R. — Il faut convenir que c'est triste d'abaisser à ce point le génie, le talent. Heureusement, comme le prouve l'histoire, que les génies et les grands talents en grande majorité protestent contre une pareille infamie. Ils sont presque tous morts pauvres.

Il faut laisser cela aux génies, aux talents prostitués

de notre époque, encouragés à se déshonorer par les largesses souvent exorbitantes des hommes d'argent, toujours disposés à ouvrir leur porte toute grande à qui se vend.

Mais, pour Dieu, laissons dormir en paix les véritables pionniers du progrès, auxquels nous devons les bases de notre art, de notre science ; la bave infecte de ces hommes cupides, égoïstes et jaloux ne les ont jamais atteints.

D'ailleurs, pour cette espèce que nous *ne pensons pas détruire*, nous avons imaginé le travail libre, où ils pourront encore se vautrer dans un peu d'or ; mais au moins ils n'arracheront pas de la bouche le pain quotidien des malheureux ; on connaît (*Plan social*) nos moyens pour obtenir le plus de justice possible dans les œuvres.

Personne ne contredit ?

220. *Une Voix.* — Non, tout me paraît bien prévu. Passons à l'enseignement (*Mal social*, page 70.)

L'Enseignement à l'Etat

221. *Un Radical.* — Vous obligez les parents à envoyer leurs enfants à l'enseignement officiel.

Que diront ceux qui désirent eux-même instruire ou faire instruire leurs enfants sans le secours ou la tutelle de l'Etat. Ils ne le pourront pas, car le choix entre les deux systèmes ne sera pas libre, quoique vous en disiez ; il dépendra souvent de la fortune mobilière ; comment ferez-vous? Imposerez-vous de force à ces mécontents l'instruction officielle ?

R. — Non, ils restent en dehors, maîtres des leçons particulières et ont en plus l'enseignement supérieur resté libre sous forme de cours spéciaux (1).

(1) Cette part laissée à l'individualisme est naturelle ; d'ailleurs on ne peut l'empêcher. Mais la collectivité a autre chose à exiger.

R. — Nous n'imposons donc rien, nous demandons respect et obéissance à la loi. Voici mes raisons :

L'Etat est chargé de former des citoyens, et le père de famille n'y est nullement obligé ; et c'est en effet dans la société actuelle ce qui arrive, faire un bon citoyen est généralement le moindre souci des parents : préparer pour l'avenir de jeunes rentiers se livrant sans merci à leurs caprices, les mettre en possession d'une instruction plus apparente que réelle, touchant à tout, arts, sciences, lettres, etc., sans rien approfondir en un mot, faire des hommes du monde. Voilà le rêve du bourgeois parvenu.

Je crois, moi, que si l'on est libre de faire de ses enfants ce que l'on veut, l'Etat peuple en raison de la solidarité doit avoir en matière d'enseignement dans l'intérêt même de l'enfant une toute autre direction à lui donner que le caprice individuel. Aussi tout en laissant libres les parents de diriger comme il leur plaît leurs enfants (chose qu'on ne peut empêcher), l'Etat se charge, dans l'intérêt futur de l'enfant encore inconscient, de lui donner une instruction intégrale semblable pour tous ; afin de l'affranchir de la tyrannie familiale souvent si funeste.

Que d'enfants auraient le droit de reprocher à leurs parents de les avoir élevés pour leur propre vanité, pour leurs caprices selon des idées préconçues et avoir fait d'eux *des ratés* des non valeurs, des misanthropes, des parasites, quand ils n'en font pas d'irrémédiables vicieux. Une chose aussi importante que l'éducation et l'instruction ne peut être confiée entièrement à la liberté individuelle, ces mobiles si influents sur les jeunes esprits ont besoin de correcteurs pour régler l'abus que chacun peut en faire (1).

L'éducation et l'instruction particulière ne sont donc en rien empêchées par nos lois obligatoires ; elles sont simplement réglés pour empêcher sur les jeunes esprits l'abus pernicieux et qu'on ne peut empêcher de ces suggestions particulières qui laissent des traces ineffaçables toute la vie.

(1) Le 1er et le 2e degré sont obligatoires. L'enseignement supérieur seul est libre.

222. *Le Clérical.* — Mais pourquoi voulez-vous que l'enseignement de l'Etat ait seul raison ?

R. — Je ne veux rien, je ne dis même pas qu'il a seul raison. Jusqu'au deuxième degré, il est soumis au suffrage universel d'hommes compétents dans cette matière. C'est ce que nous demandons pour toutes choses spéciales.

223. *Le Clérical.* — Toujours le suffrage universel!

R. — Oui, mais restreint ici aux hommes compétents ; vous acceptez bien le suffrage *de vos conciles.*

224. *Le Clérical.* — Oh ! ça, c'est autre chose !

Plusieurs Voix. — Saint-Esprit ! Saint-Esprit ! Infaillibilité !...

Rires, rires !...

R. — Citoyens ! il faut respecter les convictions... mais il faut avouer que si l'on juge des effets de cette infaillibilité sur nos sociétés, les progrès moraux depuis bientôt 2 000 ans ne sont pas bien concluants.

225. *Le Clérical.* — Obtiendrez-vous mieux ?

R. — L'expérience des lois obligatoires ne fait que commencer, et depuis un désir de paix souffle sur le monde, c'est déjà quelque chose (1).

226. *Le Radical.* — Comment organisez-vous votre enseignement.

R. — Comme il l'est aujourd'hui, prenant pour base le concours.

227. *Une Voix.* — Gare les faveurs !

R. — Hélas ! on ne peut malheureusement empêcher cet abus, mais on peut énormément le diminuer en nommant les chefs au suffrage de tous et pour un temps limité et en les obligeant, comme les députés en face du peuple, à discuter les règlements et les mesures scolaires directement avec les professeurs.

228. *Le Clérical.* — C'est un peu ce qui se fait...

R. — Oui, un peu, comme vous le dites ; mais nous, nous le voulons beaucoup. Dans cette profession du reste, comme dans toutes les autres, les réformes à faire

(1) La guerre avec la Chine ne le ferait pas croire ; mais il ne faut pas confondre les gouvernements et les peuples : les peuples aujourd'hui n'acclament plus la guerre.

doivent être étudiées en bas ; c'est-à-dire avec ceux qui les appliquent directement. Comme l'on dit, c'est celui qui tient la queue de la poêle qui est le plus embarrassé et qui doit trouver le moyen de sortir d'embarras.

229. — Dans votre enseignement intégral vous comprenez tout ?

R. — Oui, même l'apprentissage des métiers. Il faut que tout citoyen soit apte à quelque chose d'utile à tous.

Pour stimulant nous organisons des expositions permanentes à divers degrés. (Lire *Mal social.*)

230. *L'Economiste.* — On ne peut nier qu'il y ait d'excellentes choses dans cette organisation et que, en effet, l'essor de l'intelligence ne peut décroître, mais je doute que les cerveaux soient aussi stimulés qu'ils le sont dans le régime actuel par le désir, immodéré, — je veux bien, — mais enfin de s'enrichir.

R. — Vous voulez dire surmenés, pas stimulés ; quant au désir de s'enrichir, nous le laissons subsister au travail libre. Seulement, il n'atteint pas le million, et le capital, cette puissance de l'or n'est plus à la merci des exploiteurs individuels.

N'est-ce pas là justement qu'est le mal ? Il ne faut donc pas s'en plaindre aujourd'hui, on n'aime plus l'or pour l'or, comme autrefois l'avare, mais pour le plaisir et la puissance qu'il donne. L'avare a été remplacé par le joueur prodigue, voilà celui qu'il faut régler, c'est-à-dire lui ôter le capital avec lequel il nous opprime et nous corrompt.

231. — Je crois que vous aurez de la peine.

R. — 1789 est bien venu à bout de l'épée !...

La Presse, le Livre, le Journal

Le Conférencier. — Voilà un point sur lequel je crois que nous allons tous tomber d'accord.

1° Parce que, dans notre organisation, le verbe est dans toute la plénitude de sa liberté ;

2° Parce qu'il y est pris de grandes précautions pour

que la plus grande publicité soit donnée à l'idée et que par l'usage extrêmement étendu du télégraphe et du téléphone, le suffrage universel est littéralement et promptement exécuté.

232. *Le Radical.* — Permettez, je ne suis pas entièrement de cet avis, autant dire que vous supprimez la liberté de la presse ; puisque vos journaux, vos livres passent par une censure officielle (1) ?

R. — Je ne vois rien d'officiel dans cette organisation. puisque l'Etat c'est nous. Pour les journaux la liberté la plus complète existe ; *elle ne touche qu'aux obscénités indiscutables* ?

Il en est de même du livre et de l'image, etc. Qui peut se plaindre de cela ?

233. *Le Radical.* — Votre Anastasie, quand même elle serait indulgente, est-il supposable que des particuliers ou des collectivités soient assez gogos ou gogotes pour bailler des fonds à des brochures ou à des journaux qui, dès leur naissance, seraient pourris de mortels microbes ?

R. — Ça oui ! ça existe déjà en plein, même en ce moment.

Mais n'épiloguons pas : je suppose tout ce que vous voudrez ; même la possibilité qu'il se forme mille et un journaux officiels pour combattre telle ou telle doctrine bonne ou mauvaise, qui chercherait à se faire jour.

Dans le système actuel, oui, ce n'est pas rare, le privilège de l'argent permet d'acheter la presse, et cela sur une grande échelle, et on en use.

Mais comment pourrait-il en être ainsi avec nous ?

— Puisque tout relève directement du peuple, que le contrôle n'a lieu que pour les obscénités. Quant à la critique du gouvernement, il n'y a plus à s'en occuper. Le gouvernement est réduit à « sa plus simple expression » (2). L'Etat c'est nous. Or, notre critique c'est la

(1) Voilà un mot qui disparaîtra peu à peu, lorsqu'on sera familiarisé avec le système de l'Etat. C'est nous, — dans le cas qui nous occupe, — c'est nous qui nous censurons.

(2) Nous avons traité cette question plus haut. (Voir *Mal social*, page 46, système gouvernemental.)

discussion dans les assemblées, dont les journaux rendent compte et formulent leur opinion qui sert à éclairer le public.

234. — Mais comment à vos frais pourrez-vous établir vos feuilles avec vos faibles ressources ?

R. — Le papier seul et l'encre ne coûtent pas si cher ; d'ailleurs ce n'est pas nous, écrivains, qui faisons imprimer. S'il s'agit d'un journal, après avoir réuni la quantité désignée d'abonnés qui lui donnent une raison d'être, les frais d'impression, de distribution, d'employés, etc., sont à la charge de l'Etat. — Il n'y a que les rédacteurs et les aides, s'ils en ont besoin, qui sont payés par les abonnés. Vous n'avez pas bien lu mon livre ; ne dites donc plus : « C'est la mort de la presse libre. » L'Etatisme n'est donc pas, comme vous pouvez le croire, la condamnation de la société à l'immobilité stérile, *celle du bouge indien* ; mais bien au contraire, il pousse à l'extension la plus large de toutes les facultés intellectuelles qui dorment, végètent ou meurent dans votre société faute d'un peu de soleil. N'opposez-vous pas tous les jours à quiconque veut se produire le fameux : « *Faites-vous un nom.* » Condition de succès presque impossible au pauvre diable et bien plus écrasante mille fois que le jugement d'un concours d'hommes compétents, le jury donne au moins des raisons pour son refus d'admettre « pas de nom ». C'est un refus aveugle sans retour dont on ne se retire qu'en vautrant sa plume, son pinceau ou son ciseau.

235. *Un Ouvrier.* — Nous en avons assez comme cela des talents à *nom* ; il n'en faut plus. Est-ce qu'un mandarinisme vénal et despotique n'est pas venu s'ajouter au capitalisme dont il dépend ? Il n'en faut plus...

Il n'en faut plus. A bas les tyrans ! le papier ne coûte pas si cher, tout le monde peut se mettre à écrire ses pensées.

Et ne craignez pas ! Il se gâchera encore moins de papier et de temps que dans la société actuelle, où des montagnes de livres, de prospectus sont jetées en pâture au public dans le seul but de le corrompre en l'exploitant.

Des Voix. — C'est vrai ! c'est vrai ! Bravo !...

R. — Je suis heureux de constater que les ouvriers saisissent parfaitement la nuance, entre *la Presse libre*, et la liberté de la Presse.

La Presse libre, c'est le droit de tout écrire, de tout dire, par conséquent de tout répandre sans contrôle. Ceci est de l'anarchie absolue.

Nous, nous demandons la liberté de la presse, c'est-à-dire celle qui respecte la liberté d'autrui.

Je sais que la nuance est très délicate, et l'on peut demander comment la reconnaître.

La réponse est bien simple, « à l'évidence par elle-même ».

D'ailleurs, est-il besoin de le dire : Les écrivains, les artistes qui souillent leur plume et leur pinceau dans la société actuelle subissent la loi fatale de l'individualisme : « l'enrichissez-vous », la seule voie qui leur soit ouverte, autrement c'est la misère noire, l'individualisme à outrance disparu. Aurons-nous intérêt à nous exploiter ? à nous corrompre nous-mêmes ?

236. *L'Anarchiste.* — Vous n'empêcherez jamais la corruption individuelle.

R. — Sans doute tout commerce intime est impossible à empêcher ; nous ne prétendons mettre un contrôle que sur tout *ce qui se débite ouvertement.*

Le clandestin reste le fait de pénalités exceptionnelles faisant partie du code pénal.

Mais vous êtes obligé de convenir que nos lois préventives arrêtent bien des abus de ce genre, que vos lois répressives ne peuvent empêcher.

237. *Le Moraliste.* — Il y a là une grande difficulté que la morale seule peut résoudre.

R. — Seule je ne le crois pas, mais on sait ce que je pense de ce facteur important. J'ai déjà dit à ce sujet tout ce qu'il y avait à dire, je n'y reviendrai pas.

238. *Le Clérical.* — Vous écartez la religion ; or la religion seule est efficace.

239. *Un Moraliste.* — Si par religion vous entendez culte extérieur, des siècles d'expérience ne l'ont pas prouvé.

R. — La morale et la philosophie ont fait certainement plus que toutes les religions extérieures réunies, à cause de leurs superstitions et de leurs erreurs. La science en découvrant à l'homme sa propre nature physiologique et psychologique, en l'obligeant à s'étudier, à se connaître, a plus fait en un siècle que toutes les religions depuis l'apparition de l'homme. N'aurait-elle, par le rapprochement des peuples, qu'uni les intérêts de tous, qui nous conduisent fatalement à la paix, que ce serait immense.

Le Clerical (en se signant). — Amen!

Le Moraliste. — Ce que dit le conférencier est exact!

R. — Hélas! J'ai bien raison de dire que l'homme ne vaut rien et qu'il faut le traiter comme tel. Voilà deux hommes, le moraliste et le religieux, qui devraient s'aimer ils se déchirent.

240. *Un Ouvrier.* — C'est pour cela qu'il faut d'abord nous donner du travail et du pain; cela nous permettra d'entendre à son heure ce qu'il faut penser des morales et des religions si contradictoires.

« Donnez-nous notre pain quotidien, et délivrez-nous d'abord du mal de misère, » nous verrons après.

Plusieurs Voix. — Bravo! bravo!.....

— Sans doute, il n'y a que ça de vrai. En somme, il faut manger pour vivre; nous ne demandons pas de la brioche, mais du pain!... Les réactionnaires le savent bien, ils nous accusent d'être les partisans du ventre... Hélas! il suffit de regarder pour voir où ils sont les gros ventres. (*Rires! Rires!.....*)

R. — En sont-ils pour cela plus moraux et plus religieux que les autres?

241. *Le Clérical* (choqué). — Je crois qu'on peut clore la discussion.

R. — Encore un mot. Ce cinquième point a une importance plus grande qu'on ne le suppose, et, sans prolonger outre mesure la discussion, je dois fixer votre attention sur l'exploitation capitaliste touchant l'intellect.

Flatter toutes les mauvaises tendances de notre nature, surtout la vanité et la paresse, voilà le succès d'argent aujourd'hui. La religion, les arts et la littérature sont devenus des branches très exploitées dans ce but.

La musique, le dessin, la peinture, la sculpture, la gravure, la photographie, etc., ont des milliers de procédés qui mâchent la besogne ; la littérature à la mode elle-même n'est autre qu'une machinerie littéraire. Tous ces leurres dégoûtent actuellement les hommes sérieux qui aiment l'art et la littérature comme étant le travail le plus élevé que l'homme ait pu atteindre.

On ne saurait s'imaginer combien ces abus sont poussés loin à notre époque et combien ils découragent les hommes honnêtes et consciencieux. Si l'on veut réagir, on vous répond : Les arts et la littérature n'ont jamais tant brillé, aujourd'hui tout le monde écrit, tout le monde est artiste. Avec notre organisation, cela cesse immédiatement, chaque chose prend sa place. Il n'y a plus de confusion dans les esprits.

La difficulté vaincue se retrouve. *Le génie et le talent* ne se trouvent plus écrasés par les nullités. Cela n'empêcherait pas les arts d'agrément ; mais personne ne s'y laisserait plus prendre.

La distinction serait très marquée.

SIXIÈME POINT

Assemblées

242. *L'Economiste.* — Je crois que vous augurez beaucoup trop de ces assemblées populaires. Le travailleur, fatigué de sa journée, est généralement peu disposé à entendre des orateurs politiques souvent peu divertissants.

R. — Il y a de la vérité dans cette observation, aussi ai-je compris qu'il fallait diminuer de beaucoup le labeur de l'ouvrier, afin de lui laisser le temps de se recueillir, de lire, de s'instruire ; voilà pourquoi nous ne voulons pas au travail obligatoire dépasser six heures de travail par jour. C'est bien là qu'est le mal, et ceux qui refusent la journée de huit heures le savent encore mieux que nous.

Mais, même présentement, malgré le surmenage, les prolétaires trouvent bien le courage de s'unir, ce qui fait la désolation de leurs exploiteurs.

Nous avons donc raison de compter sur les réunions populaires et lorsque ces réunions seront sous l'initiative de l'Etat (1) elles deviendront de véritables laboratoires de réformes sociales, surtout qu'elles seront toujours en communication directe avec les représentants du peuple.

243. *L'Economiste.* — L'idée de relier par le télégraphe et le téléphone officiel, tous les locaux destinés aux études sociales est excellente ; j'approuve aussi la quintessence de rapports circonstanciés et envoyés dans chaque assemblée, la reproduction de tous ces rapports dans les journaux des localités et enfin le vœu de la nation, résultat de toutes les études.

R. — Voilà la première fois que j'ai quelque satisfaction de la part d'un de mes adversaires et ce n'est pas le moindre.

Dois-je me réjouir? L'économiste ordinairement peu disposé à lâcher prise trouve peut-être dans ces luttes l'espoir de faire triompher ses idées opportunistes à marche si lente que c'est tout comme s'il n'avançait pas.

244. *L'Economiste.* — C'est un peu méchant, mais je ne m'effarouche pas; il vaut mieux ne pas marcher du tout que de se casser le cou.

R. — Si vous décidez le peuple à se contenter de ce piétinement sur place auquel nous sommes habitués depuis si longtemps, le fait est qu'il n'a pas besoin de laboratoires de réformes. Mais il est impossible que les peuples ne jettent pas un coup d'œil autour d'eux et

(1) Les Universités populaires nous donnent la preuve que tout ce qui est laissé à l'initiative individuelle dégénère. Ce sont autant de petites forces qui se divisent, se forment en coterie et deviennent un véritable danger pour tous. Finalement, elles tombent toutes sous la puissance du capital.

qu'ils ne s'aperçoivent pas des progrès immenses que font ses adversaires nés, les capitalistes; ils les menacent de bien autre chose que de se casser le cou, mais d'une tyrannie invincible à courte échéance.

245. *Le Clérical.* — Et s'il plaît à la majorité d'un peuple d'être esclave, pouvez-vous l'en empêcher, puisque vous vous appuyez sur le suffrage universel ?

R. — Ici je n'ai aucune réponse à faire, que celle du député socialiste, M. Vaux : s'il pouvait être vrai qu'un peuple en majorité voulût quand même être esclave, il n'y a aucun moyen de l'en empêcher dès lors qu'il est libre de son vote.

246. *Un prolétaire.* — Heureusement nous n'en sommes pas là ; les dernières protestations électorales (1898) en font foi, nul n'est disposé à céder un pouce de terrain du champ que nous a laissé la Révolution française.

Les subtilités, les roueries politiques peuvent répandre la terreur et la peur, faire fléchir même un moment l'opinion ; on a beau faire, elle se retrouve bientôt.

Plusieurs Voix. — Oui ! oui ! Nous demandons l'étude de la question sociale par tous ; plus d'Eglise, plus de sectes, plus d'Ecoles ; la contradiction, aux cahiers ! aux cahiers !

Passons au septième point : Morale et religion.

MORALE ET RELIGION

Au Lecteur.

Quelques préambules me semblent nécessaires avant d'aborder cette grave question :

La sociologie est une science pratique mûre au xxe siècle que je définis ainsi au commencement de de ce livre : « La connaissance des principes qui peuvent nous conduire à l'état de vivre en paix en société. » Ceci répond à ceux qui persistent à croire qu'il faut faire d'abord de timides essais (1). Au contraire, plus les collectivités sont grandes plus le problème est possible à cause de leurs grands éléments de puissance et de richesses.

C'est pour cet essai immédiat qu'ont été posés les *trois principes suivants* pour axiomes sociologiques :

1er — *Le Bien-être pour tous.*

2e — L'homme est limité.

3e — Nous sommes tous solidaires (Voir *Mal social* sociologie).

(1) Comme était la proposition faite au ministère Waldeck-Millerand de prendre à la charge de l'Etat les raffineries Jalusot. Voilà pourquoi je ne suis pas partisan du collectivisme partiel. C'est du socialisme d'Etat avec tous ses inconvénients. — Comme il arrive dans l'Enseignement officiel avec l'Enseignement libre — l'Etat ne peut être Patron et Etat.

LE SOCIALISME

On abuse tellement du mot socialiste que sous cette expression il y a autant de manières que l'on veut d'envisager le socialisme ; et tout le monde peut se dire socialiste sans être le moins du monde sociologue.

L'anarchiste se croit un parfait socialiste, mais remarquez, l'anarchiste ne veut pas de plan, pas de science sociale, il rejette toute espèce de base, et est, pour cette raison en perpétuelle contradiction.

Les collectivistes, marxistes, guesdistes, allemanistes, jauressistes, etc., sont aussi autant de socialistes. Ils acceptent les associations, les coopérations partielles, mais ils rejettent également tout plan d'ensemble, ce qui a fait dire au prince de Liechteinstein : ils n'ont pas de plan. Que veulent-ils ?

Enfin ceux qu'on nomment socialistes chrétiens qui, comme M. de Mun, changent d'habit selon les circonstances, se disent socialistes chrétiens quand ils le jugent à propos, et simplement réformateurs quand leur politique le commande. Aujourd'hui ils ne savent comment s'appeler (1). Ils s'annoncent comme les modérateurs nécessaires aux systèmes toujours exclusifs quels qu'ils soient ; ils ne sont pas des freins comme on voudrait le faire croire, ils sont des régulateurs ; mais ils n'ont pas d'avantage de plan, il faut les croire sur parole.

Eh bien tous ces partis se ressemblent, ils ne savent ce qu'ils sont. Je lis dans *La Plume* (n° 69) cette définition de l'anarchie : « Il faut entendre par anar-

(1) Voir les Encycliques dernières.

chie le communisme anarchisme, c'est-à-dire communiste pour la production sociale, anarchiste pour la consommation individuelle. On le voit, tous ces absolutistes ne savent comment s'appeler.

C'est comme je l'ai dit plus haut, qu'aucuns ne peuvent séparer, de toute société, ces éléments : *individu*, *collectivité d'individus* et Etat. — Trois mots que j'ai résumés par le seul mot qui les contient *tous : étatisme*.

C'est dans ce galimatias que vivent les politiciens. Chaque parti change de nom comme d'habit, selon les circonstances. Oppportunistes, possibilistes, nationalistes, etc., et pendant ce temps, *ils laissent faire, laissent passer*, et quand vient la tempête, ils se mettent à l'abri et reviennent, après la débacle, *en sauveurs* recommencer le même manège.

J'ai vu passer trois règnes comme cela et le peuple en sortir de plus en plus avachi, abêti, abruti.

Pour mettre fin à cette lutte acharnée dont nous sortons toujours dupes, méfions-nous des politiciens : il y en a dans tous les camps.

Qu'est-ce qui pourra rallier tous ces esprits beaucoup plus divisés par l'intérêt personnel que par les principes ?

La sociologie — pourquoi — parce qu'elle écarte toute idée de forme gouvernementale, parce que comme toutes les sciences au xxe siècle, elle s'est formée de pièces et de morceaux. Mûrie par l'adjonction des capacités, on peut aujourd'hui en arrêter les bases. Il faut, comme à toutes les sciences positives, que les principes tombent *sous le sens commun*, soyons donc tous *sociologues* (1). Voilà le vrai terrain

(1) Drumont dit (*Libre parole*, 3 janvier 94) : Depuis 10 ans, le Gouvernement n'a eu qu'un but, surexciter et développer

de rapprochement, c'est celui sur lequel s'était placé Benoît Mâlon lorsqu'il dit : « Le mal étant à la fois moral et social, c'est dans la rénovation morale autant que dans les redressements politiques et économiques qu'il faut chercher le remède. »

l'anarchie avec l'arrière pensée probablement de pouvoir écraser à la fois *l'anarchie et le socialisme.*

Les Gouvernements profitent évidemment de cette fausse idée jetée dans le public, que le socialisme ne peut être qu'un parti. Et comme parti, ils se trouvent en droit de le combattre. Un parti en 1830 ou 1848 — il l'est déjà moins en 1871 — il ne l'est plus *aujourd'hui car tout le monde est sociologue.*

Si Drumont était resté sur ce terrain, il ne serait pas tombé dans l'opinion, comme il l'est aujourd'hui.

SEPTIÈME POINT

Morale. Religion. Justice.

247. *Le Clérical.* — Vous dites que vous n'écartez pas comme facteur social la puissance de la morale, très bien ; mais vous ne la regardez pas non plus comme suffisante, et il y a là un point sur lequel nous ne pourrons jamais nous entendre.

248. *L'anarchiste.* — Ni avec moi, quoique très écarté dans nos doctrines, je trouve que le clérical a raison. La morale est le seul facteur sur lequel l'on puisse compter sérieusement pour rendre les hommes meilleurs, et je réponds avec Tolstoï lorsqu'on lui dit : « Que devons-nous faire, puisque vous rejetez toute oppression où répression ? La réponse, dit-il, a été donnée par Jean-Baptiste. Il y a près de 2000 ans, lorsque le peuple lui demandait « que devons-nous faire. » Il répondait : « Que celui qui a deux vêtements en donne un à celui qui n'en a pas, et que celui qui a de quoi se nourrir fasse de même. » On va chercher bien loin, ajoute Tolstoï, une réponse qui est dans l'Evangile, le remède le voici : Revenez au Christianisme primitif.

R. — Très bien ! Voilà du nihilisme chrétien qui ne me déplaît pas. Mais comme depuis 2000 ans les peuples sont loin de s'y être conformés, que le clergé lui-même en masse s'en est absolument écarté, nous concluons avec Benoit Mâlon. *Que le mal étant à la fois moral et social, c'est dans la rénovation morale autant que dans les redressements politiques et économiques qu'il faut chercher le remède et faire appel à toutes les activités progressistes et à toutes les bonnes volontés altruistes.*

N'est-ce pas ce que j'ai fait? En un mot Benoit Mâlon réclame le ralliement des bonnes volontés, eh bien, ce ralliement ne pourra être sérieux que lorsque l'on aura créé cette science pratique encore à faire, la *sociologie*.

Benoit Mâlon dit encore : « Pour qui s'élève au-dessus des étroitesses sectaires et des exclusivismes de parti, fait du socialisme » sans doute, mais j'aimerais mieux dire fait de la sociologie, autrement dit est sociologue, parce que ces deux mots ne signifient pas du tout la même chose, ct laissent dans l'esprit en général une impression bien différente, et c'est pour qu'il ne s'établisse pas de sectes ni de partis, qu'il est bon de s'entendre sur ce mot.

Je propose donc cette définition : *sont sociologues ceux qui cherchent à fonder sur des bases rationnelles une science encore à établir que Comte à dénommé la sociologie, et socialistes tous ceux qui, à la recherche d'un problème social ne sont préoccupés que de certains côtés de la question, sans se préoccuper de les rattacher à un ensemble sans lequel il ne peut exister de sciences sérieuses.*

Ce point est très important à arrêter avant toute discussion sur le sujet qui nous occupe.

C'est toujours dans ces labyrinthes que se glissent les sectes et les partis, et où les pêcheurs en eau trouble trouvent leur fortune.

Une Voix. — Il n'en faut plus. . . . .

Le Conférencier. — En matière de religion il est impossible de s'entendre, parce que les bases sur lesquelles il faudrait convenir sont du domaine des abstractions, aussi il y a autant de religions que d'hommes.

En sociologie, ce n'est pas la même chose, *il faut manger*, ceci est très positif et est un point sur lequel la grande majorité, pour ne pas dire tous les hommes, s'entendent.

Or quel moyen trouve-t-on pour manger? *s'activer, soit pour tuer, soit pour travailler*, il faut donc agir soit isolément ou collectivement, isolément nous l'avons dit, l'homme est le plus faible des êtres sur la terre, collectivement il est le plus fort.

Donc, pour manger, pour assurer le mieux possible son existence propre, *il faut vivre en société*, c'est ce que prouve l'histoire.

La lutte pour la vie cesse bientôt d'être individuelle pour devenir collective. Elle a d'abord été de famille à famille, ensuite de tribu à tribu ; aujourd'hui elle est de nation à nation et c'est précisément cette évolution qui conduit à la nécessité d'un solidarisme que le collectivisme seul peut établir sur une base sérieuse.

249. *Le Clérical.* — Nous voulons l'homme absolument libre, afin qu'il ne doive qu'à lui-même sa propre valeur.

250. *L'Anarchiste.* — Nous refusons toute intervention humaine où divine.

251. *Le Clérical.* — Nous confions au Dieu des chrétiens le soin de la destinée des peuples.

252. *L'Anarchiste.* — Moi-même, moi seul, veux être l'arbitre de ma destinée, ni Dieu, ni Maître.

— Devant ces butoirs, il y eut un moment de silence.

R. — Je me rendrais volontiers au raisonnement de l'anarchiste, s'il pouvait me prouver qu'il ne relève que de lui seul, qu'il ne doit rien ni aux collectivités passées, ni aux collectivités présentes, et s'il me promettait de n'user jamais du travail des collectivités futures.

S'il ne peut le prouver, s'il ne peut s'en passer, je le force logiquement à accepter le premier principe de notre sociologie.

« L'homme est solidaire. »

Quand au clérical, son butoir est un mystère, avec lui l'homme conserve son libre arbitre sous la providence de Dieu, mais le perd sous la providence d'un État ; il est continuellement en contradiction.

Drumont dit cependant « qu'il conçoit un plan bâti sur l'ordre admirable des cieux où des millions d'astres gravitent dans une harmonie que rien ne vient troubler. » Il nous est bien permis comme M. Drumont, de chercher notre plan dans cette harmonie et, sans croire avoir atteint la perfection d'en haut, chercher à nous en rapprocher. Ce Catholique clérical nous laisse au moins la possibilité sinon d'atteindre à l'absolu, au moins d'en approcher, j'aime mieux cela.

Allons M. Drumont, montrez-nous votre plan, dont il doit sortir une société parfaitement heureuse (1).

Ce qui me sépare d'avec Drumont, c'est que la réforme que je réclame pour la société, je la réclame également nécessaire dans l'église entachée de tous nos vices sociaux. Il ne parait pas s'en douter.

Que l'Eglise se réforme donc, qu'elle ne soit plus politique, qu'elle reste dans son apostolat et qu'elle ne combatte pas surtout la science. A cette condition seule, elle peut être supportable. Alors comme le dit Humphry Davy : « Les résultats de la raison et de la foi finiront définitivement par s'harmoniser.

L'arbre de la science dit-il est greffé sur celui de la vie et le fruit de la science croit sur une tige immortelle et devient le fruit de l'immortalité promise. »

Justice.

253. *Un avocat.* — Et de notre code qu'est-ce que vous en faites?

R. — Je le mets au panier, tellement, par nos réformes, il se simplifie. Et vous allez le comprendre : au travail obligatoire les pénalités sont simples.

Celui qui se refuse au travail qu'il est propre à faire, puisqu'il a passé par l'apprentissage obligatoire, au lieu de 4 à 6 heures, en travaille douze sous une surveillance sévère. S'il est absolument récalcitrant, il fait pendant un temps plus ou moins long, jours, mois ou années, les travaux les plus ingrats.

254. — Et vous trouvez cela juste, de forcer un homme à travailler.

R. — Trouvez-vous plus juste de le faire nourrir par

(1) *La Plume*, 15 février 1892.

ceux qui travaillent (obligés par misère à faire ces mêmes corvées, car il faut qu'elles se fassent) ?

255. — Chacun trouvera toujours des prétextes pour ne pas travailler, maladies, etc.

R. — On peut vérifier cela, et puis il se lassera bien vite d'un pareil jeu qui ne peut se soutenir longtemps.

Du reste, comment arrive-t-on à faire travailler dans les écoles grands et petits? Tous ceux du métier savent quel mauvais vouloir les enfants, et même les jeunes gens, ont pour le travail, et cependant la majorité arrive à donner quelque chose selon leur intelligence et leur force et remarquez : on leur fait toujours faire ce qu'ils ne savent pas faire.

Quelles sont leurs punitions?

La plus grande, privation de sortie.

Eh bien le travail qu'on obtient là est immense, à côté de celui que nous réclamons à des hommes, du travail obligatoire ou la machine fait le plus pénible et le plus difficile.

Vous dites : est-ce juste de forcer à travailler ?

Est-ce plus juste de forcer à s'instruire?

Cet argument est plus spécieux que profond.

D'ailleurs le travail obligatoire est une dette dont tout le monde s'acquitte ; en ce sens il est juste, c'est un impôt social.

Les bons rapports du travail (car nous sommes tous ouvriers) avec le capital, ne sont donc plus impossibles comme dans votre organisation individualiste patronale, aucun conflit n'est à craindre. Plus de grèves, plus de crainte de ruine pour la nation.

Voyons maintenant au travail libre.

Les transactions au travail libre ne regardent en rien l'Etat. Il se passe là ce qui se passe pour les dettes de jeu, l'Etat ne les reconnaît pas.

Avec la valeur temporaire de l'or et le travail libre, le travail ne risque pas de tomber dans l'abus que nous lui connaissons dans la société actuelle.

D'ailleurs, son action ne peut s'exercer que sur le beau, l'utile. Il n'a aucun intérêt pécuniaire à exploiter et exciter les mauvaises passions et les vices. Tous ces dégoutants métiers avec lesquels, dans l'organisation individualiste, on s'enrichit : cabarets, maisons de jeu, en un mot alcoolisme et proxénétisme, ne trouvent plus d'aliment. Disparaissent ainsi tous les pièges tendus à l'enfance inconsciente, à la jeunesse expérimentée à la misère noire.

Le Code actuel qui a si peu d'action sur ces abus qui s'étalent en plein jour est donc inutile, nous le remplaçons en écartant les occasions, c'est-à-dire en faisant tout le contraire de *l'Individualisme qui les provoque.*

Il ne reste donc plus que les grands crimes. Viols, grands vols, assassinats, empoisonnements, hautes trahisons, pièges, infamies, etc., etc.

Dans notre organisation sociale les causes qui poussent à ces crimes sont largement diminuées.

Le grands vols ne peuvent plus s'exercer sur les particuliers, il n'y a plus d'or dans les coffres-forts, par conséquent plus d'assassinats par suite de ces vols.

Les captations se trouvent dans le même cas, puisqu'il n'y a plus de gros héritages.

En un mot, tous les crimes qui ont pour mobile le désir de voler ou d'accaparer l'or et l'argent, ne trouvant plus d'aliment, disparaissent naturellement.

Il ne reste donc plus que les crimes qui prennent leur source dans la jalousie, dans la vengeance, dans la méchanceté, etc. Contre ceux-là, nul ne peut rien. La meilleure prévention est la morale, mais, ici encore, notre organisation aide puissamment la morale en ce sens que, par suite du *Bien-être de tous*, le nervosisme, cette cause si commune dans notre société d'hystérisme disparaissant, les esprits plus sains sont plus prédisposés à la suivre.

Mais un point, le plus important de tous en faveur de notre organisation sociale, ce sont des lois qui mettent la société à l'abri de toute accusation, telle que d'ouvrir elle-même les voies de la corruption. Accusation qui, dans notre société, entache tous les procès et force à des circonstances atténuantes si peu souvent méritées.

C'est peut-être dans ce domaine que notre réforme sociale est la plus utile, parce qu'elle assainit d'un seul coup et débarrasse la société de tout ce parasitisme dont elle étouffe.

256. — D'autres abus naîtront, que vous ne prévoyez pas.

R. — Peut-être, mais ils seront, comme l'histoire le prouve, de moins en moins intenses.

HUITIÈME POINT

Tout à l'Etat

257. *L'Economiste.* — Le deuxième point nous a fourni l'occasion officielle d'étudier ce système ; l'auteur s'est expliqué suffisamment sur ce qu'il comprenait par ce mot Étatisme et il a répondu, il faut le reconnaître, à toutes les objections qui lui ont été faites. Sans adopter entièrement ses idées, je crois qu'il y a quelque chose de bon à attendre de l'application de ce système que l'on sait basé sur le travail obligatoire pour tous et sur le travail libre réglé par la valeur temporaire de l'or.

J'aurais cependant encore une question à poser au conférencier en ce qui concerne la socialisation.

L'auteur n'accepte pas la progression, c'est-à-dire que chaque industrie, commerce, ait acquis assez de développement pour être socialisable ; là il se trouve donc un peu en désaccord avec l'école qui domine en ce moment. Il serait bon, je crois, d'entendre ces contradictions.

R. — La raison majeure qui me fait repousser l'idée de substitution progressive (1), j'ai déjà eu l'occasion de le dire, c'est l'obligation de passer par *l'Etat patron !* dont nous avons déjà des exemples ; cette obligation nous conduirait fatalement au *Socialisme d'Etat*, qu'il ne faut pas confondre avec l'Etatisme ; d'un autre côté cette allure provisoire, se refusant à l'application immédiate de la valeur temporaire de l'or, recule indéfini-

(1) Mot employé par M. Millerand, 31 mai 96, Porte dorée (banquet).

ment, non sans de grands dangers, la nécessité d'arrêter immédiatement la puissance déjà si grande du capitalisme.

Il nous faut couper court au travail sourd et toujours grandissant de l'oligarchie financière. Si l'on n'y prend garde, la prédiction de Zola est prochaine et la civilisation peut reculer de mille ans.

258. *Un Conservateur.* — Vous avez l'imagination ardente. Où voyez-vous cela?

R. — Je le vois dans la politique principale des puissances capitalistes; l'Angleterre, l'Amérique, l'Allemagne jetant un coup d'œil d'aigle sur l'Asie et l'Afrique. Ces puissances sont prêtes à dire aux prolétaires: Vous nous opposez votre pouvoir, le nombre, à notre capital et vous vous croyez sur le point de triompher. Mais nous ne sommes pas encore vaincus, il y a en Asie et au sud de l'Afrique des populations exploitables à merci. En attendant que vous les ayez convaincues de socialisme nous avons beau jeu, et nous vous réduirons à néant, l'Asie sera pour nous avec ses mines de charbon, de fer, de pétrole *l'enfer du travail*, où vous serez condamnés à venir si vous voulez manger.

Nous gardons l'Europe et l'Amérique, nous en ferons un Eldorado pour nous et pour tous ceux qui reconnaîtront notre domination : Osez bouger après!...

258 (bis). *Un Ouvrier.* — Mais vos noirs projets ne pourront s'accomplir, il y a encore des hommes dévoués à l'humanité qui empêcheront l'œuvre néfaste d'aboutir.

Ce n'est pas la première fois que ce rêve insensé hante les cerveaux des tyrans, mais les conquérants de l'or ne seront pas plus heureux que les conquérants de l'épée.

La Révolution française a fait le tour du monde, elle est désormais universelle et a fait le peuple souverain.

Guerre aux tyrans !!! Vive la République universelle.

Des Voix. — Oui ! oui ! A bas la tyrannie !

Vive le socialisme ! Vive la France !

259. *Le Conservateur.* — Vous criez : Vive la France !

Insensés ! les nations voisines nous guettent et vous exposez la patrie, vos théories collectivistes effrayent l'Europe ! Vous nous attirez la haine des nations voisines et il est on ne peut plus impolitique en ce moment d'entrer dans ce mouvement. Réfléchissez, ce serait la plus grande imprudence de s'exposer à un conflit où nous aurions sûrement contre nous toute l'Europe et même l'Amérique.

R. — Toujours la terreur ! Mais alors que devient donc le droit des nations ?

Je réponds avec Castelereat :

« Qu'une puissance, par la seule raison que celle-ci fait dans son gouvernement des changements qui ne plaisent point à celui-là et qu'en s'érigeant ainsi en tribunal pour juger les affaires d'autrui on usurpe un pouvoir que condamnent à la fois les lois des nations et le sens commun ».

Toutes ces pusillanimités sont des lâchetés, des procédés politiques, toujours les mêmes employés par la classe privilégiée n'ayant plus rien à demander à la fortune que de se conserver.

Mais ce n'est pas à cette école que se forment les grands peuples qui grandissent l'humanité. Et si je crains les guerres intestines si funestes pour notre France (1870-1871), je n'ai pas les mêmes craintes pour les peuples qui ont à défendre leurs libertés. J'ai la plus grande confiance dans l'héroïsme des peuples, et particulièrement dans celui de France, lorsque, contre toute justice, on l'obligera à se battre pour défendre son territoire, ce qu'il a de plus cher après sa liberté de penser et d'agir (1789).

260. *L'Anarchiste.* — Mais c'est le raisonnement d'un anarchiste, cela ! Vous accordez à la nation ce que vous refusez à l'individu.

— Est-ce qu'il n'y a pas là un manque de logique ?

R. — Je l'ai dit, et j'ai répondu à cette question absolue de l'anarchiste : L'anarchie est l'idéal social, je le reconnais, elle suppose l'individu parfait se réglant toujours sur la justice et la vérité dont ils sont supposés être l'incarnation. En sommes-nous là ?

261. *Des Voix.* — Non! non!

R. — Nous y marchons, sans quoi il faudrait nier le progrès; et l'histoire et la science protestent énergiquement.

Nous sommes en ce moment dans la période civilisatrice, la terre est divisée en nations.

Toutes les phases successives par où il a fallu et il faut encore passer pour arriver à l'humanité ont laissé des traces ineffaçables, individu, famille, tribu, nation, etc., etc., et ce qu'il y a de remarquable c'est que l'une ne détruit pas l'autre, elles se fondent sans se confondre dans le grand principe de vie universelle.

262. *Un Ouvrier.* — Citoyens! nous nous écartons de la question. Et en attendant qu'un tribunal arbitral soit possible entre les nations pour faire respecter l'indépendance de chacune, acceptons les faits accomplis et marchons toujours en avant. Mais, pour Dieu! ne piétinons pas sur place. Le conférencier s'arrête en ce moment *au droit de vivre pour tous,* et il voit la réalisation de ce vœu dans les deux réformes qu'il propose. Il est en somme en accord avec les collectivités qui demandent la socialisation de tout ce qui peut se capitaliser, c'est-à-dire supporter la division du travail; cette nuance ne peut nous diviser, nous ne devons pas le chicaner avec des raisonnements à perte de vue. Restons dans notre bon sens, qui en somme nous demande d'aboutir.

Bravo! bravo!

263. *Le Conservateur.* — Mais enfin, que concluez-vous?

Le même Ouvrier. — Que nous sommes fatigués de trimer sans espoir de chasser la misère qui nous menace sans cesse à notre porte, et que cette sécurité à laquelle tiennent tant les conservateurs pour eux et pour leurs enfants, nous la demandons aussi, et je suis persuadé que ce ne sont pas toutes les combinaisons philanthropiques capitalistes avec lesquelles ils grossissent de plus en plus leur caisse qui nous tireront de là. Voilà pourquoi je demande avec le conférencier l'étude de la question sociale par tous, sous l'initiative gouvernementale. C'est au peuple à se résumer en peu de mots. C'est à lui de faire ses propres affaires. Aux cahiers! aux cahiers!

264. *Un Individu.* — Je sors un peu de la question, que je crois du reste terminée ; mais je trouve l'occasion de remplir une lacune qui, je crois, a son importance et qui, me semble, n'a pas été traitée : c'est la question des assurances contre l'incendie en ce qui concerne la propriété individuelle de chacun. Je demande comment l'auteur entend établir ces rapports de l'individu avec l'Etat.

R. — Dans le même esprit qui préside à l'organisation des compagnies existantes, l'Etat n'accepte de payer que sur la valeur des choses usuelles courantes. Je ne crois pas que de grands abus puissent naître, car chacun tient généralement aux choses de valeur qui rappellent souvent un souvenir.

Il n'en est pas de même dans la société actuelle : ces assurances sont sujettes à des abus sans nombre, et peuvent atteindre de vraies désastres pour les compagnies. Un commerçant, un industriel, pour se sauver d'une faillite inévitable, peut recourir à cet acte criminel, mais je ne vois pas que dans l'étatisme il y ait à craindre cela, l'occasion n'existant plus.

NEUVIÈME POINT

Etrangers

Nous conservons les ambassades et les consulats.

265. — *L'Economiste.* — Avec votre organisation du tout à l'Etat, comment établirez-vous les rapports entre la nation, les citoyens et les étrangers, et comment répondrez-vous à cette judicieuse remarque de Lamennais : « Voilà tous ces gens à l'œuvre. Qui les dirigera, qui les surveillera? qui saura de quelle manière chacun d'eux remplit sa tâche? Qui recueillera ses produits, qui

les échangera, qui les vendra, car une partie devra passer par le commerce à l'étranger?

R. — J'en ai déjà parlé assez longuement au travail obligatoire ; j'ai prouvé qu'il était plus avantageux sous tous les rapports de surveiller des gens un peu enclins à la paresse que des voleurs, qu'on atteint si peu efficacement, et qui, malgré que les prisons en soient pleines, pullulent de tous côtés.

Les surveillants des travailleurs aident à la richesse productive, les surveillants des voleurs la ruinent ; le but est donc de diminuer ces derniers et de ne pas craindre d'augmenter les premiers, c'est ce que je fais en supprimant les occasions de vol et en facilitant les moyens du travail pour suffire aux besoins de tous sans se tuer individuellement. Quant aux directeurs, ils ne sont pas difficiles à trouver, les concours en donneront plutôt de trop.

Du reste, je ne comprends pas que l'on remette en vigueur cette vieille rengaine de Lamennais écrite à une époque où il n'existait aucun essai sérieux de collectivisme, où tout se passait entre patrons et ouvriers. Peut-on comparer cette époque à la nôtre, où le collectivisme financier, industriel et commercial se fait sur une grande échelle et donne de si grandes preuves de la puissance collectiviste. Je l'ai dit plus haut, les princes de la finance, les barons de l'industrie et du commerce font comme leurs devanciers : ils préparent partout beaucoup à leur insu la révolution qui doit les annihiler.

Ecoutons ce que dit Drumont :

« Avec les grands magasins, les sociétés par actions, nous vivons en plein collectivisme et la propriété individuelle, telle qu'on l'entendait autrefois, tend de plus en plus à disparaître. »

Et bien, il est évident que ces collectivistes partiels préparent l'Etatisme, qui n'est en somme qu'une grande collectivité.

Il suffira de prendre modèle sur la meilleure de ces organisations, déjà mises en pratique.

N'est-ce pas ce qui a été fait pour l'organisation militaire? ce qui s'est fait tout nouvellement pour l'Enseignement? et en général ce qui se fera pour tout ce qui tend à se généraliser.

Il n'y a donc pas à demander qui fera ceci, qui fera cela. Ça se prépare déjà et rien ne l'empêchera. Le Familistère de Guise en est encore une preuve :

Nous l'avons déjà dit, nous ne regardons pas comme inutile tout ce que l'individualisme a fait, nous disons que le temps est venu des *grandes collectivités fondues dans l'Etat et non séparées de l'Etat.*

Et je trouve très exactes ces paroles de Drumont exprimant la situation économique des nations :

« Le collectivisme est l'expression logique de la situation économique et sociale du pays. L'Anarchie est l'expression non moins logique de la situation morale. »

Ce sont deux théories sociales qu'il faut rapprocher et qui pour être pratique ne peuvent se passer l'une de l'autre.

Drumont a raison encore, quand il dit que l'anarchiste type, c'est Rothschild. En effet, par la puissance de l'or, il se place au-dessus des lois. L'Etatisme, qui n'a rien d'une secte, donne légitime satisfaction aux ambitions qu'on ne détruira jamais, et aux humbles le droit de vivre parce qu'ils ne doivent pas en souffrir, qu'ils sont les soldats du travail.

Je prends pour conclusion à cette discussion, ces paroles de Pelletan : « Pourquoi une démocratie ne pourrait-elle pas faire, dans l'intérêt du progrès social et de l'égalité économique, ce que des régimes aristocratiques ou bourgeois ont fait pour une petite oligarchie? l'oligarchie militaire par exemple. »

L'Economiste.— Vous ne dites pas comment se feront les transactions avec les étrangers.

R. — *Mal social* l'indique suffisamment, mais, s'il y a quelques observations à ce sujet, je suis prêt à répondre.

266. *Une Voix.* — Tout me paraît bien prévu, les bons et tickets, avec la valeur temporaire de l'or, préviennent les abus qui pourraient en résulter. Je crois

que nous pourrions arriver aux conclusions générales.

Nous avons encore un point à traiter :

R. — C'est le militarisme. C'est évidemment un malheur qui ne devrait pas entrer dans nos études sociologiques. Malheureusement, *Homo homini lupus*, sera encore trop longtemps un fait humain, nous allons donc passer au dixième et dernier point.

DIXIÈME POINT

Militarisme.

267. *L'Anarchiste.* — Voilà du socialisme d'Etat bien caractérisé pour le coup. (*Ironiquement*) Est-ce sur ce modèle que vous voulez bâtir la nouvelle cité?

R. — Oui et non, monsieur l'anarchiste. Le militarisme a une raison d'être qui ne durera probablement pas toujours, mais enfin il l'a.

L'organisation du travail a également une raison d'être, mais celle-là durera, car il faut avant tout manger pour vivre, et pour vivre, il n'est pas nécessaire que les hommes se tuent entre eux, mais il faudra toujours travailler pour manger.

Il est vrai que pour les partisans du respect absolu des lois primordiales, se manger les uns les autres n'a pas d'inconvénient; *c'est la lutte pour l'existence*, l'homme est un loup pour l'homme. Les faibles sont de la chair à tuer tout comme les moutons ; chair dont on ne mange pas, disent-ils, mais dont on tire, en les affamant, un profit plus grand que si on les mangeait.

Mais l'anarchiste se trompe quand il croit que l'Etatisme se moule sur l'organisation militaire, l'Etatisme n'a rien de commun avec *le Socialisme d'Etat* de Lassalle et de Bismark, où tous sont enrégimentés, habillés de la même façon, mangeant à la même gamelle, obéissant au même mot d'ordre, etc. C'est triste à dire, mais la masse du public, croit encore que c'est cela le socialisme; du reste les réactionnaires font ce qu'ils souvent pour entretenir cette idée dans le peuple (1).

Ce prétendu communisme dont on nous accuse est plutôt pratiqué sur une grande échelle dans la société actuelle, surtout dans les grandes villes chaque maison à Paris, est une caserne bourgeoise, gardée par un bouledogue (2). Voilà du communisme.

Par mon système au moins on se rapproche de la liberté des paysans : chacun chez soi, et nous donnons en plus, à tous, un confortable qu'ils ne savent pas se donner.

Quant à la discipline du travail obligatoire, très douce en elle-même, elle n'a rien de commun avec la discipline militaire ; on peut en avoir une idée dans l'organisation de l'Enseignement par l'Etat qui se renferme dans l'observation des règlements et n'a d'action que pendant le travail, c'est-à-dire de trois à quatre heures par jour pour tous les professeurs.

(Nous étant étendus assez longuement aux points qui se rattachent à ce sujet (3), nous y renvoyons le lecteur).

Donc il est bien entendu que, dans notre organisation, la sévérité des règlements est toujours en rapport avec ce que l'on se propose de régler.

En somme, dans l'Etatisme, il y a plus de liberté que d'esclavage. Si toutefois on veut absolument regarder comme esclavage cette dette consacrée à la richesse générale. Contrainte qui est bien récompensée par la sécurité d'une existence confortable pour tous durant sa vie entière.

268. *Un Individu.* — Un mot encore : Laissez-vous subsister les deux juridictions militaire et civile, les séparez-vous ?

R. — Il n'existe ni pouvoir civil ni pouvoir militaire dans l'Etatisme ; les magistrats et les jurés sont nommés à l'élection. Le seul et unique pouvoir, c'est l'Etat, c'est-à-dire le *peuple souverain*.

(1) Dernièrement, au Hâvre, M. Frédéric Passy ne se gênait nullement pour affirmer que c'est là l'aspiration du socialisme.

(2) Concierges.

(3) Instruction obligatoire, l'Enseignement à l'Etat.

Dans les procès d'une gravité exceptionnelle qui, après de longs débats, ne peuvent aboutir, le plébiscite est de rigueur.

On sait que nous abolissons la peine de mort et que les pénalités sont considérablement amoindries.

269. *Le Clérical.* — Les criminels auront beau jeu.

R. — L'expérience prouve, que, dans toute machination, le plus coupable est rarement celui que tient la justice, il est le plus souvent *le bouc émissaire, le sacrifié à l'avance*, il est bien sûr de son sort, il disparaît ou ne disparaît pas. Le temps presque toujours jette la lumière sur ces infernales machinations. Ces sortes de procès atteignent souvent la plus haute gravité et n'ont rien de commun avec les monstruosités exceptionnelles comme les Vacher, les Tropmann, etc , dont l'horreur des faits dépasse l'imagination, mais dont les effets, quelque terribles qu'ils soient, n'approchent pas du mal que font ces conspirations ténébreuses contre la souveraineté du peuple et la sécurité des Etats.

Voilà pourquoi il faut être prudent dans les châtiments extrêmes, mais aussi très attentifs à empêcher toutes les roueries qui se glissent dans ces ténébreuses affaires sous les noms de secret d'Etat de secret professionnel.

L'Etatisme, par sa forme collectiviste dans les rapports sociaux... arrête l'abus qui peut être fait de ces réserves dont on use à plaisir sous l'Individualisme pour mettre à l'abri bien des coquins influents.

Qu'on examine de près notre organisation et l'on sera bientôt pénétré qu'il vaut mieux prévenir le mal que d'en attendre l'excès pour le réprimer.

FIN DE LA TROISIÈME CONFÉRENCE

QUATRIÈME CONFÉRENCE

Conclusions Générales.

UNION SOCIALISTE

Je venais de clore cette troisième conférence qui termine la critique de mon Plan social, lorsque j'appris par mon journal la rupture entre Jules Guesde et Jaurès. J'en conçus un véritable chagrin.

J'écrivis cette lettre, (c'était au moment du congrès socialiste de 1900) au deux leaders ; toujours d'actualité malheureusement, cette lettre trouve encore sa place ici avant mes conclusions en vue du troisième Congrès socialiste qui doit se tenir à Lyon en 1901.

le 24 septembre 1900.

Aux citoyens Jaurès et J. Guesde, réponse à l'appel fait par Jaurès à tous les Socialistes militants.

Citoyens,

Le 23 septembre, la *Petite République* engageait ses citoyens à lire avec soin et à bien méditer la pensée de Guesde traduite dans son dernier article, « à un Congrès modèle ».

Je l'ai fait ; et rapproché avec le même soin le commentaire de cet article par Jaurès *qui nous supplie d'en méditer le sens et les conséquences.*

Navré de voir deux bons socialistes au moment de la victoire rompre une lance quand ils devraient s'unir dans une même pensée, je me suis décidé à leur envoyer ces quelques lignes, à tout deux personnellement.

La caractéristique importante des discours de Guesde est dans ces quelques mots : « A quoi nous a menés la guerre faite aux curés et aux divers dieux des divers curés depuis un siècle ; et la guerre aux monarchies royauté ou Empire ? »

Il faut bien voir le sens de ces paroles. Jules Guesde ne conteste à personne son droit d'être ce qui lui plait, royaliste, impérialiste, républicain, dévot ou anti-dévot. Il dit simplement que, depuis un siècle, on a fait fausse route, en laissant à la politique, aux métaphysiques, aux religions le soin de tout gouverner. Il voudrait en *sociologie positive* qu'on sépare le concret de l'abstrait, pour en finir avec toutes ces disputes scolastiques et religieuses (1).

Il n'a pas tout à fait tort, car on ne peut nier que sur ce terrain la lutte a été favorable à la contre-révolution qui a gagné énormément en puissance, et par contre la Révolution considérablement perdu.

En effet, si nous nous reportons à 1792, la Révolution se traduisait par ces simples mots : plus de castes, plus de sectes, plus d'oligarchies, plus de féodalités « à bas les tyrans » et on proclama le peuple souverain, c'est-à-dire : Le peuple plus fort que l'individu (Roi, Empereur ou Pape) et plus fort que les collectivités d'individus (ouvriers, bourgeois ou nobles, juifs ou chrétiens s'adaptant par voie directe ou indirecte) corporations, syndicats ou associations) au système capitaliste, sous prétexte de le combattre).

Voilà ce dont nous sommes témoins depuis plus d'un siècle — Où cette soi-disant lutte nous a-t-elle conduits? — A voir le sac, le goupillon, le sabre, le livre, le marteau, oligarchies parvenues aux plus grandes fortunes et aux plus hautes dignités, s'allier et prêtes à s'unir sous le système capitaliste à la conquête, par l'argent, du monde entier, laissant se débattre dans la mi-

(1) C'est le plan que j'ai adopté, et je le crois bon.

sère un prolétariat nombreux ne pouvant que s'accroître de jour en jour.

Voilà bien les conséquences de la politique suivie par les différentes formes gouvernementales depuis 1789 jusqu'en 1900, cela mérite réflexion... et je ne sais si Guesde et Jaurès pensent comme moi, mais il est temps qu'on y veille : Car que veut dire ce conflit entre l'Orient et l'Occident (1), qu'il se termine par la paix ou par la guerre ?

Je vois là une machiavélique politique universelle, un moyen sûr de rendre impuissantes les grèves, les syndicats, les associations etc., etc. les seules armes du prolétariat qui aient quelque chance de triompher de la féodalité universelle capitaliste (2).

Or, qui a donné le temps et le moyen à cette organisation capitaliste internationale, juive ou anti-juive d'arriver à un aussi haut degré de puissance qu'elle domine républiques, royautés, empires ? La politique des atermoiements, des compromissions, des palliatifs anodins, les réformes à petites doses n'osant à peine effleurer le colosse grandissant, grandissant toujours ! quand il fallait, quand il faut encore viser droit au cœur.

En cela, je ne puis donner tort à Jules Guesde lorsqu'il dit : « On a mis la charrue avant les bœufs, s'en prenant aux effets et non aux causes. » A un mal virulent, ce ne sont pas des emplâtres qui guérissent.

Jaurès et Guesde le savent bien. Pourquoi donc cette division si funeste au socialisme ? (Je ne dis pas intentionnellement au parti socialiste.)

Que reproche Jaurès à Guesde, et Guesde à Jaurès ; leur querelle est entièrement en dehors de la question sociale, la seule qui aux congrès devrait nous occuper.

(1) Cette lettre est écrite au commencement de la guerre de Chine.

(2) La Chine deviendra l'usine capitaliste du monde entier, et les grèves seront étouffées par le taux des salaires chinois et indiens, 0,60 la journée.

Les grèves par ce moyen devenues impossibles, vous perdez le point d'appui de votre politique, et tout espoir de vous reconstituer.

J'ai comme Guesde, depuis de longues années suivi le mouvement socialiste et acquis une certaine expérience des choses et des hommes.

Eh bien! Je ne vois pas que Guesde mérite l'anathème de Jaurès et *que sa doctrine soit montrueuse* selon son expression parce qu'il tend à faire comprendre au peuple (à tous en un mot que le mal ne vient pas de la forme des gouvernements, mais des hommes qui par leur rang (arrivés ou arrivistes) et leur fortune appartiennent à la classe dirigeante...

Or la grande majorité de ces hommes depuis un siècle, sortis du peuple ou non, se sont moulés sur le régime capitaliste s'inquiétant peu (eux) de la forme gouvernementale pourvu qu'ils se conservent... Jules Guesde fait donc bien de les signaler; et il a raison quand il dit que l'expérience en est faite que tous ces politiciens ont abouti *au Néant!* puisque nous venons de prouver : que l'ennemi, le Capitalisme est plus puissant que jamais.

Allons, permettez à un vieux convaincu (77 ans) de vous rappeler à la concorde.

Vous avez conquis tout deux une haute place dans l'opinion publique. Vous pouvez beaucoup pour le triomphe de la cause.

Ne vous adressez pas seulement à votre parti, mais à toute la France, plus encore, au monde entier. Il faut que le socialisme s'affirme comme une science pratique mûre au xxe siècle. Cette science doit dominer tous les partis. Posez au congrès les bases de cette science par une formule simple, claire et précise comme 1789 le fit pour l'abolition des privilèges: « Tous les Français sont égaux devant la loi », formules subjectives, c'est vrai, ce qui fait qu'elles ont été peu efficaces, mais n'en sont pas moins dans le monde entier restées en principes. Ajoutez à ces formules une ou deux autres formules objectives aussi claires, aussi précises, attaquant le mal dans sa racine, et le congrès aura bien mérité de la patrie et de l'humanité.

Ne vous disputez pas sur la couleur de votre drapeau, songez que tous deux vous tenez le même drapeau socialiste, que nationalement, il soit : blanc, bleu, rouge, tricolore ou bariolé de toutes couleurs, il ne peut y en avoir qu'un, c'est celui qu'a inauguré le citoyen ministre Millerand à l'Exposition universelle de 1900, à Paris, dans son discours sur la glorification du travail.

Voilà le seul drapeau appelé à être le symbole de tous les peuples. Il prend pour devise « Je vivifie », devise moderne qui doit effacer des mœurs « Je tue » celle du passé.

Mes fraternelles salutations.

X. Egapel.

QUATRIÈME CONFÉRENCE

Conclusions Générales

Le Bureau formé le conférencier a la parole.

1. *Le Conférencier.* — Citoyens ; la lutte que vous me voyez soutenir prouve combien doit se tenir prèt celui qui veut défendre les idées collectivistes en général, et l'étatisme en particulier, qui n'est en somme que le collectivisme organisé pour le plus de sécurité, de bien-être, de liberté et de justice possible pour tous ; plus de deux cent cinquante interruptions et contradictions, se sont présentées pendant la durée des débats. De cette lutte d'idées, l'Etatisme est, je crois, sorti avec honneur, le ridicule n'a point trouvé place, et l'utopie, cette arme dont abusent les ennemis de tout système, de toutes formules comme ils disent, n'a pas pu mordre, d'ailleurs, il n'y a ici ni table rase, ni révolution ; on continue des lois modernes déjà acquises, et qui ont ouvert la marche que nous suivons.

On a pu voir que depuis l'origine du monde, les sociétés ce sont fondées sur trois facteurs inhérents à toute société : *individualisme, collectivisme, étatisme* (1), et que ce qui manque à l'organisation actuelle que les siècles ont consacrée, n'est pas, comme beaucoup le pensent, d'être un système mauvais, mais bien plutôt un système auquel il manque un régulateur qui main-

(1) C'est ce qu'a parfaitement expliqué M. Winarski quand il dit : « L'anthropo-technique ne suffit pas, elle réclame le concours d'une socio-technique.

tienne un juste équilibre dans l'ensemble de ses parties pour le but qu'on se propose (*La vie sociale*).

Ce régulateur, vous le connaissez, c'est la *valeur temporaire de l'or* qui, unie au travail libre, laisse subsister tous les stimulants de la société actuelle, ne réglant que les abus, répondant ainsi aux critiques ordinaires contre le collectivisme communiste, qu'on accuse de viser à l'égalité des fortunes et à contraindre *tous* à une uniformité désolante.

On a pu voir que dans l'étatisme il n'y a rien de tout cela : Ni caporalisme, ni numéro matricule, ni gamelle, ni costume même, en un mot, rien qui sente la caserne ou le communisme monacal.

Toutes ces sottises débitées à plaisir par la gent capitaliste depuis un siècle, n'ont même pu se faire jour pendant toute la durée de notre polémique. C'est qu'elles n'ont pu y trouver place : Voilà un grand point de gagné. Un grand point a encore été acquis, c'est que la propriété et la liberté de l'individu, quoique réglées pour l'intérêt général, ne changent rien *au principe* existant de la propriété ; notre réforme ne l'attaque pas, elle n'en fait qu'une plus sage, plus sociale et plus juste application ; par exemple : elle empêche que quelques propriétaires capitalistes, par droit héréditaire de cumul ou de chance, puissent se réunir, et devenir les maîtres de la terre et de ses habitants, et, nouveaux conquérants, envers et contre la force des Etats : facilement maintenir *l'esclavage* sous la forme du prolétariat.

Nous avons vu encore que les associations, les coopérations partielles, loin de nous affranchir de la tyrannie capitaliste, nous y plongent en plein parce que, capitalistes elles-mêmes, bataillant les unes contre les autres, elles subissent la loi de la concurrence et auront fatalement le même sort que les grandes industries existantes ont eu sur les petites. On devine facilement ce qu'il adviendra : Une fusion de ces grosses associations ouvrières devenues riches, avec les gros capitalistes au pouvoir, laissant ainsi sur le pavé des milliers de créatures dans l'impuissance de s'associer et de se coopérer.

Le patronat, comme toutes les associations capitalistes (sociétés industrielles ou sociétés ouvrières), n'a intérêt qu'à ne produire que ce qu'il peut écouler. Il ne se fixe pas sur le besoin de chacun mais sur l'argent qu'il soupçonne exister dans les poches de chacun. De là cet étrange phénomène : de voir une masse de produits surtout mauvais et bon marché (car c'est dans la poche du malheureux que se fait ce vide) encombrer les magasins et à côté, ces crises désastreuses dues à cet encombrement qui jettent dans le chômage et la misère des milliers de besogneux.

Ce n'est pas l'affaire des capitalistes de veiller aux intérêts de tous. Ils ne se croient obligés qu'à s'enrichir jusqu'à extinction, puisque aucun régulateur n'y met arrêt.

Avec le système étatiste collectiviste, au contraire, plus le produit sera abondant, bon et confortable, plus il y aura d'économie d'hommes, de machines et de temps, parce qu'on usera moins vite ; donc moins de travail abrutissant, plus de loisirs et par conséquent plus de bien-être pour tous.

Quant à l'activité intellectuelle, elle s'exercera au travail libre sur des choses bienfaisantes dotant le pays de chefs-d'œuvre qui augmenteront la richesse nationale et non quelques milliardaires.

Cette organisation permet à tout le monde sans exception de jouir pleinement et entièrement des progrès du siècle, et non quelques grosses fortunes seulement comme nous le voyons aujourd'hui.

Si ceci n'est encore rien, qu'est-ce qu'il faut donc au peuple pour qu'il soit content ?

2. *Des Voix.* — Très bien ! très bien !...

Le Conférencier. — Remarquez, citoyens, ce ne sera plus la lutte pour la vie d'individus à individus, de collectivités. L'expérience en est faite depuis un siècle ; d'abord par les petits patrons, qui se sont mangés les uns les autres ; ensuite par les sociétés industrielles, commerciales, financières, qui en ont fait autant ; puis par les associations et les coopératives ouvrières, qui commencent et continuent. Ce sont ces guerres intestines permanentes auxquelles l'Etatisme met fin.

C'est la concurrence, dit-on ; sans concurrence, pas de progrès. Hélas ! que nous a-t-elle donné cette concurrence ?

Ce qu'on n'avait jamais vu ! Tout le bon produit de notre France vendu à l'étranger et converti en or dans la poche des capitalistes et, pour combler cette lacune, une avalanche de produits mauvais et de produits falsifiés livrés à la consommation des miséreux, bien obligés d'en passer par là.

Ce n'est pas une lutte que ce système individualiste à outrance a établie ; c'est une guerre d'affamement. C'est une roulette, un jeu mortel, semblable au jeu des batailles où les vaincus devenaient les esclaves des vainqueurs, et d'où sont sorties toutes les féodalités passées que l'on croyait anéanties par le coup de vent révolutionnaire venu de France (1789).

Voilà pourquoi je ne suis pas de l'avis de ceux qui pensent que les associations ouvrières nous acheminent vers l'idéal socialiste.

Comme les corporations du Moyen Age (arrêtées à temps par la Révolution), elles nous *préparent* dans un avenir prochain une suprématie d'Etat qui est loin d'être ce qu'il faut comprendre par étatisme.

L'étatisme, par les mêmes moyens collectivistes, peut seul donner la sécurité pour tous. Pas d'Etat dans l'Etat ; autrement on ne change rien aux abus qui existent.

Une Voix. — Ce n'est pas à préparer, c'est déjà fait. Qu'est-ce que les grands magasins, Louvre, Printemps, Bon Marché, etc., l'enseignement laïque congréganiste, les allumettiers, les tabacs, les Compagnies de chemins de fer particuliers ou de l'Etat, les Congrégations, les associations capitalistes, cléricales ou ouvrières, etc., etc. ? Du *socialisme d'Etat* immense fédération tacite unie dans tous les pays du monde par les mêmes intérêts et constituant une féodalité plus puissante que celle que rêvait le catholicisme au Moyen Age.

C'est un retour fatal en arrière, c'est la contre-révolution triomphante.

3. *Des Voix.* — C'est vrai ! c'est vrai !...

Le Conférencier. — Non, pas encore ; tant que le peuple aura à sa disposition le suffrage universel, il peut encore espérer.

Mais qu'il se défie de ces endormeurs, de ces alarmistes qui, réduits *à quia* par la puissante logique des socialistes convaincus, tiennent ce langage : « Supposons un système parfait et ne fût-il pas hérissé de difficultés pratiques, la société civilisée aurait à hésiter avant d'aborder le certain pour l'incertain (1). » On connaît ma réponse.

Et cet autre : « Croyez-vous en admettant que le peuple souverain accepterait vos réformes, que les autres nations voisines, l'Angleterre, la Russie, l'Allemagne, l'Italie, l'Espagne, etc., restées sous la domination *de la bourgeoisie*, laisseraient faire ? Ils se coaliseraient pour écraser la Révolution sociale française de peur qu'elle ne se propage chez eux par imitation (2). »

Mais, messieurs les pusillanimes et les terroristes, cela s'est déjà vu ; et c'est grâce à l'énergie de la Révolution française (1789-1793) contre ces mêmes ennemis (puissances coalisées), que l'Europe doit le libéralisme dont elle jouit et la France son affranchissement du Droit divin et de la féodalité seigneuriale

Si, contre toute justice, contre tout droit des gens, un pareil fait était encore possible, malgré la Science, malgré l'érudition répandue dans toutes les classes bourgeoises devenues classes dirigeantes, malgré l'instruction trop sommaire, mais cependant pas nulle, de la classe des travailleurs manuels représentés déjà à la Chambre par de solides champions, je répondrais ce que j'ai déjà eu l'occasion de répondre dans le cours de ces conférences (Castelcreat).

« Qu'une puissance politique (3) n'a pas le droit de se mêler des affaires d'une autre puissance par la seule raison que celle-ci fait dans son gouvernement des

(1) Cauwès, économiste officiel. Voir *Mal social.*
(2) Baggio, collectiviste à petite dose. *Coopération des idées.*
(3) L'Angleterre, par exemple.

changements qui ne plaisent point à celui-là et qu'en s'érigeant ainsi en tribunal (coalisé) pour juger des affaires d'autrui, on usurpe un pouvoir que condamnent à la fois les lois des Nations et le sens commun », 1789 l'a compris et le peuple de France opprimé marcha comme un seul homme à la frontière. En ces moments de honte, l'esprit national se réveille et Jeanne la pucelle revient à la pensée !...

4. *Un Collectiviste timoré.* — Belles paroles que tout cela, mais qui s'écartent de la question ! Dites-nous enfin comment vous prétendez aboutir avec votre système et par où allez-vous commencer ?

L*e Conférencier.* — Je l'ai dit et répété... Je ne comprends pas cette interruption.

Citoyens, je vais recommencer, on n'est jamais assez clair, je le vois.

5. *Une Voix.* — Il n'y a rien de plus sourd que celui qui ne veut pas entendre.

Le Conférencier. — La première réforme à faire est : *Mon Vœu*, qui répond aux *cahiers de 1789.* Vous le connaissez, il a pour but d'élever en peu de temps à sa plus haute conscience le suffrage universel.

Ceci répond à ceux qui m'accusent de vouloir imposer ce qu'ils appellent mon système. Loin de là, je demande que le peuple, sur les nombreuses études sociales contradictoires qui ont été faites depuis 30 ans, délibère, et pour cela, mon vœu en donne le temps et les moyens.

Personne, riches ou pauvres, n'est donc pris au dépourvu, et ce qui sera sanctionné ne pourra être dû ni à un emballement du suffrage universel, ni à la violence ni à la conquête d'un parti quelconque au pouvoir.

Pour mon plan, il est, comme tous les autres, soumis à la sanction de tous.

— Citoyens ! vous avez vu comment je me suis défendu, cela donne une idée de ce qui arriverait par la sage mesure du Gouvernement, prenant lui-même l'initiative de la question sociale ; le sens des mots s'éclaircirait ; tous les députés, et tous les esprits sentant une solution imprévue resteraient jusqu'à la fin des débats, n'osant se détacher de la lutte. Il faudrait aboutir à quelque chose et ce quelque chose ne pourrait être que favorable aux déshérités.

6. *Le Collectiviste.* — Je suppose votre vœu accepté. Que va-t-on faire ?

Le Conférencier. — Puisque mon interrupteur a l'air de vouloir me pousser dans mes derniers retranchements, je vous demande, citoyens, de développer ma défense, jusqu'au bout.

Des Voix. — Oui ! oui ! serrez, serrez fort !

7. *Le Collectiviste.* — Je demande avant la parole pour montrer les conséquences de la socialisation immédiate. Le conférencier répondra après.

Le Président. — Vous avez la parole.

8. *Le Collectiviste.* — Premièrement : « Au nom du peuple souverain, l'Etat déclarera socialisés les capitaux et les propriétés de la nation *sans indemnité* ;

Les forêts, les landes, les terres en culture avec leurs bâtiments et leur mobilier d'exploitation, instruments agricoles, bétail, animaux de trait et tous les produits agricoles, soit sur terre, soit en granges, grenier, caves et magasins ;

Les carrières, les mines, les fabriques et usines de toutes sortes, avec leurs bâtiments, machines, matières premières et produits ;

Toutes les voies et tous les moyens de transport, chemins de fer, gares, mobiliers, matériel de wagons, tramways, omnibus, voitures de toutes sortes, animaux de trait, canaux et rivières, bateaux et navires ;

Tous les établissements de commerce grands et petits magasins, entrepôts, coopératives avec leur mobilier et toutes leurs marchandises.

Tous les établissements privés d'enseignement, d'éducation, d'hospitalisation et de Culte, écoles, pensions universitaires, séminaires et couvents avec leur mobilier ;

Toutes les maisons d'habitations avec leurs dépendances, jardins d'utilité ou d'agrément avec leur mobiliers, sous réserve d'un maximum de mobilier laissé à chacun, d'où les conséquences suivantes :

(*a*) Il n'y a plus de gens riches ou aisés ;

(*b*) Tous les propriétaires, tous les rentiers qui vivaient de leur revenu et qui n'ont pas de métier tombent dans le dénuement et la misère ;

(*c*) Par suite de la socialisation, tous les patrons et les directeurs de compagnies cessent de commander et de diriger le travail de leurs ateliers, leurs usines et dans leurs exploitations de culture ; et la production générale se trouve arrêtée partout.

(*d*) Les ouvriers, excités par le succès de la révolution et par la mise à pied des patrons et des directeurs, les ouvriers qui n'ont pas encore eu l'occasion et le temps d'apprendre la discipline volontaire dans les coopératives de productions ou dans les services publics démocratiquement organisés, rendent par leur insubordination et leurs exigences toute direction et tout ordre impossibles dans la production ;

(*e*) Les gens riches et aisés, privés de leurs revenus ou de leurs profits, sont dans l'impossibilité de continuer à occuper leur habitation, et d'autre part les ouvriers insuffisamment logés se réclamant de *l'égalité sociale* exigent un logement dans les grandes maisons des anciens riches. »

CONCLUSIONS

« Bref, la vie sociale partout bouleversée de fond en comble se trouve arrêtée partout, et le nouveau gouvernement accablé de plaintes et de réclamations de toutes parts, harcelé par des exigences impossibles à satisfaire, se trouve obligé d'organiser à la fois en mode socialiste tous les services qui précédemment fonctionnaient en mode capitaliste ; au contraire, d'organiser en mode socialiste les transports par terre, canaux, fleuves et rivières et par mers ; le commerce et la production industrielle et agricole sur toute la France depuis Paris jusqu'au moindre village ; de caser dans des fonctions productives la masse énorme des valides sans travail, domestiques renvoyés, commerçants et patrons dépossédés, ouvriers des industries de luxe en chômage ; de fixer le chiffre de chaque nature de production agricole ou industrielle en concordance avec les besoins de la consommation et de l'exportation et de répartir ce chiffre sur tous les établissements de culture et d'industrie et établir le prix de toutes les marchandises, depuis celui d'un chou, jusqu'à celui d'un livre, d'un tableau, d'une statue et de combiner ces prix de façon à assurer d'une part la vie des travailleurs de toutes sortes et d'autre part les frais généraux d'administration, de distribution ou commerce de transport, d'enseignement, d'entretien des enfants, des malades et des non-valides. Le gouvernement se trouve ainsi en présence d'une tâche d'autant plus difficile à accomplir qu'il rencontre partout dans les choses un morcellement, un émiettement incompatibles avec la concentration exigée par le régime socialiste à instaurer dans les hommes des idées, des sentiments et des mœurs hostiles ou contraires ; en un mot devant une tâche impossible, et par son impuissance unanimement reconnue, il provoque la déconsidération du socialisme, le retour au régime capitaliste et la chute en compression à outrance.

Et si cette perspective n'était pas à la fois si désolante et si terrible, comment *ne pas sourire, rire même bien franchement* devant la confiance chimérique et naïve des révolutionnaires qui s'imaginent pouvoir du jour au lendemain imposer l'organisation socialiste à ces pauvres paysans bretons, restés sous la tutelle de leur curé, en retard pour les idées de deux siècles sur le reste de la France ; aux fermiers normands et autres, vivant dans leurs fermes isolées et y conservant leurs idées et leurs mœurs particulières, à ces milliers de petits propriétaires-cultivateurs, cultivant avec amour chacun leur champ ou leur vigne et le gardant, le défendant jalousement, enfin à tous les habitants des petites villes vivant chacun séparément, l'un, d'un petit commerce, l'autre d'une petite industrie artisane ? (1). »

(1) *Critique du socialisme révolutionnaire*, par M. Baggio, collectiviste modéré. *Coopération des idées* (9 février 1901).

Le Conférencier. — En voilà une tirade bien faite pour ne pas déplaire à la réaction.

Heureusement que le collectivisme en général ne voit pas les choses de cet œil-là.

Il me semblait que les 269 réponses faites dans le cours de mes conférences répondant à la critique des 10 points de mon plan social répondaient victorieusement à toutes les questions qui viennent d'être posées. Faut-il que je recommence ?

9. *Le Collectiviste.* — Non, seulement résumez ! résumez !...

Le Conférencier. — Je le veux bien, mais je crois qu'il est bon que je rappelle le but de mon *Vœu ;* on sait qu'il demande une session (quatre ans) pour l'étude de la question sociale par le peuple sous l'initiative du gouvernement.

Il faut donc le supposer adopté.

10. *Le Collectiviste.* — Oui, je vous l'accorde !...

Le Conférencier. — Pendant quatre ans, il sera fait un inventaire spécial de la richesse capitaliste de la France, terres, meubles, immeubles, outils, machines, maisons, etc., jusqu'*à un chou,* selon l'expression de mon spirituel contradicteur.

(*Rires !...*)

L'estimation de chaque chose se fera sur un taux raisonnable, comme cela se fait dans le cas d'expropriation légale.

Ceci fait, voici la marche que l'on pourrait suivre :

Selon l'estimation de la fortune de chacun, grande ou petite, on enregistrera le revenu du capital de chacun.

Cette évaluation aura pour but (comme je l'ai déjà fait voir dans mon *Vœu*) de montrer le peu de proportionnalité qui existe entre le capital argent et le capital produit. La valeur produit dépasse de beaucoup la valeur argent, ce qui change du tout au tout les appréciations ordinaires que constatent nos économistes officiels, pour prouver qu'un partage égal de la richesse publique jettera tout le monde dans la pauvreté ; ce qui est complètement faux. Dans tous les cas, on sait que nous ne sommes pas absolus ; l'égalité des salaires n'est point une base générale de notre système, elle n'existe qu'au travail obligatoire et à la retraite.

On sait que cette égalité cesse au travail libre ; là chacun peut augmenter son pécule, si cela lui plaît.

Donc, répondant aux questions qui me sont posées, je dis :

(*a*) *R.* — Il ne faut pas dire : Il n'y aura plus de gens riches ou aisés : dites il n'y aura plus de miséreux ; de crève-la-faim.

A notre réforme, le pauvre a tout à gagner et le riche peu à perdre, sauf les privilèges exorbitants que lui donne, avec l'individualisme à outrance, la puissance de l'argent.

(*b*) — Voici ma réponse :

Comment les rentiers, les propriétaires, etc., etc., qui n'ont pas de métiers et qui vivent de leurs revenus tomberaient-ils dans la misère, puisque nous leur laissons leurs rentes et le produit de leurs locaux ? Est-ce que tout n'a pas été, avant toute étude sociale, estimé et inventorié ?

(*c*) *R.* — Les patrons, les associations, les coopératives, les compagnies, etc., etc., enfin l'industriel, l'agriculteur, depuis le plus grand jusqu'au plus petit, continuent leur exploitation si cela leur plaît.

Ils sont, au travail *libre*, *indemnisés* de leur peine, tout comme il est fait dans la société actuelle lorsqu'un patron change son industrie ou son commerce en une société anonyme, et qu'il reste directeur, nous n'éloignons donc point les capacités de bonne volonté.

(*d*) *R.* — Le défaut d'éducation, de discipline volontaire des ouvriers que craint mon contradicteur, ne peut être un obstacle à une bonne entente ; c'est une objection peu sérieuse. Les avantages qu'offre notre système leur accordant plus qu'ils ne demandent ; journée de quatre heures, retraite assurée au bout de dix ans, etc., et une grande liberté, dont après le travail obligatoire ils peuvent user à leur gré (1). Il faudrait

(1) Renan disait, vers 1848 : Pour ma part, j'ai souvent songé que si l'on m'offrait un métier annuel qui, au moyen de

que les ouvriers soient bien simples pour s'y refuser ; d'un autre côté, nous ne les croyons pas aussi dépourvus du sens de se conduire. Les grèves nous en donnent la preuve tous les jours par l'empressement avec lequel ils accueillent le peu qu'on leur cède.

Je ne sais pourquoi on veut toujours voir l'ouvrier déshérité sous le rapport de l'intelligence. Tout prouve le contraire depuis qu'ils comprennent la puissance de l'action.

(*e*) *R.* — Nous ne privons personne de leurs revenus, chacun les touche selon l'estimation adoptée. Donc, chaque propriétaire continue à occuper son habitation. Quant aux ouvriers ou employés non propriétaires, ils se logeront à proximité de leurs occupations tout comme cela se passe aujourd'hui.Rien ne sera changé,sinon que tout le monde sera logé plus confortablement, du reste comme je l'ai déjà prévu *Mal social*, page 61.

La décentralisation (forcée par notre système),au bout de peu de temps,aura transformé les chemins de fer en grandes rues principales, et les logements confortables avec jardins et à bon compte ne seront pas épargnés, l'hygiène morale et physique y gagneront ; ce sera, je crois,un grand bien.On sait que, par distances calculées, des palais permanents (propriété collective) sont élevés pour la satisfaction et les plaisirs de tous. Je ne vois dans tout cela rien d'impraticable et de promptement irréalisable. Depuis le machinisme, des villes entières peuvent sortir de sous terre comme par enchantement.

quatre ou cinq heures par jour, pût me suffire, je renoncerais, pour ce métier, à mon titre d'agrégé de philosophie, car ce métier n'occupant que mes mains, détournerait moins ma pensée que la nécessité de parler pendant deux heures de ce qui n'est pas l'objet actuel de mes réflexions (ce qui prouve que ceci satisferait tout le monde).

CONCLUSIONS DE MON ADVERSAIRE

R. — Il ne me reste plus qu'à répondre à la conclusion de mon contradicteur, qui prétend, malgré ce qu'il a entendu, que je bouleverse tout, ne laissant que de la misère.

Citoyens, je crois inutile d'entrer dans les détails de la tirade à perte de vue qui commence ces conclusions : ma réponse est claire. Rien n'est changé aux choses existantes : *tout est mieux réglé*, voilà tout. Dans mon plan social, des milliers de bras inactifs au point de vue utile, sont à la merci du travail obligatoire. Ce qui ramène le problème de la réglementation du travail, comme je l'ai déjà dit, à ceci : *Faire le plus d'ouvrage possible avec le plus de monde possible dans le moins de temps possible pour chacun* ; au lieu de faire le plus d'ouvrage possible avec le moins de monde possible dans le plus de temps pour chacun, comme cela existe fatalement dans l'organisation individualiste actuelle. Or, puisqu'il faut travailler pour manger, le bon sens, en présence de ces deux formules caractéristiques, ne dit-il pas que dans la première : tout le monde peut vivre, et que, dans la seconde : il faut que des milliers soient sacrifiés, puisque la machine de jour en jour remplace la main d'œuvre de l'homme ? Il est clair que le facteur machine, complètement inconnu aux anciennes sociétés, a révolutionné le mode économique adopté jusqu'alors, mais maintenant que cette révolution est faite, elle n'est plus à faire ni à défaire. Il s'agit simplement de l'utiliser au profit de tous, parce qu'elle est l'œuvre de tous.

Il est évident qu'une grande majorité sent la nécessité de cette réforme radicale, elle n'hésite que sur les moyens, parce qu'elle n'est pas au courant de cette grande question, bien étudiée pourtant depuis trente ans. Voilà pourquoi je crois que *mon Vœu* ne peut qu'être bien accueilli.

L'individualisme dont l'axiome social est l'égoïsme individuel (le chacun pour soi) a jusqu'à présent éloigné beaucoup de citoyens de l'idée d'étudier, mais il y a un revirement, aujourd'hui, il ressort ce fait indéniable : que la richesse nationale d'un pays (même très peuplé) peut être obtenue par un très petit *nombre de vrais travailleurs*, — ce qui se vérifie par cette légion de parasites désœuvrés, courtisans, prostitués, roués de toutes sortes, qui trouve le moyen de s'affranchir de la corvée (travail utile) pour occuper des emplois peu pénibles et bien rétribués ; dans le fonctionnarisme, devenu une véritable plaie sociale sous le régime individualiste, chacun craint pour soi et comprend qu'il est temps d'y mettre un régulateur, afin que le meilleur de la production n'aille pas à la mollesse, à la fainéantise et trop souvent à la nullité, et le rebut, le frelaté, à ceux honnêtes et dignes qui,péniblement,sont forcés, par misère, de travailler à des métiers abrutissants, écœurants, et si souvent mortels, à cause de leur perpétuité sur les mêmes classes.

Chacun comprend qu'un système de liberté individuelle, serait-ce même l'anarchie pure, qui donnerait de pareils résultats, serait-il la justice personnifiée, pour aucune raison ne pourrait durer, et que ce serait immédiatement qu'il faudrait y remédier.

RENAN, socialiste (1848) (1)

« Plusieurs hommes dévoués aux travaux de l'esprit s'imposent journellement un nombre d'heures d'exercices hygiéniques quelquefois assez peu différents de

(1) Voici un curieux document que j'emprunte à la *Vie meilleure*, une nouvelle revue dirigée par des professeurs... qui trouve sa place ici : *G. Adhor.*

ceux que les ouvriers accomplissent *par besoin*, ce qui apparemment ne les abrutit pas.

Dans l'état que je rêve, dit-il, le métier manuel serait une récréation du travail de l'esprit.

Lorsqu'on lui objecte qu'aucun métier ne pourrait supporter sans préjudice une réduction d'heures de travail, qui à cette époque était de douze heures, il répond : « que dans une société savamment organisée où les pertes de temps inutiles et les superfluités improductives seraient éliminées, où tout le monde travaillerait efficacement et surtout où les machines seraient employées *non pour se passer* de l'ouvrier, mais pour soulager ses bras et abréger ses heures de travail, dans une telle société, je suis persuadé, dit-il, « qu'un très petit nombre d'heures de travail suffirait pour le bien de la société et les besoins de l'individu ». Ce qu'il supposait *à priori* est confirmé aujourd'hui.

Il ne s'agit plus que *d'organiser savamment la société*. Allons ! messieurs les savants à l'œuvre..... Tout palliatif n'étant qu'un emplâtre social qui loin de guérir le mal l'aggrave ; soyons des médecins intelligents ! Attaquons-nous au virus.

Nous en sommes arrivés au point où on en était en 1789, avec la féodalité seigneuriale pourrie et protégée *par l'Etat-roi*. Nous devons agir de même avec la féodalité capitaliste autant pourrie et terriblement plus égoïste protégée par *l'Etat-parlement*.

Quant aux paysans, aux idées et aux mœurs particularistes dont parle mon contradicteur, à ces milliers de petits cultivateurs cultivant avec amour leur champ, leur vigne, le gardant, le défendant jalousement, nous le leur laissons bien plus sûrement que le régime actuel ; et la preuve... Voici ce que dit, à cette occasion, M. Leroy-Beaulieu économiste officiel que l'on ne peut pas accuser de socialisme (1) :

« Il faut renouveler absolument les cadres de l'agriculture. Pour cela il faut la disparition des fermiers, qui

(1) Dans *Projet des nouveaux droits sur les blés et le vrai remède aux maux de l'agriculture*, par M. Leroy-Beaulieu.

sont impuissants à s'adapter aux conditions du progrès.

Est-ce clair ?

Voici les raisons qu'ils donnent, les mêmes que nous donnons dans l'intérêt général.

« Les cadres, dit-il, de l'industrie agricole (*l'Economiste français*, 3 février 1894, nº 5) ne peuvent demeurer ce qu'ils étaient partout naguère, ce qu'ils sont encore sur la plus grande partie de notre territoire. De grands et de moyens propriétaires, souvent peu soucieux de leurs terres, ou ayant avec des fortunes élevées de médiocres moyens de concourir à les amender, des fermiers qui, dans la plupart des cas et en dehors de quelques contrées privilégiées comme la Brie et la Beauce sont souvent besogneux, ou tout au moins manquent de ressources pour perfectionner davantage leur exploitation ; de petits propriétaires qui ont des lopins disséminés, parfois incultivables dans de bonnes conditions, dépourvus des plus rudimentaires installations. *Tous ces cadres du temps jadis appellent une transformation ; elle est douloureuse et délicate ; cependant il est nécessaire qu'elle s'effectue.* »

Ainsi, voilà M. Leroy Beaulieu (1), l'ennemi acharné du collectivisme... qui veut substituer, non pas au profit de l'Etat (de tous, autrement dit), mais d'une Oligarchie Capitaliste, la grande et moyenne propriété aux petits propriétaires et aux fermiers (et ils ne vont pas à leurs fusils !), c'est-à-dire faire de l'Agriculture ce qu'ils ont fait du Commerce et de l'Industrie : ruiner tous les petits en mettant en jeu leur immense pompe d'épuisement. Paysans, gare à vos poches !... Oh ! on ne touchera pas à la doublure.

Quant à l'Indemnité que demande mon contradicteur, M. Leroy Beaulieu ne leur en offre pas. Ils seront tout bonnement ruinés. Que voulez-vous : *Ce sont les affaires. C'est le Progrès.* Avec l'Etatisme, si vous l'avez re-

(1) J'ai pris ces documents à la petite République lettre de Jaurès à M. Leroy-Beaulieu grand partisan du système Féodal Capitaliste.

marqué, nous laissons bien tranquillement les paysans exploiter leurs terres, nous leur donnons même les engrais, les outils, les hommes nécessaires à une culture parfaite, ils restent directeurs si cela leur plait de leur exploitation, sans préjudice de la rente de leur capital (on sait qu'une estimation après inventaire permet de rendre le capital ou la rente de ce capital).

Nous ne leur enlevons en somme que le souci de se voir écrasés par les gros cultivateurs capitalistes et nous les mettons à l'abri des griffes des usuriers (dont les menace M. Leroy Beaulieu) guettant leur fatale ruine.

Il en est de même du petit commerce et de la petite industrie artisane (bien plus malades encore que les petits paysans, et que la ruine de ceux-ci achèvera). Travaillés sans relâche par les grosses maisons et en plus par les coopératives et les associations ouvrières, les petits patrons viendront fatalement, eux ou leurs enfants, grossir le prolétariat. — Résultat — Avant peu, le travail déjà encombré aura des milliers de milliers de bras à la disposition des gros capitalistes, ils se donneront forcément pour presque *Rien.* Que voulez-vous : « Il faut manger! »

Je demande à mon tour à mon contradicteur *si cette* perspective n'est pas plus déclamatoire ni plus outrée que la sienne (qui en somme n'est *qu'un à priori*). Je lui demande, s'il est toujours disposé *à rire de la naïveté de ces pauvres convaincus.*

Pour moi, je regarde tout atermoiement qui ne vise pas immédiatement à *la réforme radicale* qui doit socialiser le tout à *l'Etat peuple* : Comme une faiblesse coupable!... Nous jetant avant peu dans la contre Révolution.

Peuples veillez! car tout dépend de vous.

FIN DE LA QUATRIÈME CONFÉRENCE

CINQUIÈME CONFÉRENCE

Annexe.

Les Consciences en face de l'Etatisme.

AU LECTEUR

Cette cinquième et dernière conférence, au point de vue de la sociologie positive, n'a qu'une importance secondaire; mais je ne pouvais l'exclure parce que l'état des esprits est loin encore de comprendre la nécessité de séparer le concret de l'abstrait lorsqu'il s'agit de s'entendre sur des faits aussi positifs et aussi importants que celui du droit de vivre. C'est donc comme annexe que je la présente au public.

Je l'ai dit « Mal social », la nature n'est point une marâtre, elle ne demande que peu de travail à l'homme pour lui ouvrir tous ses secrets. Le mal social ne vient pas d'elle. Il ne vient que des accapareurs de bien-être, qui veulent tout pour eux, et le moins possible pour les autres.

C'est ainsi qu'ont vécu jusqu'alors les sociétés envers et contre toute justice; malgré les tentatives, mille fois répétées, des exploités pour s'affranchir de ces tyrans.

Au XXe siècle, les fatalement sacrifiés commencent à s'apercevoir que cet état de chose est une fausse route dans laquelle, à l'origine, s'est engagée l'humanité, et que les progrès, acquis *par l'intelligence de tous*, donnent le moyen d'en sortir. Ils commencent à voir clair autour d'eux et distinguent déjà parfaitement la machination infernale des Tyrans (Sabre, sac, goupillon, etc.) qui, toujours les mêmes, s'entendent pour s'approprier adroitement les profits qu'amène le progrès.

Le peuple maintenu jusqu'alors en tutelle, ces tyrans, par droit de naissance, de force, ou de hasard se sont toujours entendus pour qu'il en profite peu, point même, s'ils le pouvaient.

ils ont pendant longtemps accaparé l'éducation, l'instruction afin de maintenir la masse du peuple dans une infériorité voulue.

De temps à autres, ils laissent échapper quelques lois anodines reculant toujours le moment final qui doit leur enlever, à tout jamais, les armes terribles que la simplicité, la bonhomie du peuple leur confient, je parle surtout de l'or et de l'épée.

Avec l'une ils affament, avec l'autre ils tuent.

Le fait le plus remarquable dans l'histoire des peuples, est la Révolution Française de 1789, forçant par la Raison les nobles à renoncer au droit divin, sur lequel reposaient leurs privilèges, bien qu'il fût appuyé sur le sabre et le goupillon alors tout puissants.

Puis après la victoire, le peuple devenu maître d'une tyrannie séculaire qui l'écrasait, laisse pousser dans son propre sein et sans même s'en apercevoir une autre tyrannie plus puissante que la première, le Capitalisme ; et aujourd'hui après un siècle, chose incroyable, ce même peuple convaincu du mal qui l'opprime n'ose à peine y toucher, sous prétexte *d'atteinte à la propriété* ; ne s'apercevant pas de l'abus que les riches font de ce mot.

On a beau crier à ce peuple : enlève à tes tyrans l'or, l'arme avec laquelle ils t'oppriment comme tes pères leur ont enlevé l'épée ; ils ne veulent rien entendre, ils préfèrent s'avachir et tomber dans une veulerie incroyable. Ne sommes-nous pas, disent-ils, propriétaires nous-mêmes? Oui, sans doute, mais encore une fois, ce n'est pas la propriété que nous attaquons : c'est le système social qui ne sait ou ne veut pas en prévenir les abus. Ce n'est pas davantage aux religions que nous nous attaquons : c'est aux lois insuffisantes, qui en favorisent les abus. Ce n'est pas la liberté individuelle que nous attaquons : ce sont les lois qui, sous prétexte de la protéger, laissent au hasard le soin de la régler ; et comme le hasard est aveugle, nous faisons des lois d'un intérêt général pour mettre tout le monde à l'abri de ses coups.

Mais nous n'avons nullement l'idée de changer la nature des hommes, il y aura toujours des esprits orgueilleux, tyranniques, aventuriers, chercheurs exaltés, superstitieux, fanatiques, enthousiastes, traîtres et vicieux. Seulement, ce qu'on a remarqué c'est que c'est une très petite minorité qui a ces audaces.

La masse est plus indifférente que méchante, et comme elle est le nombre, avec le suffrage universel, le moment venu, elle se retrouvera.

On entend dire souvent par les meilleures natures, les plus pacifiques :

Il n'y a qu'une révolution sanglante pour nous sortir de ce passage, parce qu'elle appellera au pouvoir un homme providentiel qui chassera tous ces coquins, ces scélérats qui exploitent les gouvernements populaires, à leur profit : Républiques ou monarchies.

Eh non ! vous dis-je, le sang appelle le sang, 1793 en est la preuve.

A ce désordre populaire a succédé Napoléon Ier, qui a ouvert la porte toute grande à la contre-révolution ; cause aujourd'hui de toutes nos divisions, le premier Empire est la source jaillissante qui a remis en cause tous les vieux préjugés. Et la République universelle pourrait être acclamée !... Que la féodalité capitaliste dans laquelle se sont fondues toutes les aristocraties passées, n'en régnerait pas moins sur le monde et il n'y aurait rien de changé.

C'est ce que j'ai exprimé (*Mal social*, page 145) par ce paragraphe : Parlant de M. de Mun (clérical) « cette oligarchie n'attend plus, pour proclamer définitivement *l'Etat c'est moi* dans le monde entier, que le bon vouloir des peuples. »

Le mal est donc plus grand qu'on ne le croit : Mais tout dépend de ceux qui souffrent ; prolétaires dont le nombre s'accroît tous les jours. Qu'ils osent !... et fassent bon usage de leur bulletin de vote.

La question est donc très délicate, c'est pour cela que cette cinquième conférence a ici son importance.

A l'encontre du socialisme militant, radicaux et collectivistes, qui semblent tenir peu compte de l'état des consciences et du respect que l'on doit aux convictions sincères — aussi exaltées puissent-elles paraître — l'Etatisme respecte ce qui est : Eglises, synagogues, mosquées, loges, etc...

Je sais que c'est là la plus forte critique de mon plan social : Je le regrette... Mais je reste convaincu que le mal n'est pas là — mais dans le système financier capitaliste qui domine sur le monde — l'ennemi le voilà. Il ne faut pas le chercher ailleurs, *c'est le capitalisme* protégé par un système individualiste à outrance presque anarchique.

Ce qu'il importe, dans cette dernière conférence, c'est de montrer que le principe sur lequel repose notre sociologie et les lois qui en forment la base ne peut choquer les consciences puisqu'elles en respectent absolument la liberté, ce que notre prolétaire exprime par *liberté morale absolue*. Je crois qu'on ne regrettera pas les débats qui vont s'ouvrir et que j'ai essayé de rendre avec la plus grande sincérité.

X. EGAPEL.

CROIRE A DIEU OU N'Y CROIRE PAS

Mon Cher Monsieur Paul Mélée,

Interrogeons notre conscience... et ramenons ce grand problème à sa plus simple expression.

Vous savez que je suis déiste et la première partie de ce livre montre les combats dans lesquels je me suis trouvé entraîné pour arriver à une conviction.

C'est donc sans parti-pris que j'écris ces lignes, mais dans l'idée pure et simple qu'ont tous les philosophes de frayer la voie qui conduit à la recherche de la vérité.

Veuillez les communiquer, après les avoir lues, à notre ami commun, X. Egapel, elles sont une espèce de préface à ce qui va suivre :

Croire à Dieu ou n'y croire pas : voilà deux opinions qui ont même cause : l'ignorance et l'impuissance.

Le Déiste dit : Je crois en Dieu parce que le monde n'a pu se faire seul, fait qui se vérifie tous les jours, toute œuvre cache un ouvrier.

L'athée répond : Il n'y a pas qu'un ouvrier, il y en a des milliards qui travaillent encore, et l'œuvre est loin d'être achevée, le monde n'est à personne, il est à tout ce qui pense et s'agite dans l'univers.

Ils ont tous deux raison, ils se croient très éloignés, et ils se rapprochent sans cesse comme ces asymptotes fatalement destinées à se rapprocher toujours sans jamais se confondre.

La preuve, c'est que toutes les sciences combinées par

les hommes, sur lesquelles reposent leurs arguments, concourent toutes vers l'inabordable, autrement dit l'absolu.

Or, qu'est-ce que l'absolu? *Rien et Tout*, on ne peut ni le nier ni le dénier.

Et en effet, sur ce point pratique, tout le monde est d'accord parce qu'on a eu beau feuilleter le grand-livre de la nature, nos savants ont remarqué dans son ensemble ni commencement ni fin.

Et comme il faut bien se résoudre à quelque chose, pour s'entendre ils ont sagement accepté un pour faire deux; et, bien leur en a pris, car je ne sais pas, sans cette entente, s'ils seraient sortis de leur primitive ignorance.

Eh bien! faisons de même: Pour créer une sociologie, posons des axiomes, et nous finirons par créer une science pratique que nous nommerons l'art de vivre en paix les uns avec les autres, et alors, nous pourrons enfin édifier quelque chose; nous ne pataugerons pas plus longtemps pour notre honte et le malheur de tous.

Le déisme pur et l'athéisme pur, c'est-à-dire dépouillés de tout artifice, ne sont donc pas deux ennemis irréconciliables; ils peuvent rester chacun dans leur posture, n'ayant d'autre différence que l'un accepte ce que l'autre subit; c'est-à-dire des lois naturelles auxquelles ni l'un ni l'autre n'ont sciemment collaboré.

Où la discorde commence, ce sont dans les nuances louches du Formalisme en général auxquelles il faut un culte extérieur quelconque (Bons dieux ou fétiches), c'est là où l'orgueil, la tyrannie, le besoin de régner se font sentir pour le malheur de tous. Voilà le cléricalisme! Aujourd'hui, on en sent les abus: on voudrait l'extirper ou au moins le réduire, c'est-à-dire l'empêcher de nuire.

Nous avons donné le moyen de lui rogner ses ongles dorés, tout comme aux capitalistes, et le renfermer dans ses murailles, merveilles d'architecture.

S'il faut au peuple absolument des manifestations extérieures, qu'elles soient étatistes, c'est-à-dire acceptées comme fêtes nationales par un Référendum populaire.

Un vieux Prolétaire
philosophe et socialiste sans le savoir.

CINQUIÈME CONFÉRENCE

Discours d'Ouverture.

Le bureau est formé, le président donne la parole au conférencier.

CITOYENS,

On a pu remarquer, pendant les débats qui ont précédé, que les absolutistes (cléricaux, communistes, anarchistes), le clérical surtout, avaient objecté que la question sociale ne pouvait se détacher de la question religieuse pas plus que de la morale pure ; que les dogmes devaient servir de bases à toute sociologie, parce que, étant avant les sociétés, ils équivalent à des faits accomplis, à des vérités reconnues.

Cette discussion m'entraînait absolument dans les abstractions. J'ai dû l'écarter, me contentant de prouver que ni ma sociologie ni mon plan social ne froissent en rien les consciences. — Le juif, le mahométan, le libre-penseur, etc., restent libres d'honorer ou de ne pas honorer à leur manière l'auteur ou même les œuvres de la Nature.

Cette dernière conférence a donc pour but de prouver qu'en rapprochant toutes les églises, toutes les confessions, tous les systèmes philosophiques, etc... ayant occupé le cerveau humain, on pouvait s'entendre, en ne s'écartant pas des morales pratiques et des sciences positives.

Ceci m'a semblé un moyen de mettre fin à ces disputes religieuses et scolastiques si désastreuses à toutes les époques et complètement inutiles ; surtout en sociologie, car de quoi s'agit-il ? De donner à tous le moyen de vivre, ce que la nature gratuitement ne semble refuser *à aucune créature sachant s'organiser*, et ce que la société actuelle est loin d'avoir trouvé, puisqu'elle admet un prolétariat permanent qui sue sang et eau au milieu d'une grande abondance ne lui laissant guère que des miettes, et encore sous la pression d'une tyrannie humiliante, corruptrice et sarcastique.

Tout homme de bonne volonté (et c'est à ceux-là que je fais appel) doit donc, quel que soit son Idéal, réparer cette cruelle injustice.

C'est pour cela, je le répète, que j'ai écarté dans les conférences précédentes tout ce qui touche aux abstractions.

La sociologie, étant une science pratique mûre au XXe siècle, renferme comme toutes les sciences, découvertes par l'homme pour son utilité, le secret d'une entente possible.

Par ce moyen on ne risque point de froisser ni des intérêts légitimes ni les consciences honnêtes les plus susceptibles.

Vous avez vu, Citoyens, que le but de la sociologie était d'abolir dans les sociétés existantes beaucoup de grands abus, nés des civilisations primitives, entachées d'ignorance et de superstitions et où l'instinct primitif sauvage et barbare dominait.

Eh bien, le moment est venu où un grand nombre d'hommes épris d'humanité, travaillent à rendre impuissant le retour aux tyrannies passées, tyrannies qui ont fait de l'homme et même de tous les êtres respirant sur la terre une véritable géhenne. Il faut que tout en respectant les dogmes (création, déchéance, révélation), et les découvertes de la science (évolution, regrès, progrès) (mots qui ne sont pas aussi contradictoires qu'on pourrait le supposer. Car cela dépend de l'interprétation qu'on veut bien leur donner). Il faut, dis-je, reconnaître que le point de départ des civilisations est le même, — sauvagerie, barbarie, ignorance, — et que toutes deux ces théories reconnaissent dans leurs morales le besoin du perfectionnement individuel et nécessairement collectif.

L'Etatisme, qui a été développé et que nous venons de critiquer, remplit ces conditions. Il ne me reste plus qu'à démontrer qu'il n'est pas incompatible avec les consciences, quelles que soient les croyances et même ne croirait-on à rien.

DIALOGUE

Entre le Clérical et le Conférencier suivi d'une réponse de l'athéiste.

On se rappelle que le clérical et l'anarchiste se sont donnés rendez-vous à cette dernière conférence, ne pouvant faire entrer (à cause des conventions acceptées de séparer l'abstrait du concret) dans leur argumentation, leurs théories absolues.

Ici, ils ont le champ libre... et ils vont s'en donner à cœur joie.

X. Egapel.

Nota. — On sait que le but de cette conférence est de prouver que l'Etatisme ne gêne en rien les consciences.

1. *Le Conférencier.* — Pourquoi ne pouvons-nous pas nous entendre, puisque nous sommes déistes tous deux.

Le Clérical. — Vous n'acceptez pas la révélation.

2. *Le Conférencier.* — C'est une erreur, je l'accepte très bien. Pour se révéler Dieu a des moyens infinis, et l'homme n'est pas le seul être privilégié auquel il se révèle ; tous les êtres vivants sont dignes de cette faveur, et c'est justice ;

Nous ne différons donc que dans l'interprétation, chez vous fort orgueilleuse.

Vous accordez que Dieu s'est révélé par Incarnation, par voix intérieure, par vision, etc., et moi j'ajoute : par intuition et par instinct.

3. *Le Clérical.* — Oui, mais croyez-vous à des faits surnaturels.

Le Conférencier. — Non, tout ce qui n'est pas absolu peut se prouver, ce n'est qu'une question d'ignorance.

4. *Le Clérical.* — Mais Dieu ne se prouve pas.

Le Conférencier. — Non, puisqu'il est absolu.

5. *Le Clérical.* — Alors vous croyez que l'homme par sa science peut arriver à expliquer tous les mystères de la nature. C'est ainsi que pense l'athée ; on a raison de dire que le déisme est un athéisme déguisé.

6. *Le Conférencier.*— N'allons pas si vite... vous vous méprenez... Si l'athéiste ne reconnaît pas Dieu, il accepte l'absolu, je ne diffère avec lui que par le mot : Vous confondez l'athéiste avec l'athée. Ce dernier nie Dieu dans l'espoir de prendre sa place, comme vous vous *l'acceptez dans la forme* pour le représenter sur la terre, c'est-à-dire régner en son nom. Vous êtes des politiciens, c'est ainsi que vous exploitez le peuple souverain.

Le Clérical. — Oh ! oh !...

Le Conférencier. — L'athéiste comme moi accepte la lutte, mais pas la guerre.

C'est de cette fausse interprétation du but de la vie qu'est sorti le Bien et le Mal et qui a donné naissance au Dualisme autre théorie qui naît de notre impuissance à expliquer l'absolu.

C'est sur cet écueil que se rencontrent pour nous exploiter ces nuances hybrides faciles à reconnaître, il suffit de distinguer le mobile qui les fait agir.

Rapportant tout à soi, elles tirent habilement de leur système égoïste, qu'elles cachent le plus qu'elles peuvent, l'une sous le masque de la charité, l'autre sous le masque de la philanthropie, le piège où tant tombent exploités.

7. *Le Clérical.* — Puisque vous croyez à la révélation

sous toutes espèces de formes ; alors pourquoi ne croyez-vous pas avec nous à Adam et Eve, à la chute de l'homme, à la sentence prononcée verbalement par Dieu dans le paradis terrestre. C'est de là que nous tirons nos bases sociales. La loi du mariage, la paternité, la famille, la déchéance qui explique tous les maux de la terre, la réprobation du travail, etc., etc., en un mot, l'histoire universelle...

Le Conférencier. — Je ne vois rien d'impossible ni d'absurde à tout cela, mais avec une autre interprétation que celle que vous donnez.

Les incarnations, même dans l'état actuel de nos connaissances scientifiques, si elles ne sont pas un fait prouvé, ne sont pas non plus un fait improuvé.

Si on assemblait les plus grands savants de la terre, de toutes les parties du monde, et qu'il s'engageât une polémique sérieuse sur ce sujet qui touche en plein à l'Immortalité de l'âme et à ses transformations évolutionnistes, les arguments seraient tellement serrés de part et d'autre, et des expériences contradictoires viendraient tellement se multiplier, que ce qui ressortirait pour l'auditeur éclairé et sans parti pris serait au moins le doute. Donc ne dites pas : Croyez ou ne croyez pas.

Je dis que je ne vois rien d'absurde ni d'impossible dans cette forme de révélation divine.

Je trouve que pour qui se met en contact avec la nature que je regarde comme l'œuvre de Dieu, de l'absolu si vous voulez, cette révélation est de tous les instants et ne peut faire l'objet d'un culte particulier. C'est un phénomène tout naturel qui se rencontre dans l'inspiration, dans l'extase, dans les pressentiments, dans les prévisions, même dans les hallucinations encore peu définies par la science.

Mais, encore une fois, tous ces faits occultes ne peuvent servir de base à une science pratique comme la sociologie.

Même quand l'homme arriverait à expliquer tous ces mystères, il faudrait toujours que l'on boive, que l'on mange, que l'on dorme, et pour cela que l'on travaille plus ou moins selon les progrès ; et comme ce travail est le fruit de l'intelligence et des peines de la collectivité, des tyrans seuls ou associés n'ont pas le droit de dire : Ceci est à moi, ceci est à nous, mais : Ceci, selon la justice, *est à Tous.*

Et c'est tellement vrai que même les principaux pères de l'église l'ont reconnu (1).

8. *Le Clérical.* — Mais pourquoi, vous qui êtes collectiviste, communiste, etc., n'admettez-vous pas que l'on se collectivise tous pour prier ou adorer Dieu à sa manière ?

Le Conférencier. — C'est encore une erreur. Vous le savez, je respecte dans mon plan social toutes les communautés, toutes les associations ; je n'attaque chez elles que leur esprit politique et capitaliste, c'est-à-dire de domination sur l'Etat par la puissance de l'or. Autrement elles rentrent dans la mesure commune, je ne fais ni pour elles, ni contre elles, aucune loi d'exception.

9. *Le Clérical.* — Alors vous tolérez le prêtre ?

Le Conférencier. — Comme je tolère le philosophe, le savant, le soldat, le moraliste, etc., mais ce que je ne tolère pas, ce sont les abus qui peuvent naître d'institutions se détournant de leur mission pour devenir des puissances dans l'Etat. « Pas d'Etats dans l'Etat ».

Voilà ou il faut arriver. Ce qui existe, ce sont des conséquences sociales ayant eu leur temps, et qui tombent d'elles-mêmes lorsqu'elles n'ont plus d'aliment ; c'est la loi du progrès.

Mais si on ne peut de suite y arriver, on peut régler les abus qui en découlent.

Et le moyen que je conseille est le vieil adage : « Il ne faut pas donner des verges pour se faire fouetter. » Or l'argent est, de nos jours, l'arme la plus subtile et la plus terrible tombée entre les mains des despotes de toutes catégories. Il faut la leur enlever. C'est ce qui est parfaitement exprimé dans *Mal social* par l'or à la Nation, les revenus à Tous. — Ceci ne touche point aux consciences.

10. *Le Clérical.* — Mais revenons à notre sujet : Y a-

(1) Voir *Mal social.*

t-il eu nécessité, aux premiers âges et aux grandes décadences des civilisations, que des incarnations divines se manifestassent aux yeux des hommes pour s'être écartés complètement des lois de la nature, dans le but, tout en respectant le libre arbitre de chacun, de remettre l'humanité sur la route un moment déviée.

Le Conférencier. — Encore une fois, je ne vois à cela rien d'impossible ni de déraisonnable, je dirai même mieux ; je le sens quelquefois nécessaire, quand je considère l'état des esprits à notre siècle. Mais de ce qu'un fait a été nécessaire, faut-il croire aveuglément et à la lettre des paroles ou des écrits qui nous sont transmis par tradition ?

Une des incarnations qui m'a le plus frappé après la lecture des védas de l'Inde et de la Bible juive, je l'avoue, c'est celle du Christ. Cette grande figure m'a surtout frappé par son opportunité, par son effet moral sans précédent qui, après bientôt deux mille ans, et sans avoir rien perdu de sa grandeur (1), persiste encore, par son effet social qui s'est perpétué jusqu'à nos jours, et, ce qu'il y a de plus beau, par l'immense sacrifice d'une vie désintéressée qui s'est donnée volontairement sans luttes brutales, *voulant écarter toute idée de représailles.*

Voilà pourquoi tout ce que l'on pourra faire pour amoindrir, annihiler ou arracher cette grande figure de l'histoire, n'aura aucun succès. Cette lutte impitoyable contre les abus de l'or, ce grand amour pour les humbles place le Christ à la tête du socialisme et en fait un modèle qu'on ne peut cacher.

11. *Le Clérical* (ironiquement). — Vous aurez beau faire, on fera toujours retomber sur sa tête tous les crimes commis par les religions établies en son nom.

Le Conférencier. — Cela paraît vous réjouir, mais l'instruction se répand partout aujourd'hui, et bientôt on s'apercevra que cela ne le touche pas, qu'il partage le sort de tous les génies bienfaisants qu'on habille

(1) Il ne faut pas confondre le Christ avec les confessions religieuses qui se sont développées sous son nom.

toujours à la couleur dominante du siècle, mais qui, dégagés de leurs oripeaux, — apparaissent, aux moments de justice et de vérité, ce qu'ils sont et ont toujours été. — Et nous sommes à l'un de ces moments.

12. *Le Clérical.* — Vous auriez mieux fait de n'en point parler, on vous dira que c'était inutile, que votre sociologie et votre plan social ne vous y obligeaient aucunement (ironiquement) ; d'ailleurs sait-on s'il a existé ?

Le Conférencier. — Cela vous gène encore plus que les libres-penseurs. Voilà pourquoi vous me parlez ainsi. Mais vous ne m'embarrassez pas.

Vous dites que l'on me dira qu'il n'a jamais existé. C'est très facile à dire, mais plus difficile à prouver. Le livre qui parle du Christ existe. Si on peut douter de l'existence de l'homme, on ne peut nier l'esprit du livre et c'est suffisant.

13. Ils vous diront qu'il n'est pas authentique ?

Le Conférencier. — Possible, mais tel qu'il est, supérieur ou inférieur à l'original, il est suffisant, parce que l'important de ce livre, *c'est qu'il montre l'attitude qu'un homme aux prises avec les corruptions de son siècle doit tenir pour rester digne, dût cet homme aller jusqu'à la mort.*

14. *Le Clérical.* — Vous en trouverez encore beaucoup qui ne nient pas le Christ, mais qui disent que la morale de ce livre est déprimante, que ce portrait du Christ résigné (vrai ou faux), glorifiant la douleur, ôte toute émulation, toute énergie, que ce transport de la justice dans un autre monde empêche de la *faire régner dans celui-ci*, etc., etc.

Le Conférencier. — Vous vous plaisez à m'embarrasser, mais il m'est facile de répondre que la justice ici-bas est un leurre, non pas à cause de ce que vous dites, mais parce qu'elle est impossible, étant donnée la faillibilité de l'homme, preuve que les lois humaines ne devraient être que préventives.

Mais si vous supposez qu'elle *peut régner quelque part,* ne la trouvant pas sur la terre, il est naturel de la supposer dans l'au-delà, où il faudrait absolument nier qu'elle puisse *être,* chose absolument impossible à prouver, témoin tout ce qui a été écrit à ce sujet depuis des milliers de siècles. Quant à la morale déprimante des Évangiles, je ne vois rien dans l'histoire qui puisse justifier une pareille assertion.

Tous les vrais chrétiens, depuis le Christ jusqu'au plus humble des martyrs de la *Tyrannie sociale*, fanatique ou non fanatique, ont toujours été des héros bravant la mort et le danger.

Les lâchetés ne se trouvent point dans ce camp : Elles sont partout, — en religion ou irréligion, sous le masque de l'hypocrisie — ; on voit tous les jours des hommes, au prix des plus grandes injustices, pour satisfaire leur ambition ou leurs vues, prêts à faire toutes les bassesses.

15. *Le Clérical.* — En a-t-on dit sur le « Denier de César », et sur « Mon royaume n'est pas de ce monde », et encore sur « Je ne viens pas vous apporter la paix, mais la guerre », etc. Comment vous tirerez-vous de là ? Je vous le dis, vous auriez mieux fait de ne jamais parler du Christ. Il n'a rien de commun avec le socialisme : Vous faites fausse route.

Le Conférencier. — Vous parlez comme cela depuis les dernières encycliques du pape. Vous étiez socialiste chrétien avant M. de Mun. On vous a condamné depuis au mutisme. Vrai, vous auriez dû le garder, car vous excitez ma verve et ne suis pas en peine de vous répondre.

On a dit : en opposition au denier de César : « Rendez à l'homme ce qui appartient à l'homme. » Eh bien, ce qui lui appartient, c'est sa liberté avec son droit de vivre. La société actuelle lui donne la liberté avec son droit de crever de faim, mais je ne vois pas ce que cela a de commun avec ce qui revient à Dieu.

Ce sont deux devoirs que le Christ a toujours séparés sans les confondre et qui sont renfermés dans les deux mots Dieu et Humanité.

Je ne vois pas en quoi ce conseil entrave le progrès social et ce qu'il a de déprimant ?

C'est donner l'exemple au contraire du plus grand respect de la liberté individuelle et collective. C'est accepter, ce n'est pas se résigner ! ne confondez pas...

« Mon royaume n'est pas de ce monde. » On sait que le Christ croyait à l'immortalité de l'âme ; d'autres philosophes bien avant lui avaient soutenu cette thèse, qui a eu beaucoup et a encore de nombreux croyants.

Tous ceux qui pensent ainsi en dehors de toute religiosité peuvent en dire autant en voyant dans votre société les vertus foulées aux pieds et le vice glorifié.

Commenter autrement cette belle parole du Christ c'est la fausser complètement et lui ôter tout son sens. La preuve c'est que dans sa prière *notre père*, il dit : « Que votre règne arrive sur la terre comme au ciel » ; c'est-à-dire que la paix soit avec vous.

Mais s'il demande que la paix règne sur la terre, pourquoi me direz-vous : dit-il ! « Qu'il vient apporter la guerre... » On peut voir là une contradiction... mais c'est toujours la même chose... Ce n'est qu'une dispute de mots ; mais aujourd'hui que bientôt deux mille ans ont passé sur ces paroles... nous en dépouillons facilement le sens qui se rattache à cette autre parole : Vous serez tous persécutés et beaucoup mourront à *cause de moi*, c'est-à-dire à cause de l'attitude digne que je vous conseille d'observer pendant tout le temps de votre vie.

Que l'on ne se méprenne pas sur le mot : *attitude digne*, que je prends ici pour me faire comprendre. — C'est que le Christ n'a jamais, par un excès de zèle, outrepassé cette limite, et c'est ce qui fait sa gloire et la grandeur de son caractère.

Tomber dans la superstition, dans le fanatisme sont les dangers de toute exaltation outrée, qu'il s'agisse de religion, de patrie, etc., etc. Et en effet entre votre Christ et le mien, il n'y a aucune comparaison au lecteur de juger ; le mien est social, et il devait l'être, puisqu'il est venu sur la terre pour montrer l'exemple ; quant au vôtre, je ne sais ce qu'il est. Pour moi, je suis convaincu qu'il n'est que ce que vous l'avez fait.

16. *Le Clérical.* — Votre tâche sera ardue, les libres-penseurs vous délaisseront et les dogmatiques ne pourront marcher avec vous.

Le Conférencier. — Eh bien ! je marcherai seul,

convaincu que le mauvais vouloir de ces deux doctrines absolues saisira le plus grand nombre et qu'ainsi se justifiera le besoin *de séparer le concret de l'abstrait* en matière de législation sociale.

Enfin, revenant au but de cette conférence : Est-ce que l'Etatisme tel que je le conçois gêne votre conscience?

17. *Le Clérical.* — Oh non, puisque vous me laissez libre, que vous ne détruisez pas les églises ni les cultes, ni les assemblées quelles qu'elles soient.

Le Conférencier. — Non, je n'en corrige que les abus qui touchent à la liberté individuelle et qui tendent à faire de ces institutions des Etats dans l'État.

18. *Le Clérical.* — Cela gêne un peu mes préjugés.

Le Conférencier. — Ils passeront.

Réponse de l'Athéiste

19. *L'athéiste.* — J'ai assisté à vos débats depuis le commencement sans mot dire ; voulez-vous connaître ma réponse?

Le Conférencier et le Clérical. — Oui, oui.

20. *L'athéiste.* — Vous ne différez en somme que sur la forme : à l'un il faut un culte extérieur, l'autre s'en passe et trouve en lui-même ce qui lui manque.

Moi, je ne suis pas bondieusard, je puis vivre sans cela, je me passe de Providence, c'est dans la science que je trouve mon guide. Je ne perds pas mon temps en discussions stériles. Je ne rêve pas, mais je ne tue pas non plus la pensée. Je suis idéaliste à mes moments, parce que là je trouve des ailes et que je suis aise de sortir quelquefois du terre à terre.

Le Conférencier — Volez! volez! mon cher, mais vous n'irez pas loin, je vois un diable de fil attaché à votre patte...

21. *L'athéiste.* — On n'enchaîne pas l'esprit.

Le Clérical. — Et votre absolu ?...

22. *L'athéiste.* — Ne pouvant l'atteindre, je le néglige.

Le Conférencier. — Oui, comme vous négligez Dieu ; mais ce n'est pas répondre cela, c'est s'échapper par la tangente, et comme vous ne pouvez rien, vous n'acceptez rien et vivez au hasard. Voilà votre Dieu !...

Le Clérical. — Votre absolu !...

23. *L'athéiste.* — Et je ne puis raisonnablement en accepter d'autre ; la nature ne se révèle pas autrement à moi.

Le Conférencier. — Quelle théorie et quelle pauvre idée vous avez de la nature.

24. *L'Athéiste.* — La nature, mon ami, est une grosse erreur qui voudrait se rectifier et qui n'y parvient pas. Votre déisme me plaît mieux que celui de votre adversaire entêté ; il n'a au moins rien de tyrannique, mais c'est tout.

25. *Le Conférencier.* — J'en prends note. Il ne gêne pas votre conscience ?

L'athéiste. — Non.

26. *Le Clérical.* — Eh bien, que conclure de cette discussion.

Le Conférencier. — Que chacun reste dans ses convictions quelles qu'elles soient, qu'il adore Dieu ou ne l'adore pas, il faut laisser à chacun la liberté absolue de la pensée et de la conscience.

L'athéiste. — C'est entièrement mon avis.

Le Clérical se retire, préférant ne plus discuter.

LE BOURGEOIS

Le Conférencier. — Citoyens, il me reste encore à interroger celui qu'on est convenu d'appeler le bourgeois, conservateur et généralement réactionnaire.

Cette catégorie d'hommes, très sociables à une seule condition, c'est qu'on ne trouble pas leur quiétude, est d'ordinaire très prudente, cause peu et est toujours partisante *du laisser faire, laisser passer*. Elle dort, boit, mange, a tout ce qu'il lui faut ; pour elle il n'y a pas de question sociale.

M. Arthur Desjardins l'a très bien dépeinte dans cette phrase typique : « En matière sociale, le plus simple et le plus sage pour corriger les abus *est de laisser à la liberté le soin de corriger les maux de la liberté.* »

C'est contre ces personnages que les anarchistes fulminent ; et, au fond, cela n'a aucune raison, ces braves gens croient être dans le vrai. Ils ont tous pour le moins un petit magot. A quelle parti, à quelle église, à quelle chapelle voulez-vous qu'ils appartiennent ? A aucuns. Ils vont, comme on dit, *du côté du manche*, et le temps où ils sont les plus malheureux sont ceux où ils ne l'aperçoivent pas très bien. Par exemple comme en ce moment (1901).

Croit-on que ma sociologie et mon plan social soient susceptibles de troubler leur conscience ?

Non, n'est-ce pas ?... Ils ont toute leur vie eu si peu de temps pour l'interroger... Les affaires ! les affaires !...

Eh bien, voyons à cette classe de satisfaits, très nombreuse aujourd'hui chez toutes les nations et qui tous désirent la paix à tout prix (pour eux). Voyons si ces consciences timorées ne pourraient pas s'accommoder de nos principes sociaux.

Que demandent-ils ces gens vertueux ? Leur bien-être. Ils l'ont, nous ne leur ôtons donc pas et même à beaucoup de petits peu rentés nous le leur donnons.

Ils ne peuvent plus être gogos, puisque l'Etat garantit leur existence. Pour eux, il n'y aura donc pas grand chose de changé ; n'est-ce pas à l'Etat qu'ils confient leur fortune pour dormir en paix ?

Mais, dit-on, vous renversez tous leurs préjugés, c'est bien plus grave pour eux que de toucher à leur conscience, vous dérangez leurs habitudes... c'est trop fort pour leur faible cerveau, qui n'a jamais pensé. Vous les affolez !... — C'est l'affaire d'un moment, ils se calmeront quand ils se verront à l'abri de tous ces *va-nu-pieds*, comme ils les appellent, de tous ces grévistes, de tous ces trimardeurs qu'ils craignent comme des voleurs et des assassins.

L'Etatisme les délivrant de tout cela fera au contraire bien leur affaire. Je dirai même mieux : c'est cette catégorie qui poussera au plus vite à notre but. N'est-ce pas elle qui use le plus largement pour elle et pour ses enfants des prérogatives que nous demandons pour tout le monde, être fonctionnaire. — Voyez, ils sont continuellement à la porte des ministères pour solliciter des emplois. Ces braves et pacifiques gens nous sont donc acquis.

Je conclus qu'il est intéressant pour le lecteur d'avoir pu établir que ma sociologie et mon plan social, qui a été développé et critiqué à fond dans les conférences précédentes, tout en restant très pratiques, ne froissent en aucune façon les consciences actives ou endormies.

Ce travail consciencieux et plein d'un désir de paix, de justice et de fraternité ne peut sérieusement troubler que les ambitieux ; prêtres, soldats, financiers, tribuns, charlatans, etc., politiciens de toutes nuances dont l'intérêt est de conserver un système qui ouvre si facilement à leur ambition la fortune et le pouvoir, se plaisant *résolument* dans l'annihilation de leur conscience.

UN VŒU

A PRÉSENTER

A LA CHAMBRE DES DÉPUTÉS

AU PEUPLE

Regarde dans tes rangs, si d'un talent modeste
Sur un front éloquent luit le rayon céleste,
Si cet homme au besoin, saurait agir, vouloir;
Examine avec soin son passé, cherche à voir,
S'il est homme de bien, si la vertu sévère,
Du sceau de la grandeur marque son caractère,
S'il sait se dévouer, et, pour l'humanité,
Si de beaux pleurs d'amour son œil est humecté,
S'il a souffert, s'il a, sans en prendre le nom,
La vertu du héros, s'il est fort, s'il est bon.
Ah ! s'il est tout cela ! mais que son indigence
Le condamne à languir, sans aucune espérance
De jamais s'élever au rang qui lui revient,
O peuple ! c'est alors à toi qu'il appartient.

Un Poète Américain.

VŒU

autour duquel toutes les nuances politiques et sociales peuvent se grouper.

Dreux, 10 octobre 1895.

Au Peuple Français en masse et à ses représentants en particulier.

Un citoyen obscur... à tous salut !...

Il y a dans la vie des peuples des époques critiques qui appellent une réforme radicale.

Dans ces temps, un malaise général se fait sentir dans toutes les classes de la société, la sécurité n'existe plus, on se croirait sur un volcan dont on ne peut éviter l'éruption, des symptômes alarmants surgissent et les gouvernements quels qu'ils soient restent impuissants pour guérir. De nombreux palliatifs sont proposés, leur inefficacité d'abord et la difficulté du choix font perdre en discussions stériles un temps précieux, et pour en finir on n'aboutit à rien.

Cet état de choses provient d'une politique indécise trop longtemps soutenue, toujours la même malgré les changements de régime, usant tour à tour des mêmes ruses parlementaires, et aboutissant finalement à l'impuissance.

Les citoyens dégoûtés se laissent aller à l'insouciance et semblent inconscients de leur force collective.

Alors, les abus croissent de plus en plus.

Tant que ces abus n'atteignent que faiblement le grand nombre, les plaintes des malheureux qui en sont écrasés sont étouffées.

On entend dire autour de soi...... Il n'y a rien à faire... il y aura toujours des riches et des pauvres, l'égalité est impossible..... le mieux est de laisser faire, laisser passer.... vieux clichés avec lesquels on croit avoir tout dit, qui tuent ceux qui agonisent, ne guérissent pas ceux qui souffrent et précipitent peu à peu ceux qui les répètent sous la tyrannie la plus affreuse de notre siècle : « *le pouvoir de l'or*, aux mains d'une féodalité écrasante. » Pendant ce temps, grossit toujours le flot des misérables, des prolétaires, recrutés dans tous les rangs de la société.

Combien, énervés, fatigués de luttes inutiles pour l'existence, sombrent et y laissent leur honneur, combien y laissent leurs petites économies et désespérés vont chercher dans la mort un refuge à leur malheur.

Il se fait alors une réaction qui produit bientôt un courant révolutionnaire.

On entend des grondements sourds, signes précurseurs des tempêtes populaires.

Chacun se renferme dans un égoïsme absolu, la confiance se perd complètement, des crises de tout genre éclatent de tous côtés et précipitent l'événement qui, s'il n'est conjuré, menace la société d'effondrement.

Tel c'était en 1789.

Tel c'est aujourd'hui.

Avant 1789, la réforme s'annonce radicale, simple, claire pour tous ceux qui souffrent. Elle attaque sous une simple formule le mal dans sa racine :

« Abolition des privilèges. »

« Tous les Français sont égaux devant la Loi. »

Réfléchissons bien à ce fait.

Les peuples mettent souvent un temps assez long à résumer en quelques mots l'expression de leur souffrance ; tant qu'ils ne l'ont point trouvée, la politique des gouvernements reste sourde ou indifférente à leurs justes plaintes... Que voulez-vous ? Que demandez-vous ? Résumez-vous enfin ?

C'est ce que fit le peuple de 1789.

C'est ce que nous devrions faire aujourd'hui, pour ne plus être déçus.

Dernièrement M. Dupuy, chef de cabinet... disait : « La sagesse du peuple dira la part qu'il veut » faire au socialisme. » Et le dilemme qu'il a posé, plus célèbre qu'on ne le croit, n'a été compris de personne.

Si le peuple avait bien saisi, cet appel indirect lui aurait rappelé les fameux cahiers qui firent le triomphe du Tiers-État. Car le jour où, résumant sa pensée, le peuple l'a exprimée claire, précise, la bataille était gagnée.

Eh bien ! nous en sommes là.

Les discussions des deux Chambres représentant la nation, loin de chercher la formule populaire, se perdent en discussions stériles, soit qu'elles ne comprennent rien aux souffrances du prolétariat, soit que par politique elles se croient *forcées de maintenir* sans jamais aboutir, arrivent en fin de compte *au découragement de tous.*

Ce spectacle, auquel nous assistons depuis plus d'un siècle et sous tous les régimes, ne prouve-t-il pas suffisamment que, comme avant 1789, c'est au peuple, à l'Etat, en un mot, *à dire sa volonté.*

Ne soyez donc pas plus paresseux que ne l'ont été nos pères, auxquels nous devons de n'être plus ni serfs, ni vilains, ni roturiers. Car si les privilèges sont encore en fait, si la loi n'est pas égale pour tous en fait... elle l'est en principe..... Elle ne l'était pas avant..... C'était au peuple de la sauvegarder..... nos pères ne l'ont pas fait... Ils ont laissé croître les abus..... sans soucis des révolutions sanglantes qu'ils laissaient devant eux.

De quoi souffrons-nous ?

De la tyrannie de l'or, soutenue par un système financier (Law) basé sur le jeu, espèce de roulette déguisée, plus funeste que la vraie, parce que, comme un gouffre inévitable, elle y entraîne tout le monde directement ou indirectement. Puissance occulte réflétant ses funestes effets sur le commerce, l'industrie, l'agriculture, le travail en général, qui devra subir forcément les corruptions de ce système infernal... Enrichissez-vous, enrichissez-vous !

Etonnez-vous après des produits mauvais, malsains, souvent empoisonnés jetés aux fatalités de l'offre et de la demande.

Etonnez-vous que l'on réclame à l'Etat son intervention pour faire cesser tous ces abus d'un individualisme à outrance, qui plonge tout le monde fatalement dans cet enfer, la soif de l'or, source de toutes les corruptions.

Le vice est là : il est dans ce système qui permet de pouvoir mettre un milliard dans sa poche en banknotes.

S'il fallait y mettre un milliard de produits, nos financiers seraient plus embarrassés.

Là est le vice de cette organisation sociale, qui n'établit aucun équilibre entre le capital, papier ou monnaie, et le capital produit (1).

C'est là qu'il faut frapper si nous ne voulons pas, comme le dit Zola (dans l'*Argent*), « que quelques » capitalistes associés possèdent un jour la terre. »

N'est-ce pas que ce n'était pas là le rêve de la démocratie française en 1789 ?

Décapiter un Roi...... et une aristocratie... frapper au cœur les derniers restes d'une féodalité jadis puissante, pour, sur ces débris sanglants, reconstituer une féodalité capitaliste plus puissante que la première : quelle dérision !

Mais comment sortir de là ?

Pendant que tu le tiens encore, n'as-tu pas, peuple, ton bulletin de vote ?

Les gouvernements souffrent encore plus que toi de cette tyrannie. Comme Louis XI... ils t'appellent.... tu restes sourd.

Il ne se fait pas un nouveau ministère qui ne te le dise, comme il peut le dire..... Avant M. Dupuy, M. Freycinet a dit :

« Les problèmes sociaux deviennent de jour en jour

(1) Lire à la fin du livre l'exposé de cette question.

» plus pressants, la conciliation du travail et du capital, » l'amélioration du sort des humbles et des déshérités, » la répartition plus équitable des charges publiques » quelconques préoccupent le monde civilisé.

» Comment ces réformes ne seraient-elles pas la *tâche » dominante*, je dirais même l'objet de prédilection de » la République Française, qui est par excellence le » régime de la solidarité et de la justice? »

N'est-ce pas là encore un appel au peuple? Malheureusement le peuple ne paraît pas comprendre, il reste indifférent, insouciant à ces appels.

M. Ribot (1) dernièrement ne disait-il pas aux socialistes... Qu'avez-vous fait? Qu'avez-vous dans l'esprit? Qu'avez-vous dans le cœur?

Mais, peuple souverain, c'est à toi qu'il faut demander : Qu'as-tu fait? Qu'as-tu dans l'esprit? Qu'as-tu dans le cœur?

Faut-il croire Pierre Vaux... répondant aux socialistes révolutionnaires, dont il avait reçu le mandat :

« Je répugne à toute violence et j'estime qu'il est » absurde de vouloir faire le bonheur d'un peuple » malgré lui, surtout quand ce peuple a en main le » bulletin de vote. »

Allons, Peuple-Roi, sens-tu l'aiguillon?...

Souviens-toi des cahiers de 1789. Instruis-toi, formule en peu de mots ce que tu veux. Là est ton salut..... tu n'as pas aujourd'hui le prétexte de l'ignorance.

VOEU

On vient de voir que sous le couvert de la politique les gouvernements font appel au peuple.

Eh bien ! demandons à la Chambre par la voix de nos députés :

(1) Bordeaux.

Une loi qui facilite l'éclosion de l'étude de la question sociale ;

Où tous, sans distinction de parti, ni d'opinions, puissent, sans exception, venir entendre, sans crainte, tout ce qui a été dit et fait sur ce sujet plein d'intérêt et d'actualité, afin qu'instruit, le suffrage universel puisse voter avec conscience ce qui aura été résumé et arrêté à la majorité dans les différents comités.

Je demande qu'une session parlementaire soit accordée pour cette grande étude, que, dans toutes les villes, bourgs, villages,etc., il soit mis à la disposition des électeurs des locaux spéciaux pour cet usage, que les réunions soient toutes gardées par des mesures d'ordre, que des procès-verbaux, rédigés avec soin, soient publiés dans les journaux des localités intéressés naturellement à mettre au courant leurs lecteurs.

Puis, à la fin du travail, après mûre réflexion, résumer en quelques pages les propositions radicales déduites de ces travaux collectifs où auraient participé tous les citoyens quelle que soit leur opinion.

Donner connaissance à la Nation par la voie officielle de tous ces résumés ou procès-verbaux adoptés à la majorité.

Puis accorder un temps voulu pour leur examen et en tirer la ou les formules quintessenciées.

Par un premier plébiscite sanctionner les formules qui auront obtenu le plus de majorité.

Ce travail fait, la concentration se fera forcément sur deux ou trois formules se trouvant élaguées toutes celles qui peuvent avoir quelque chose de commun.

Exemple :

Je suppose qu'après épuration, ceux qui souffrent des abus du capitalisme (de la Juiverie comme dit Drumont) (1) se résument à cette formule :

(1) Pour toute personne qui détache la question religieuse de la question sociale : Capitalisme ou Juiverie veut dire la même chose. Un homme qui a de l'argent n'est pas forcément capitaliste. Il le devient s'il fait un usage abusif de cet argent même quand la loi le protègerait.

De même qu'un homme qui a une épée n'est pas forcément

« Valeur temporaire de l'argent. »

Plus d'équilibre entre la valeur du capital or, et la valeur du capital produit (la valeur papier est fictive, je n'en parle pas, tout le monde sait ce que ça vaut, même les billets de banque au moment de grands événements) (1).

Maintenant ceux qui n'en souffrent pas feront une autre formule que je ne saurais établir à moins de me contredire.

Zola a répondu (voir plus haut).

Ces deux formules trouvées, voter au suffrage universel, celle qui aura la majorité... et bâtir sur cette base comme on l'a fait sur la première.

Je suis convaincu que de cette épuration des diverses écoles socialistes, socialisme chrétien, socialisme d'Etat, socialisme officiel, collectivisme et même anarchie, par le peuple froidement intéressé, il ressortira que le travail de l'homme, depuis des milliers de siècles, en vue de de son amélioration physique et morale, est bon ;

Que le système social tel qu'il est ressemble à une machine imparfaite, abandonnée à elle-même et à laquelle il manque un Huyghens, un James-Watt pour la régler ; et je trouve aussi absurde ceux qui rêvent la destruction de la Société, n'ayant pour mettre à la place que des ouvriers mal avisés qui auraient dit à James-Watt : « Votre régulateur ne fera rien ; c'est la machine qu'il faut détruire nous verrons après. »

De tout ce qui vient d'être dit que ressort-il ?

Il ressort que le système social actuel n'est autre chose qu'un plan conçu sur une mauvaise base, il n'est pas une utopie mais une anti-utopie (2) prédite par Robespierre en ces quelques lignes.

un spadassin. Il le devient s'il fait un usage abusif de cette épée, même *quand comme aux beaux temps des duels* la loi laissait faire.

(1) Le lecteur qui veut se rendre compte de la différence énorme qu'il y a entre la valeur du produit et la valeur de l'argent peut se reporter à la fin du livre.

(2) C'est-à-dire s'écartant au lieu de se rapprocher de la perfection.

Parlant aux Encyclopédistes, il leur dit : Voilà votre plan : « Réduire l'égoïsme en système, regarder la So-» ciété comme une guerre, le succès comme la règle du » juste et de l'injuste, la probité comme une affaire de » goût ou de bienséance, le monde comme le patrimoine » des fripons adroits. »

Est-ce assez génial ? Qui oserait, à cette peinture fidèle, ajouter ou retrancher un mot ? Nous en sommes là.

Peut-être après cet exemple le peuple comprendra que *à priori* on peut juger sans se tromper ce que sera un système quand on connaît ses bases.

Ceux qui veulent piétiner sur place ont toujours à la bouche l'utopie.

Voilà comment Littré définit l'utopie sociale :

« Plan imaginaire où tout est parfaitement combiné pour le bonheur de chacun. »

N'est-ce pas là ce qu'on doit chercher ?

Donc, le contraire de l'utopie est un plan non imaginaire, c'est-à-dire sans plan, mal combiné pour le bonheur de chacun..... Est-ce réussi ? c'est-à-dire où l'un se gorge et l'autre meurt de faim.

Combien il y en a qui préféreraient l'utopie !...

On a dit qu'on n'a pas inventé le socialisme : sans doute, et je ne sais pourquoi ce seul mot fait peur... probablement parce qu'il représente un parti, car, en tant qu'études sociales, qui est-ce qui n'est pas socialiste ?... Tout homme qui propose une amélioration sociale quelconque est socialiste ?... Tout homme qui demande, comme l'anarchiste par le fait, à tout dynamiter, ou comme le révolutionnaire à ruer les hommes les uns contre les autres, n'est pas socialiste. Le socialisme n'est pas destructeur, il est progressiste... c'est pourquoi on n'a jamais compris le mot radical devant progressiste. Tout progrès peut être radical, c'est-à-dire attaquer le mal dans sa racine, c'est ce que veut le socialisme ; quant à l'épithète collectiviste, qu'est-ce que cela veut encore dire ? c'est encore une chose qu'on n'a pas inventée. La Société actuelle est pleine de collectivismes : il y a le collectivisme financier qui domine tout, le collectivisme ouvrier qui devient puissant;... les grands magasins, les grandes industries sont du collectivisme..... et parfois, organisé seulement au profit de quelques-uns. Qu'est-ce que c'est que des conservateurs ? des partisans du laisser-faire et du laisser-passer, qui attendent que l'édifice tombe en pourriture pour se sauver.

Plus rationnels que cela, plus soucieux de l'avenir de nos neveux, voilà ce qu'il est sage de demander :

Consolider l'édifice vermoulu, placer des étais, les renouveler même s'il le faut, mais travailler en sous-œuvre, non pas seulement pour se conserver *mais pour conserver les autres*, ce qu'on n'a encore jamais fait.

C'est pourquoi il serait bon que

« *Le Gouvernement prît lui-même l'initiative de l'étude de la question sociale, qu'il accordât le temps d'une session pour qu'elle soit étudiée par le peuple, qui, à la majorité du suffrage universel, dirait par une ou plusieurs formules ce qu'il veut.*

« *Des mesures ultérieures seraient prises pour le bon ordre et pour aider à l'accomplissement du projet.* »

Effets immédiats de ce vœu s'il était adopté

On verrait disparaître, pendant quatre ans, ce qu'on appelle *les abus du parlementarisme.*

La Presse cesserait ses véhémentes critiques contre le gouvernement et les hommes au pouvoir.

On n'aurait plus de raison de renverser les ministères qui tombent presque toujours sur le programme touchant les réformes (1).

Nos députés, obligés de se mettre en contact permanent avec leurs électeurs, seraient forcés d'étudier la question sociale dont la majorité ignore le premier mot.

(1) Le Gouvernement n'ayant qu'à maintenir l'ordre à l'intérieur, et la paix à l'extérieur n'aurait qu'à continuer ce qu'il a fait jusqu'à ce jour.

Ils s'habitueraient à la contradiction de leurs électeurs, ce qu'ils n'aiment pas généralement, disons-le sans leur faire de la peine, on les ferait un peu plus travailler.

Nous ne verrions plus les prétendants une panacée dans la poche pour sauver le peuple et la France.

Tous les faiseurs de système. moi en particulier, rentreraient dans le droit commun « soumettre à l'appré« ciation du peuple ses travaux ».

Ce vœu que je propose est le *mouillez les cordes ;* si cela ne se fait pas, soit par l'initiative du gouvernement, ce qui, selon moi, vaudrait mieux, soit par l'initiative spontanée du peuple comme en 1789, le siècle d'efforts, dépensés par tous les hommes de bien pour assurer la paix, sera perdu peut-être sans retour, une révolution sanglante que tout le monde sent et prévoit et, à sa suite, *le pire des esclavages* en seraient la conséquence.

Valeur argent. — Valeur produit

On croit généralement qu'il y a équilibre entre le produit et l'argent.

Je lis, Traité d'économie politique, P. Beauregard professeur à la faculté de Droit :

« En France où la richesse nationale est estimée à « 200 milliards environ et où la population dépasse « 37,000,000, la richesse par tête atteint à peu près « 5,880 francs. »

Ce qui en rente 3 0/0 fait 176 fr. 40.

Voilà la richesse argent métallique.

Je ne parle pas du papier ; tout le monde sait qu'au moment d'un événement capital, c'est un assignat purement et simplement.

Voilà maintenant la richesse produit : si l'on compte ce qu'il faut à chaque citoyen ou citoyenne, grands et petits, pour se loger, se vêtir, se nourrir, j'estime en moyenne (le capital à 3 0/0) 500 francs de rente ; si je multiplie 500 par 37,000,000, c'est environ 3 fois plus que le capital argent, soit 600 milliards.

Il n'y a donc aucun équilibre entre l'argent et le produit.

C'est pourquoi il y a disette d'argent dans les poches des malheureux, et abondance de produit autour de soi.

Mais attendez, le même auteur va nous dire que le produit est loin d'atteindre ce qu'il pourrait être. « La « France, dit-il, pourrait se suffire à elle-même et au-« delà jusqu'à une population de 90 à 100 millions. »

Voilà qui est clair... aura-t-on la vie à bon marché à ce moment, non, parce que le milliardaire voudra devenir archimilliardaire.

Et le défaut d'équilibre sera encore plus grand.

Un autre vice capital qui existe encore entre l'argent et le produit, violant la loi naturelle qui se refuse complètement à l'abus de l'accaparement à outrance :

L'or et l'argent ne s'altèrent pas, et le produit s'use, se détériore, et se gâte.

Pourquoi l'or qui le représente, jouit-il de l'immuabilité ?

J'ai donc raison de dire que l'accaparement à outrance serait impossible avec le produit.

A quand la valeur temporaire de l'or, puisque le produit est éphémère ?

Le vieux Prolétaire

RÉFLEXION FINALE PAR X. EGAPEL

Mon ami Paul Mélée a ouvert ce livre par une courte préface comme il convient : Il aurait cru en altérer la sincérité en louant ou dénigrant ; je fais de même.

Je vais donc le fermer, non par une appréciation de sa valeur littéraire ou scientifique (il n'en a d'ailleurs aucune prétention) mais par une appréciation que m'a suscitée la lecture de ce manuscrit.

J'avais déjà écrit « *Soixante ans de la vie d'un Prolétaire* » dans ces mêmes conditions, c'est toujours du même héros dont il s'agit : On l'a vu ici en pleine bataille.

Quel a pu être le mobile de cet homme qui, contre tous ses intérêts et pendant si longtemps, malgré tous les déboires qu'il rencontre à chaque pas, l'ait soutenu ?

Les épithètes ne lui ont pas manqué : utopiste, illuminé, simpliste, espèce d'artiste, de poète utopique se nourrissant de chimère, etc., etc.

D'autres, plus bienveillants, veulent bien le regarder comme un humanitaire honnête jusqu'au scrupule, d'autres, enfin, comme une espèce de précurseur.

Moi qui le connais tout particulièrement, je vais vous dire ce qu'il est.

Il est tout simplement *nature.*

Ce que nous appelons la civilisation a peu déteint sur lui, il s'en est assimilé, à son insu, ce qu'il y a de bon, et comme il a vu beaucoup en souffrir et que lui-même en a beaucoup souffert, il s'est civilisé tout seul à sa manière, ce qui fait qu'on le regarde généralement comme un original peu dangereux mais gênant par le seul contraste de son attitude à côté de celle de M. tout le monde.

Il a le cœur trop haut pour se plaindre, mais il ne peut rester insensible et silencieux devant les douleurs d'autrui.

Riches comme pauvres, je lui ai entendu souvent dire : « sont-ils malheureux avec toutes leurs grimaces sociales, avec tous leurs préjugés ; on croirait qu'ils ont honte d'être des hommes, ils n'ont l'air heureux que lorsqu'ils se rapprochent des bêtes. Si encore ils les imitaient bien ; on serait étonné de les trouver moins féroces, moins lâches, moins cruels, moins laids, moins difformes et plus sociaux. »

C'est de grand cœur qu'il a consacré les quelques années (soixante dix-sept ans) qui lui restent à vivre à défendre le socialisme qu'il ne regarde pas comme un parti ni une doctrine, mais comme une science.

Son premier pas fut le document imprimé intitulé *Un Vœu* à la Chambre des députés.

Il est encore tellement d'actualité et la collection en étant épuisée, j'ai eu l'idée, à la fin des conférences, de l'annexer.

Puisse un député, car il n'en faudrait qu'un, le proposer au Parlement.

Rejeté, il éclairerait le peuple sur le mauvais vouloir des Chambres, de lui donner le temps et les moyens de s'instruire.

Accepté, comme on a pu le voir dans les conférences, le peuple sortirait de sa tutelle et dirait, selon l'expression de M. Charles Dupuy (1), ce qu'il veut !

(1) Fameux dilemme.

X. Egapel.

Fin

Imprimerie BUSSIÈRE. — Saint-Amand (Cher).

SAINT-AMAND, CHER — IMPRIMERIE BUSSIÈRE

www.ingramcontent.com/pod-product-compliance
Ingram Content Group UK Ltd.
Pitfield, Milton Keynes, MK11 3LW, UK
UKHW012011240726
13965UKWH00002B/301